Application on the Crimes of
Gangland Oranizations

简明扫黑除恶
办案一本通

涂俊峰／主编
深圳市中级人民法院扫黑除恶专项斗争领导小组办公室／编

法律出版社 | LAW PRESS

重印说明

为深入贯彻落实中央关于开展扫黑除恶专项斗争的决策部署，正确理解和适用最高人民法院、最高人民检察院、公安部、司法部《关于办理黑恶势力犯罪案件若干问题的指导意见》，最高人民法院、最高人民检察院、公安部、司法部于2019年4月9日联合发布《关于办理恶势力刑事案件若干问题的意见》《关于办理实施“软暴力”的刑事案件若干问题的意见》《关于办理“套路贷”刑事案件若干问题的意见》《关于办理黑恶势力刑事案件中财产处置若干问题的意见》，本次重印予以收录。

特此说明。

2019年4月12日

前　言

2018年1月底，中共中央、国务院发布《关于开展扫黑除恶专项斗争的通知》，决定在全国范围内开展为期三年的扫黑除恶专项斗争。该通知要求深入贯彻落实十九大部署和习近平总书记重要指示精神。扫黑除恶要与反腐结合起来，与基层“拍蝇”结合起来，既抓涉黑组织恶势力，也抓背后的“保护伞”。其目的是通过扫黑除恶加强基层组织建设，夯实基层政权，巩固党的执政基础，保障人民安居乐业、社会安定有序和国家长治久安。

扫黑除恶是共建共治共享法治社会建设的重要手段和长期依托，是国之要务，是司法大事。我们是新时代中国特色社会主义成文法治国家，从两千多年前的商鞅徙木立信到新中国颁布并不断修订的《宪法》《刑事诉讼法》《刑法》以及定罪量刑应当适用的各类司法解释，无不郑重宣告和昭示着“法律面前人人平等”，法律必须得到充分尊重，法治精神必须全民景仰，蔚然成风。任何法律都不必也不能让所有人满意，但既然成为法律，就没有人可以随便要求随时成为例外，成为“枪口抬高一寸”的少数特殊者。这是高楼之地基，这是大树之根本，这是不容轻易变通和随意丢弃的基本原则。正所谓：“离经一句，即同魔说。”根据宪法，遵照习总书记的重要指示和通知精神，这些是开展扫黑除恶专项斗争的总纲领，相关的成文法律和刑事政策是办理黑恶势力犯罪案件的根本依据。这就是“真经”。

但是不得不指出，一是较长时期以来，我们的社会在相当范围内法治意识并不十分彰显和昌明；二是社会各界甚至包括法律业内在一定程度上对法律的了解不够全面，认识不够明晰，把握不够准确；三是执法、司法各个层面对法律的执行还或多或少地存在偏差和失误，甚至有法不依，违法不纠和错纠。在这样的情况下，非常有必要针对扫黑除恶专项问题，通过对相关法律的检索和筛选，汇编成册，便于大家在司法实践中研学、参考，严格依法办事，做到一视同仁，同案同判，为实现“让人民群众在每一个案件中都能感受到公平正义”提供有力的法律工具支持。

根据通知精神和最高人民法院的要求，人民法院在办理黑恶势力犯罪案件过程中应当做到：一是严格依法办案，确保办案质量和办案效率的统一，确保政治效果、法律效果和社会效果的统一；二是要严格贯彻宽严相济的刑事政策，严惩黑社会性质组织犯罪组织者、领导者、骨干成员及其“保护伞”，对犯罪情节较轻的其他参加人员要依法从轻、减轻处罚；三是要加大财产刑惩处力度，铲除黑恶势力经济基础；四是要主动适应以审判为中心的刑事诉讼制度改革，严格执行“三项规程”，增强证据意识、程序意识，确保把每一起案件都办成铁案。

基于上述要求，我们在收集整理本汇编时主要侧重于以下四个方面：一是有关黑社会性质组织犯罪的具体规定；二是刑事涉案财产的处置规范；三是庭审规范和保障辩护律师合法权益的最新规定；四是“三项规程”。此外还有相关的案例指引。由于涉黑恶犯罪实际上可以涵盖刑事法律的几乎全部内容，所以本汇编只是众多刑事法律法规的一小部分，即使只针对扫黑除恶工作，也存在不能全面囊括和覆盖的问题。特别是本书所附的案例和文章论及的虽然都是涉黑恶犯罪的常态类犯罪和不可缺少的重要问题，但毕竟只是一枝一叶，可以权作代表，在将来逐步作相应的补充和完善。编者认为，这些主要的部分有了，只要能够认真地恪守这些法条及精神，就一定能够办好黑恶势力犯罪案件。

目　　录

一、法规文件

（一）黑社会性质组织犯罪相关法规文件

一、法规文件

(一)黑社会性质组织犯罪相关法规文件

中华人民共和国刑法(节选)

(2017 年 11 月 4 日根据历次修正案修正)

第五十条 判处死刑缓期执行的,在死刑缓期执行期间,如果没有故意犯罪,二年期满以后,减为无期徒刑;如果确有重大立功表现,二年期满以后,减为二十五年有期徒刑;如果故意犯罪,情节恶劣的,报请最高人民法院核准后执行死刑;对于故意犯罪未执行死刑的,死刑缓期执行的期间重新计算,并报最高人民法院备案。

对被判处死刑缓期执行的累犯以及因故意杀人、强奸、抢劫、绑架、放火、爆炸、投放危险物质或者有组织的暴力性犯罪被判处死刑缓期执行的犯罪分子,人民法院根据犯罪情节等情况可以同时决定对其限制减刑。

第六十六条 危害国家安全犯罪、恐怖活动犯罪、黑社会性质的组织犯罪的犯罪分子,在刑罚执行完毕或者赦免以后,在任何时候再犯上述任一类罪的,都以累犯论处。

第七十四条 对于累犯和犯罪集团的首要分子,不适用缓刑。

第八十一条 被判处有期徒刑的犯罪分子,执行原判刑期二分之一以上,被判处无期徒刑的犯罪分子,实际执行十三年以上,如果认真遵守监规,接受教育改造,确有悔改表现,没有再犯罪的危险的,可以假释。如果有特殊情况,经最高人民法院核准,可以不受上述执行刑期的限制。

对累犯以及因故意杀人、强奸、抢劫、绑架、放火、爆炸、投放危险物质或者有组织的暴力性犯罪被判处十年以上有期徒刑、无期徒刑的犯罪分子,不得假释。

对犯罪分子决定假释时，应当考虑其假释后对所居住社区的影响。

第二百二十六条 以暴力、威胁手段，实施下列行为之一，情节严重的，处三年以下有期徒刑或者拘役，并处或者单处罚金；情节特别严重的，处三年以上七年以下有期徒刑，并处罚金：

（一）强买强卖商品的；

（二）强迫他人提供或者接受服务的；

（三）强迫他人参与或者退出投标、拍卖的；

（四）强迫他人转让或者收购公司、企业的股份、债券或者其他资产的；

（五）强迫他人参与或者退出特定的经营活动的。

第二百七十四条 敲诈勒索公私财物，数额较大或者多次敲诈勒索的，处三年以下有期徒刑、拘役或者管制，并处或者单处罚金；数额巨大或者有其他严重情节的，处三年以上十年以下有期徒刑，并处罚金；数额特别巨大或者有其他特别严重情节的，处十年以上有期徒刑，并处罚金。

第二百九十三条 有下列寻衅滋事行为之一，破坏社会秩序的，处五年以下有期徒刑、拘役或者管制：

（一）随意殴打他人，情节恶劣的；

（二）追逐、拦截、辱骂、恐吓他人，情节恶劣的；

（三）强拿硬要或者任意损毁、占用公私财物，情节严重的；

（四）在公共场所起哄闹事，造成公共场所秩序严重混乱的。

纠集他人多次实施前款行为，严重破坏社会秩序的，处五年以上十年以下有期徒刑，可以并处罚金。

第二百九十四条 组织、领导黑社会性质的组织的，处七年以上有期徒刑，并处没收财产；积极参加的，处三年以上七年以下有期徒刑，可以并处罚金或者没收财产；其他参加的，处三年以下有期徒刑、拘役、管制或者剥夺政治权利，可以并处罚金。

境外的黑社会组织的人员到中华人民共和国境内发展组织成员的，处三年以上十年以下有期徒刑。

国家机关工作人员包庇黑社会性质的组织，或者纵容黑社会性质的组织进行违法犯罪活动的，处五年以下有期徒刑；情节严重的，处五年以上有期徒刑。

犯前三款罪又有其他犯罪行为的，依照数罪并罚的规定处罚。

黑社会性质的组织应当同时具备以下特征：

（一）形成较稳定的犯罪组织，人数较多，有明确的组织者、领导者，骨干成员基本固定；

（二）有组织地通过违法犯罪活动或者其他手段获取经济利益，具有一定的经济实力，以支持该组织的活动；

（三）以暴力、威胁或者其他手段，有组织地多次进行违法犯罪活动，为非作恶，欺压、残害群众；

（四）通过实施违法犯罪活动，或者利用国家工作人员的包庇或者纵容，称霸一方，在一定区域或者行业内，形成非法控制或者重大影响，严重破坏经济、社会生活秩序。

全国人民代表大会常务委员会关于《中华人民共和国刑法》第二百九十四条第一款的解释

（2002 年 4 月 28 日）

全国人民代表大会常务委员会讨论了刑法第二百九十四条第一款规定的“黑社会性质的组织”的含义问题，解释如下：

刑法第二百九十四条第一款规定的“黑社会性质的组织”应当同时具备以下特征：

（一）形成较稳定的犯罪组织，人数较多，有明确的组织者、领导者，骨干成员基本固定；

（二）有组织地通过违法犯罪活动或者其他手段获取经济利益，具有一定的经济实力，以支持该组织的活动；

（三）以暴力、威胁或者其他手段，有组织地多次进行违法犯罪活动，为非作恶，欺压、残害群众；

（四）通过实施违法犯罪活动，或者利用国家工作人员的包庇或者纵容，称霸一方，在一定区域或者行业内，形成非法控制或者重大影响，严重破坏经济、社会生活秩序。

现予公告。

最高人民法院关于审理黑社会性质组织犯罪的案件具体应用法律若干问题的解释

（2000 年 12 月 5 日　法释〔2000〕42 号）

为依法惩治黑社会性质组织的犯罪活动，根据刑法有关规定，现就审理黑社会性质组织的犯罪案件具体应用法律的若干问题解释如下：

第一条　刑法第二百九十四条规定的“黑社会性质的组织”，一般应具备以下特征：

（一）组织结构比较紧密，人数较多，有比较明确的组织者、领导者，骨干成员基本固定，有较为严格的组织纪律；

（二）通过违法犯罪活动或者其他手段获取经济利益，具有一定的经济实力；

（三）通过贿赂、威胁等手段，引诱、逼迫国家工作人员参加黑社会性质组织活动，或者为其提供非法保护；

（四）在一定区域或者行业范围内，以暴力、威胁、滋扰等手段，大肆进行敲诈勒索、欺行霸市、聚众斗殴、寻衅滋事、故意伤害等违法犯罪活动，严重破坏经济、社会生活秩序。

第二条　刑法第二百九十四条第二款规定的“发展组织成员”，是指将境内、外人员吸收为该黑社会组织成员的行为。对黑社会组织成员进行内部调整等行为，可视为“发展组织成员”。

港、澳、台黑社会组织到内地发展组织成员的，适用刑法第二百九十四条第二款的规定定罪处罚。

第三条　组织、领导、参加黑社会性质的组织又有其他犯罪行为的，根据刑法第二百九十四条第三款的规定，依照数罪并罚的规定处罚；对于黑社会性质组织的组织者、领导者，应当按照其所组织、领导的黑社会性质组织所犯的全部罪行处罚；对于黑社会性质组织的参加者，应当按照其所参与的犯罪处罚。

对于参加黑社会性质的组织，没有实施其他违法犯罪活动的，或者受蒙蔽、胁迫参加黑社会性质的组织，情节轻微的，可以不作为犯罪处理。

第四条 国家机关工作人员组织、领导、参加黑社会性质组织的，从重处罚。

第五条 刑法第二百九十四条第四款规定的"包庇"，是指国家机关工作人员为使黑社会性质组织及其成员逃避查禁，而通风报信，隐匿、毁灭、伪造证据，阻止他人作证、检举揭发，指使他人作伪证，帮助逃匿，或者阻挠其他国家机关工作人员依法查禁等行为。

刑法第二百九十四条第四款规定的"纵容"，是指国家机关工作人员不依法履行职责，放纵黑社会性质组织进行违法犯罪活动的行为。

第六条 国家机关工作人员包庇、纵容黑社会性质的组织，有下列情形之一的，属于刑法第二百九十四条第四款规定的"情节严重"：

（一）包庇、纵容黑社会性质组织跨境实施违法犯罪活动的；

（二）包庇、纵容境外黑社会组织在境内实施违法犯罪活动的；

（三）多次实施包庇、纵容行为的；

（四）致使某一区域或者行业的经济、社会生活秩序遭受黑社会性质组织特别严重破坏的；

（五）致使黑社会性质组织的组织者、领导者逃匿，或者致使对黑社会性质组织的查禁工作严重受阻的；

（六）具有其他严重情节的。

第七条 对黑社会性质组织和组织、领导、参加黑社会性质组织的犯罪分子聚敛的财物及其收益，以及用于犯罪的工具等，应当依法追缴、没收。

最高人民法院、最高人民检察院、公安部、司法部关于办理黑恶势力犯罪案件若干问题的指导意见(节选)

(2018 年 1 月 16 日　法发〔2018〕1 号)

为贯彻落实《中共中央、国务院关于开展扫黑除恶专项斗争的通知》精神,统一执法思想,提高执法效能,依法、准确、有力惩处黑恶势力犯罪,严厉打击"村霸"、宗族恶势力、"保护伞"以及"软暴力"等犯罪,根据《刑法》、《刑事诉讼法》及有关司法解释等规定,针对实践中遇到的新情况、新问题,现就办理黑恶势力犯罪案件若干问题制定如下指导意见:

一、总体要求

1. 各级人民法院、人民检察院、公安机关和司法行政机关应充分发挥职能作用,密切配合,相互支持,相互制约,形成打击合力,加强预防惩治黑恶势力犯罪长效机制建设。正确运用法律规定加大对黑恶势力违法犯罪以及"保护伞"惩处力度,在侦查、起诉、审判、执行各阶段体现依法从严惩处精神,严格掌握取保候审,严格掌握不起诉,严格掌握缓刑、减刑、假释,严格掌握保外就医适用条件,充分运用《刑法》总则关于共同犯罪和犯罪集团的规定加大惩处力度,充分利用资格刑、财产刑降低再犯可能性。对黑恶势力犯罪,注意串并研判、深挖彻查,防止就案办案,依法加快办理。坚持依法办案、坚持法定标准、坚持以审判为中心,加强法律监督,强化程序意识和证据意识,正确把握"打早打小"与"打准打实"的关系,贯彻落实宽严相济刑事政策,切实做到宽严有据,罚当其罪,实现政治效果、法律效果和社会效果的统一。

2. 各级人民法院、人民检察院、公安机关和司法行政机关应聚焦黑恶势力犯罪突出的重点地区、重点行业和重点领域，重点打击威胁政治安全特别是政权安全、制度安全以及向政治领域渗透的黑恶势力；把持基层政权、操纵破坏基层换届选举、垄断农村资源、侵吞集体资产的黑恶势力；利用家族、宗族势力横行乡里、称霸一方、欺压残害百姓的“村霸”等黑恶势力；在征地、租地、拆迁、工程项目建设等过程中煽动闹事的黑恶势力；在建筑工程、交通运输、矿产资源、渔业捕捞等行业、领域，强揽工程、恶意竞标、非法占地、滥开滥采的黑恶势力；在商贸集市、批发市场、车站码头、旅游景区等场所欺行霸市、强买强卖、收保护费的市霸、行霸等黑恶势力；操纵、经营“黄赌毒”等违法犯罪活动的黑恶势力；非法高利放贷、暴力讨债的黑恶势力；插手民间纠纷，充当“地下执法队”的黑恶势力；组织或雇佣网络“水军”在网上威胁、恐吓、侮辱、诽谤、滋扰的黑恶势力；境外黑社会入境发展渗透以及跨国跨境的黑恶势力。同时，坚决深挖黑恶势力“保护伞”。

二、依法认定和惩处黑社会性质组织犯罪

3. 黑社会性质组织应同时具备《刑法》第二百九十四条第五款中规定的“组织特征”“经济特征”“行为特征”和“危害性特征”。由于实践中许多黑社会性质组织并非这“四个特征”都很明显，在具体认定时，应根据立法本意，认真审查、分析黑社会性质组织“四个特征”相互间的内在联系，准确评价涉案犯罪组织所造成的社会危害，做到不枉不纵。

4. 发起、创建黑社会性质组织，或者对黑社会性质组织进行合并、分立、重组的行为，应当认定为“组织黑社会性质组织”；实际对整个组织的发展、运行、活动进行决策、指挥、协调、管理的行为，应当认定为“领导黑社会性质组织 ”。黑社会性质组织的组织者、领导者，既包括通过一定形式产生的有明确职务、称谓的组织者、领导者，也包括在黑社会性质组织中被公认的事实上的组织者、领导者。

5. 知道或者应当知道是以实施违法犯罪为基本活动内容的组织，仍加入并接受其领导和管理的行为，应当认定为“参加黑社会性质组织”。没有加入黑社会性质组织的意愿，受雇到黑社会性质组织开办的公司、企业、社团工作，未参与黑社会性质组织违法犯罪活动的，不应认定为“参加黑社会性质组织”。

参加黑社会性质组织并具有以下情形之一的，一般应当认定为“积极参加黑社会性质组织”：多次积极参与黑社会性质组织的违法犯罪活动，或者积极参与较严重的黑社会性质组织的犯罪活动且作用突出，以及其他在组织中起重要作用的情形，如具体主管黑社会性质组织的财务、人员管理等事项。

6. 组织形成后，在一定时期内持续存在，应当认定为“形成较稳定的犯罪组织”。

黑社会性质组织一般在短时间内难以形成，而且成员人数较多，但鉴于“恶势力”团伙和犯罪集团向黑社会性质组织发展是一个渐进的过程，没有明显的性质转变的节点，故对黑社会性质组织存在时间、成员人数问题不宜作出“一刀切”的规定。

黑社会性质组织未举行成立仪式或者进行类似活动的，成立时间可以按照足以反映其初步形成非法影响的标志性事件的发生时间认定。没有明显标志性事件的，可以按照本意见中关于黑社会性质组织违法犯罪活动认定范围的规定，将组织者、领导者与其他组织成员首次共同实施该组织犯罪活动的时间认定为该组织的形成时间。该组织者、领导者因未到案或者因死亡等法定情形未被起诉的，不影响认定。

黑社会性质组织成员既包括已有充分证据证明但尚未归案的组织成员，也包括虽有参加黑社会性质组织的行为但因尚未达到刑事责任年龄或因其他法定情形而未被起诉，或者根据具体情节不作为犯罪处理的组织成员。

7. 在组织的形成、发展过程中通过以下方式获取经济利益的，应当认定为“有组织地通过违法犯罪活动或者其他手段获取经济利益”：

(1)有组织地通过违法犯罪活动或其他不正当手段聚敛；

(2)有组织地以投资、控股、参股、合伙等方式通过合法的生产、经营活动获取；

（3）由组织成员提供或通过其他单位、组织、个人资助取得。

8. 通过上述方式获得一定数量的经济利益，应当认定为“具有一定的经济实力”，同时也包括调动一定规模的经济资源用以支持该组织活动的能力。通过上述方式获取的经济利益，即使是由部分组织成员个人掌控，也应计入黑社会性质组织的“经济实力”。组织成员主动将个人或者家庭资产中的一部分用于支持该组织活动，其个人或者家庭资产可全部计入“一定的经济实力”，但数额明显较小或者仅提供动产、不动产使用权的除外。

由于不同地区的经济发展水平、不同行业的利润空间均存在很大差异，加之黑社会性质组织存在、发展的时间也各有不同，在办案时不能一般性地要求黑社会性质组织所具有的经济实力必须达到特定规模或特定数额。

9. 黑社会性质组织实施的违法犯罪活动包括非暴力性的违法犯罪活动，但暴力或以暴力相威胁始终是黑社会性质组织实施违法犯罪活动的基本手段，并随时可能付诸实施。暴力、威胁色彩虽不明显，但实际是以组织的势力、影响和犯罪能力为依托，以暴力、威胁的现实可能性为基础，足以使他人产生恐惧、恐慌进而形成心理强制或者足以影响、限制人身自由、危及人身财产安全或者影响正常生产、工作、生活的手段，属于《刑法》第二百九十四条第五款第（三）项中的“其他手段”，包括但不限于所谓的“谈判”“协商”“调解”以及滋扰、纠缠、哄闹、聚众造势等手段。

10. 为确立、维护、扩大组织的势力、影响、利益或者按照纪律规约、组织惯例多次实施违法犯罪活动，侵犯不特定多人的人身权利、民主权利、财产权利，破坏经济秩序、社会秩序，应当认定为“有组织地多次进行违法犯罪活动，为非作恶，欺压、残害群众”。

符合以下情形之一的，应当认定为是黑社会性质组织实施的违法犯罪活动：

（1）为该组织争夺势力范围、打击竞争对手、形成强势地位、谋取经济利益、树立非法权威、扩大非法影响、寻求非法保护、增强犯罪能力等实施的；

（2）按照该组织的纪律规约、组织惯例实施的；

(3)组织者、领导者直接组织、策划、指挥、参与实施的；

(4)由组织成员以组织名义实施，并得到组织者、领导者认可或者默许的；

(5)多名组织成员为逞强争霸、插手纠纷、报复他人、替人行凶、非法敛财而共同实施，并得到组织者、领导者认可或者默许的；

(6)其他应当认定为黑社会性质组织实施的。

11. 鉴于黑社会性质组织非法控制和影响的“一定区域”的大小具有相对性，不能简单地要求“一定区域”必须达到某一特定的空间范围，而应当根据具体案情，并结合黑社会性质组织对经济、社会生活秩序的危害程度加以综合分析判断。

通过实施违法犯罪活动，或者利用国家工作人员的包庇或者不依法履行职责，放纵黑社会性质组织进行违法犯罪活动的行为，称霸一方，并具有以下情形之一的，可认定为“在一定区域或者行业内，形成非法控制或者重大影响，严重破坏经济、社会生活秩序”：

(1)致使在一定区域内生活或者在一定行业内从事生产、经营的多名群众，合法利益遭受犯罪或严重违法活动侵害后，不敢通过正当途径举报、控告的；

(2)对一定行业的生产、经营形成垄断，或者对涉及一定行业的准入、经营、竞争等经济活动形成重要影响的；

(3)插手民间纠纷、经济纠纷，在相关区域或者行业内造成严重影响的；

(4)干扰、破坏他人正常生产、经营、生活，并在相关区域或者行业内造成严重影响的；

(5)干扰、破坏公司、企业、事业单位及社会团体的正常生产，经营、工作秩序，在相关区域、行业内造成严重影响，或者致使其不能正常生产、经营、工作的；

(6)多次干扰、破坏党和国家机关、行业管理部门以及村委会、居委会等基层群众自治组织的工作秩序，或者致使上述单位、组织的职能不能正常行使的；

(7)利用组织的势力、影响,帮助组织成员或他人获取政治地位,或者在党政机关、基层群众自治组织中担任一定职务的;

(8)其他形成非法控制或者重大影响,严重破坏经济、社会生活秩序的情形。

12. 对于组织者、领导者和因犯参加黑社会性质组织罪被判处五年以上有期徒刑的积极参加者,可根据《刑法》第五十六条第一款的规定适用附加剥夺政治权利。对于符合《刑法》第三十七条之一规定的组织成员,应当依法禁止其从事相关职业。符合《刑法》第六十六条规定的组织成员,应当认定为罪犯,依法从重处罚。

对于因有组织的暴力性犯罪被判处死刑缓期执行的黑社会性质组织犯罪分子,可以根据《刑法》第五十条第二款的规定同时决定对其限制减刑。对于因有组织的暴力性犯罪被判处十年以上有期徒刑、无期徒刑的黑社会性质组织犯罪分子,应当根据《刑法》第八十一条第二款规定,不得假释。

13. 对于组织者、领导者一般应当并处没收个人全部财产。对于确属骨干成员或者为该组织转移、隐匿资产的积极参加者,可以并处没收个人全部财产。对于其他组织成员,应当根据所参与实施违法犯罪活动的次数、性质、地位、作用、违法所得数额以及造成损失的数额等情节,依法决定财产刑的适用。

三、依法惩处恶势力犯罪

14. 具有下列情形的组织,应当认定为"恶势力":经常纠集在一起,以暴力、威胁或者其他手段,在一定区域或者行业内多次实施违法犯罪活动,为非作恶,欺压百姓,扰乱经济、社会生活秩序,造成较为恶劣的社会影响,但尚未形成黑社会性质组织的违法犯罪组织。恶势力一般为三人以上,纠集者相对固定,违法犯罪活动主要为强迫交易、故意伤害、非法拘禁、敲诈勒索、故意毁坏财物、聚众斗殴、寻衅滋事等,同时还可能伴随实施开设赌场、组织卖淫、强迫卖淫、贩卖毒品、运输毒品、制造毒品、抢劫、抢夺、聚众扰乱社会秩序、聚众扰乱公共场所秩序、交通秩序以及聚众"打砸抢"等。

在相关法律文书中的犯罪事实认定部分,可使用"恶势力"等表述加以描述。

15. 恶势力犯罪集团是符合犯罪集团法定条件的恶势力犯罪组织，其特征表现为：有三名以上的组织成员，有明显的首要分子，重要成员较为固定，组织成员经常纠集在一起，共同故意实施三次以上恶势力惯常实施的犯罪活动或者其他犯罪活动。

16. 公安机关、人民检察院、人民法院在办理恶势力犯罪案件时，应当依照上述规定，区别于普通刑事案件，充分运用《刑法》总则关于共同犯罪和犯罪集团的规定，依法从严惩处。

四、依法惩处利用“软暴力”实施的犯罪

17. 黑恶势力为谋取不法利益或形成非法影响，有组织地采用滋扰、纠缠、哄闹、聚众造势等手段侵犯人身权利、财产权利，破坏经济秩序、社会秩序，构成犯罪的，应当分别依照《刑法》相关规定处理：

（1）有组织地采用滋扰、纠缠、哄闹、聚众造势等手段扰乱正常的工作、生活秩序，使他人产生心理恐惧或者形成心理强制，分别属于《刑法》第二百九十三条第一款第（二）项规定的“恐吓”、《刑法》第二百二十六规定的“威胁”，同时符合其他犯罪构成条件的，应分别以寻衅滋事罪、强迫交易罪定罪处罚。

《关于办理寻衅滋事刑事案件适用法律若干问题的解释》第二条至第四条中的“多次”一般应当理解为二年内实施寻衅滋事行为三次以上。二年内多次实施不同种类寻衅滋事行为的，应当追究刑事责任。

（2）以非法占有为日的强行索取公私财物，有组织地采用滋扰、纠缠、哄闹、聚众造势等手段扰乱正常的工作、生活秩序，同时符合《刑法》第二百七十四条规定的其他犯罪构成条件的，应当以敲诈勒索罪定罪处罚。同时由多人实施或者以统一着装、显露纹身、特殊标识以及其他明示或者暗示方式，足以使对方感知相关行为的有组织性的，应当认定为《关于办理敲诈勒索刑事案件适用法律若干问题的解释》第二条第（五）项规定的“以黑恶势力名义敲诈勒索”。

采用上述手段，同时又构成其他犯罪的，应当依法按照处罚较重的规定定罪处罚。

雇佣、指使他人有组织地采用上述手段强迫交易、敲诈勒索，构成强迫交易罪、敲诈勒索罪的，对雇佣者、指使者，一般应当以共同犯罪中的主犯论处。为强索不受法律保护的债务或者因其他非法目的，雇佣、指使他人有组织地采用上述手段寻衅滋事，构成寻衅滋事罪的，对雇佣者、指使者，一般应当以共同犯罪中的主犯论处；为追讨合法债务或者因婚恋、家庭、邻里纠纷等民间矛盾而雇佣、指使，没有造成严重后果的，一般不作为犯罪处理，但经有关部门批评制止或者处理处罚后仍继续实施的除外。

18. 黑恶势力有组织地多次短时间非法拘禁他人的，应当认定为《刑法》第二百三十八条规定的"以其他方法非法剥夺他人人身自由"。非法拘禁他人三次以上、每次持续时间在四小时以上，或者非法拘禁他人累计时间在十二小时以上的，应以非法拘禁罪定罪处罚。

五、依法打击非法放贷讨债的犯罪活动

19. 在民间借贷活动中，如有擅自设立金融机构、非法吸收公众存款、骗取贷款、套取金融机构资金发放高利贷以及为强索债务而实施故意杀人、故意伤害、非法拘禁、故意毁坏财物等行为的，应当按照具体犯罪侦查、起诉、审判。依法符合数罪并罚条件的，应当并罚。

20. 对于以非法占有为目的，假借民间借贷之名，通过"虚增债务""签订虚假借款协议""制造资金走账流水""肆意认定违约""转单平账""虚假诉讼"等手段非法占有他人财产，或者使用暴力、威胁手段强立债权、强行索债的，应当根据案件具体事实，以诈骗、强迫交易、敲诈勒索、抢劫、虚假诉讼等罪名侦查、起诉、审判。对于非法占有的被害人实际所得借款以外的虚高"债务"和以"保证金""中介费""服务费"等各种名目扣除或收取的额外费用，均应计入违法所得。对于名义上为被害人所得、但在案证据能够证明实际上却为犯罪嫌疑人、被告人实施后续犯罪所使用的"借款"，应予以没收。

21. 对采用讨债公司、"地下执法队"等各种形式有组织地进行上述活动，符合黑社会性质组织、犯罪集团认定标准的，应当按照组织、领导、参加黑社会性质组织罪或者犯罪集团侦查、起诉、审判。

六、依法严惩“保护伞”

22.《刑法》第二百九十四条第三款中规定的“包庇”行为，不要求相关国家机关工作人员利用职务便利。利用职务便利包庇黑社会性质组织的，酌情从重处罚。包庇、纵容黑社会性质组织，事先有通谋的，以具体犯罪的共犯论处。

23. 公安机关、人民检察院、人民法院对办理黑恶势力犯罪案件中发现的涉嫌包庇、纵容黑社会性质组织犯罪、收受贿赂、渎职侵权等违法违纪线索，应当及时移送有关主管部门和其他相关部门，坚决依法严惩充当黑恶势力“保护伞”的职务犯罪。

24. 依法严惩农村“两委”等人员在涉农惠农补贴申领与发放、农村基础设施建设、征地拆迁补偿、救灾扶贫优抚、生态环境保护等过程中，利用职权恃强凌弱、吃拿卡要、侵吞挪用国家专项资金的犯罪，以及放纵、包庇“村霸”和宗族恶势力，致使其坐大成患；或者收受贿赂、徇私舞弊，为“村霸”和宗族恶势力充当“保护伞”的犯罪。

25. 公安机关在侦办黑恶势力犯罪案件中，应当注意及时深挖其背后的腐败问题，对于涉嫌特别重大贿赂犯罪案件的犯罪嫌疑人，及时会同有关机关，执行《刑事诉讼法》第三十七条的相关规定，辩护律师在侦查期间会见在押犯罪嫌疑人的，应当经相关侦查机关许可。

七、依法处置涉案财产

26. 公安机关、人民检察院、人民法院根据黑社会性质组织犯罪案件的诉讼需要，应当依法查询、查封、扣押、冻结全部涉案财产。公安机关侦查期间，要会同工商、税务、国土、住建、审计、人民银行等部门全面调查涉黑组织及其成员的财产状况。

对于不宜查封、扣押、冻结的经营性资产，可以申请当地政府指定有关部门或者委托有关机构代管或者托管。

对黑社会性质组织及其成员聚敛的财产及其孳息、收益的数额，办案单位可以委托专门机构评估；确实无法准确计算的，可以根据有关法律规定及查明的事实、证据合理估算。

27. 对于依法查封、冻结、扣押的黑社会性质组织涉案财产，应当全面收集、审查证明其来源、性质、用途、权属及价值大小的有关证据。符合下列情形之一的，应当依法追缴、没收：

（1）组织及其成员通过违法犯罪活动或其他不正当手段聚敛的财产及其孳息、收益；

（2）组织成员通过个人实施违法犯罪活动聚敛的财产及其孳息、收益；

（3）其他单位、组织、个人为支持该组织活动资助或主动提供的财产；

（4）通过合法的生产、经营活动获取的财产或者组织成员个人、家庭合法资产中，实际用于支持该组织活动的部分；

（5）组织成员非法持有的违禁品以及供犯罪所用的本人财物；

（6）其他单位、组织、个人利用黑社会性质组织及其成员的违法犯罪活动获取的财产及其孳息、收益；

（7）其他应当追缴、没收的财产。

28. 违法所得已用于清偿债务或者转让给他人，具有下列情形之一的，应当依法追缴：

（1）对方明知是通过违法犯罪活动或者其他不正当手段聚敛的财产及其孳息、收益的；

（2）对方无偿或者以明显低于市场价格取得的；

（3）对方是因非法债务或者违法犯罪活动而取得的；

（4）通过其他方式恶意取得的。

29. 依法应当追缴、没收的财产无法找到、被他人善意取得、价值灭失或者与其他合法财产混合且不可分割的，可以追缴、没收其他等值财产。

30. 黑社会性质组织犯罪嫌疑人、被告人逃匿，在通缉一年后不能到案，或者犯罪嫌疑人、被告人死亡的，应当依照法定程序没收其违法所得。

31. 对于依法查封、扣押、冻结的涉案财产，有证据证明确属被害人合法财产，或者确与黑社会性质组织及其违法犯罪活动无关的应予以返还。

最高人民法院、最高人民检察院、公安部、司法部关于办理恶势力刑事案件若干问题的意见

（2019 年 4 月 9 日）

为认真贯彻落实中央开展扫黑除恶专项斗争的部署要求，正确理解和适用最高人民法院、最高人民检察院、公安部、司法部《关于办理黑恶势力犯罪案件若干问题的指导意见》（法发〔2018〕1 号，以下简称《指导意见》），根据刑法、刑事诉讼法及有关司法解释、规范性文件的规定，现对办理恶势力刑事案件若干问题提出如下意见：

一、办理恶势力刑事案件的总体要求

1. 人民法院、人民检察院、公安机关和司法行政机关要深刻认识恶势力违法犯罪的严重社会危害，毫不动摇地坚持依法严惩方针，在侦查、起诉、审判、执行各阶段，运用多种法律手段全面体现依法从严惩处精神，有力震慑恶势力违法犯罪分子，有效打击和预防恶势力违法犯罪。

2. 人民法院、人民检察院、公安机关和司法行政机关要严格坚持依法办案，确保在案件事实清楚，证据确实、充分的基础上，准确认定恶势力和恶势力犯罪集团，坚决防止人为拔高或者降低认定标准。要坚持贯彻落实宽严相济刑事政策，根据犯罪嫌疑人、被告人的主观恶性、人身危险性、在恶势力、恶势力犯罪集团中的地位、作用以及在具体犯罪中的罪责，切实做到宽严有据，罚当其罪，实现政治效果、法律效果和社会效果的统一。

3. 人民法院、人民检察院、公安机关和司法行政机关要充分发挥各自职能，分工负责，互相配合，互相制约，坚持以审判为中心的刑事诉讼制度改革要求，严格执行“三项规程”，不断强化程序意识和证据意识，有效加强法律

监督，确保严格执法、公正司法，充分保障当事人、诉讼参与人的各项诉讼权利。

二、恶势力、恶势力犯罪集团的认定标准

4. 恶势力，是指经常纠集在一起，以暴力、威胁或者其他手段，在一定区域或者行业内多次实施违法犯罪活动，为非作恶，欺压百姓，扰乱经济、社会生活秩序，造成较为恶劣的社会影响，但尚未形成黑社会性质组织的违法犯罪组织。

5. 单纯为牟取不法经济利益而实施的“黄、赌、毒、盗、抢、骗”等违法犯罪活动，不具有为非作恶、欺压百姓特征的，或者因本人及近亲属的婚恋纠纷、家庭纠纷、邻里纠纷、劳动纠纷、合法债务纠纷而引发以及其他确属事出有因的违法犯罪活动，不应作为恶势力案件处理。

6. 恶势力一般为 3 人以上，纠集者相对固定。纠集者，是指在恶势力实施的违法犯罪活动中起组织、策划、指挥作用的违法犯罪分子。成员较为固定且符合恶势力其他认定条件，但多次实施违法犯罪活动是由不同的成员组织、策划、指挥，也可以认定为恶势力，有前述行为的成员均可以认定为纠集者。

恶势力的其他成员，是指知道或应当知道与他人经常纠集在一起是为了共同实施违法犯罪，仍按照纠集者的组织、策划、指挥参与违法犯罪活动的违法犯罪分子，包括已有充分证据证明但尚未归案的人员，以及因法定情形不予追究法律责任，或者因参与实施恶势力违法犯罪活动已受到行政或刑事处罚的人员。仅因临时雇佣或被雇佣、利用或被利用以及受蒙蔽参与少量恶势力违法犯罪活动的，一般不应认定为恶势力成员。

7. “经常纠集在一起，以暴力、威胁或者其他手段，在一定区域或者行业内多次实施违法犯罪活动”，是指犯罪嫌疑人、被告人于 2 年之内，以暴力、威胁或者其他手段，在一定区域或者行业内多次实施违法犯罪活动，且包括纠集者在内，至少应有 2 名相同的成员多次参与实施违法犯罪活动。对于“纠集在一起”时间明显较短，实施违法犯罪活动刚刚达到“多次”标准，且尚不足以造成较为恶劣影响的，一般不应认定为恶势力。

8. 恶势力实施的违法犯罪活动，主要为强迫交易、故意伤害、非法拘禁、敲诈勒索、故意毁坏财物、聚众斗殴、寻衅滋事，但也包括具有为非作恶、欺压百姓特征，主要以暴力、威胁为手段的其他违法犯罪活动。

恶势力还可能伴随实施开设赌场、组织卖淫、强迫卖淫、贩卖毒品、运输毒品、制造毒品、抢劫、抢夺、聚众扰乱社会秩序、聚众扰乱公共场所秩序、交通秩序以及聚众“打砸抢”等违法犯罪活动，但仅有前述伴随实施的违法犯罪活动，且不能认定具有为非作恶、欺压百姓特征的，一般不应认定为恶势力。

9. 办理恶势力刑事案件，“多次实施违法犯罪活动”至少应包括1次犯罪活动。对于反复实施强迫交易、非法拘禁、敲诈勒索、寻衅滋事等单一性质的违法行为，单次情节、数额尚不构成犯罪，但按照刑法或者有关司法解释、规范性文件的规定累加后应作为犯罪处理的，在认定是否属于“多次实施违法犯罪活动”时，可将已用于累加的违法行为计为1次犯罪活动，其他违法行为单独计算违法活动的次数。

已被处理或者已作为民间纠纷调处，后经查证确属恶势力违法犯罪活动的，均可以作为认定恶势力的事实依据，但不符合法定情形的，不得重新追究法律责任。

10. 认定“扰乱经济、社会生活秩序，造成较为恶劣的社会影响”，应当结合侵害对象及其数量、违法犯罪次数、手段、规模、人身损害后果、经济损失数额、违法所得数额、引起社会秩序混乱的程度以及对人民群众安全感的影响程度等因素综合把握。

11. 恶势力犯罪集团，是指符合恶势力全部认定条件，同时又符合犯罪集团法定条件的犯罪组织。

恶势力犯罪集团的首要分子，是指在恶势力犯罪集团中起组织、策划、指挥作用的犯罪分子。恶势力犯罪集团的其他成员，是指知道或者应当知道是为共同实施犯罪而组成的较为固定的犯罪组织，仍接受首要分子领导、管理、指挥，并参与该组织犯罪活动的犯罪分子。

恶势力犯罪集团应当有组织地实施多次犯罪活动，同时还可能伴随实施违法活动。恶势力犯罪集团所实施的违法犯罪活动,参照《指导意见》第十条第二款的规定认定。

12. 全部成员或者首要分子、纠集者以及其他重要成员均为未成年人、老年人、残疾人的,认定恶势力、恶势力犯罪集团时应当特别慎重。

三、正确运用宽严相济刑事政策的有关要求

13. 对于恶势力的纠集者、恶势力犯罪集团的首要分子、重要成员以及恶势力、恶势力犯罪集团共同犯罪中罪责严重的主犯,要正确运用法律规定加大惩处力度,对依法应当判处重刑或死刑的,坚决判处重刑或死刑。同时要严格掌握取保候审,严格掌握不起诉,严格掌握缓刑、减刑、假释,严格掌握保外就医适用条件,充分利用资格刑、财产刑等法律手段全方位从严惩处。对于符合刑法第三十七条之一规定的,可以依法禁止其从事相关职业。

对于恶势力、恶势力犯罪集团的其他成员,在共同犯罪中罪责相对较小、人身危险性、主观恶性相对不大的,具有自首、立功、坦白、初犯等法定或酌定从宽处罚情节,可以依法从轻、减轻或免除处罚。认罪认罚或者仅参与实施少量的犯罪活动且只起次要、辅助作用,符合缓刑条件的,可以适用缓刑。

14. 恶势力犯罪集团的首要分子检举揭发与该犯罪集团及其违法犯罪活动有关联的其他犯罪线索,如果在认定立功的问题上存在事实、证据或法律适用方面的争议,应当严格把握。依法应认定为立功或者重大立功的,在决定是否从宽处罚、如何从宽处罚时,应当根据罪责刑相一致原则从严掌握。可能导致全案量刑明显失衡的,不予从宽处罚。

恶势力犯罪集团的其他成员如果能够配合司法机关查办案件,有提供线索、帮助收集证据或者其他协助行为,并在侦破恶势力犯罪集团案件、查处"保护伞"等方面起到较大作用的,即使依法不能认定立功,一般也应酌情对其从轻处罚。

15. 犯罪嫌疑人、被告人同时具有法定、酌定从严和法定、酌定从宽处罚情节的,量刑时要根据所犯具体罪行的严重程度,结合被告人在恶势力、恶势力犯罪集团中的地位、作用、主观恶性、人身危险性等因素整体把握。对于恶势力的纠集者、恶势力犯罪集团的首要分子、重要成员，量刑时要体现总体从严。对于在共同犯罪中罪责相对较小、人身危险性、主观恶性相对不大，且能够真诚认罪悔罪的其他成员，量刑时要体现总体从宽。

16. 恶势力刑事案件的犯罪嫌疑人、被告人自愿如实供述自己的罪行，承认指控的犯罪事实，愿意接受处罚的，可以依法从宽处理，并适用认罪认罚从宽制度。对于犯罪性质恶劣、犯罪手段残忍、社会危害严重的犯罪嫌疑人、被告人，虽然认罪认罚，但不足以从轻处罚的，不适用该制度。

四、办理恶势力刑事案件的其他问题

17. 人民法院、人民检察院、公安机关经审查认为案件符合恶势力认定标准的，应当在起诉意见书、起诉书、判决书、裁定书等法律文书中的案件事实部分明确表述，列明恶势力的纠集者、其他成员、违法犯罪事实以及据以认定的证据；符合恶势力犯罪集团认定标准的，应当在上述法律文书中明确定性，列明首要分子、其他成员、违法犯罪事实以及据以认定的证据，并引用刑法总则关于犯罪集团的相关规定。被告人及其辩护人对恶势力定性提出辩解和辩护意见，人民法院可以在裁判文书中予以评析回应。

恶势力刑事案件的起诉意见书、起诉书、判决书、裁定书等法律文书，可以在案件事实部分先概述恶势力、恶势力犯罪集团的概括事实，再分述具体的恶势力违法犯罪事实。

18. 对于公安机关未在起诉意见书中明确认定，人民检察院在审查起诉期间发现构成恶势力或者恶势力犯罪集团，且相关违法犯罪事实已经查清，证据确实、充分，依法应追究刑事责任的，应当作出起诉决定，根据查明的事实向人民法院提起公诉，并在起诉书中明确认定为恶势力或者恶势力犯罪集团。人民检察院认为恶势力相关违法犯罪事实不清、证据不足，或者存在遗漏恶势力违法犯罪事实、遗漏同案犯罪嫌疑人等情形需要补充侦查的，应当提出具体的书面意见，连同案卷材料一并退回公安机关补充侦查；人民检察院也可以自行侦查，必要时可以要求公安机关提供协助。

对于人民检察院未在起诉书中明确认定，人民法院在审判期间发现构成恶势力或恶势力犯罪集团的，可以建议人民检察院补充或者变更起诉；人民检察院不同意或者在七日内未回复意见的，人民法院不应主动认定，可仅就起诉指控的犯罪事实依照相关规定作出判决、裁定。

审理被告人或者被告人的法定代理人、辩护人、近亲属上诉的案件时，一审判决认定黑社会性质组织有误的，二审法院应当纠正，符合恶势力、恶势力犯罪集团认定标准，应当作出相应认定；一审判决认定恶势力或恶势力犯罪集团有误的，应当纠正，但不得升格认定；一审判决未认定恶势力或恶势力犯罪集团的，不得增加认定。

19. 公安机关、人民检察院、人民法院应当分别以起诉意见书、起诉书、裁判文书所明确的恶势力、恶势力犯罪集团，作为相关数据的统计依据。

20. 本意见自 2019 年 4 月 9 日起施行。

最高人民法院、最高人民检察院、公安部、司法部关于办理实施“软暴力”的刑事案件若干问题的意见

（2019 年 4 月 9 日）

为深入贯彻落实中央关于开展扫黑除恶专项斗争的决策部署，正确理解和适用最高人民法院、最高人民检察院、公安部、司法部《关于办理黑恶势力犯罪案件若干问题的指导意见》（法发〔2018〕1 号，以下简称《指导意见》）关于对依法惩处采用“软暴力”实施犯罪的规定，依法办理相关犯罪案件，根据《刑法》《刑事诉讼法》及有关司法解释、规范性文件，提出如下意见：

一、“软暴力”是指行为人为谋取不法利益或形成非法影响，对他人或者在有关场所进行滋扰、纠缠、哄闹、聚众造势等，足以使他人产生恐惧、恐慌进而形成心理强制，或者足以影响、限制人身自由、危及人身财产安全，影响正常生活、工作、生产、经营的违法犯罪手段。

二、“软暴力”违法犯罪手段通常的表现形式有：

（一）侵犯人身权利、民主权利、财产权利的手段，包括但不限于跟踪贴靠、扬言传播疾病、揭发隐私、恶意举报、诬告陷害、破坏、霸占财物等；

（二）扰乱正常生活、工作、生产、经营秩序的手段，包括但不限于非法侵入他人住宅、破坏生活设施、设置生活障碍、贴报喷字、拉挂横幅、燃放鞭炮、播放哀乐、摆放花圈、泼洒污物、断水断电、堵门阻工，以及通过驱赶从业人员、派驻人员据守等方式直接或间接地控制厂房、办公区、经营场所等；

（三）扰乱社会秩序的手段，包括但不限于摆场架势示威、聚众哄闹滋

扰、拦路闹事等；

（四）其他符合本意见第一条规定的“软暴力”手段。

通过信息网络或者通讯工具实施，符合本意见第一条规定的违法犯罪手段，应当认定为“软暴力”。

三、行为人实施“软暴力”，具有下列情形之一，可以认定为足以使他人产生恐惧、恐慌进而形成心理强制或者足以影响、限制人身自由、危及人身财产安全或者影响正常生活、工作、生产、经营：

（一）黑恶势力实施的；

（二）以黑恶势力名义实施的；

（三）曾因组织、领导、参加黑社会性质组织、恶势力犯罪集团、恶势力以及因强迫交易、非法拘禁、敲诈勒索、聚众斗殴、寻衅滋事等犯罪受过刑事处罚后又实施的；

（四）携带凶器实施的；

（五）有组织地实施的或者足以使他人认为暴力、威胁具有现实可能性的；

（六）其他足以使他人产生恐惧、恐慌进而形成心理强制或者足以影响、限制人身自由、危及人身财产安全或者影响正常生活、工作、生产、经营的情形。

由多人实施的，编造或明示暴力违法犯罪经历进行恐吓的，或者以自报组织、头目名号、统一着装、显露纹身、特殊标识以及其他明示、暗示方式，足以使他人感知相关行为的有组织性的，应当认定为“以黑恶势力名义实施”。

由多人实施的，只要有部分行为人符合本条第一款第（一）项至第（四）项所列情形的，该项即成立。

虽然具体实施“软暴力”的行为人不符合本条第一款第（一）项、第（三）项所列情形，但雇佣者、指使者或者纠集者符合的，该项成立。

四、“软暴力”手段属于《刑法》第二百九十四条第五款第（三）项“黑社会性质组织行为特征”以及《指导意见》第 14 条“恶势力”概念中的“其他手段”。

五、采用“软暴力”手段，使他人产生心理恐惧或者形成心理强制，分别属于《刑法》第二百二十六条规定的“威胁”、《刑法》第二百九十三条第一款第（二）项规定的“恐吓”，同时符合其他犯罪构成要件的，应当分别以强迫交易罪、寻衅滋事罪定罪处罚。

《关于办理寻衅滋事刑事案件适用法律若干问题的解释》第二条至第四条中的“多次”一般应当理解为二年内实施寻衅滋事行为三次以上。三次以上寻衅滋事行为既包括同一类别的行为，也包括不同类别的行为；既包括未受行政处罚的行为，也包括已受行政处罚的行为。

六、有组织地多次短时间非法拘禁他人的，应当认定为《刑法》第二百三十八条规定的“以其他方法非法剥夺他人人身自由”。非法拘禁他人三次以上、每次持续时间在四小时以上，或者非法拘禁他人累计时间在十二小时以上的，应当以非法拘禁罪定罪处罚。

七、以“软暴力”手段非法进入或者滞留他人住宅的，应当认定为《刑法》第二百四十五条规定的“非法侵入他人住宅”，同时符合其他犯罪构成要件的，应当以非法侵入住宅罪定罪处罚。

八、以非法占有为目的，采用“软暴力”手段强行索取公私财物，同时符合《刑法》第二百七十四条规定的其他犯罪构成要件的，应当以敲诈勒索罪定罪处罚。

《关于办理敲诈勒索刑事案件适用法律若干问题的解释》第三条中“二年内敲诈勒索三次以上”，包括已受行政处罚的行为。

九、采用“软暴力”手段，同时构成两种以上犯罪的，依法按照处罚较重的犯罪定罪处罚，法律另有规定的除外。

十、根据本意见第五条、第八条规定，对已受行政处罚的行为追究刑事责任的，行为人先前所受的行政拘留处罚应当折抵刑期，罚款应当抵扣罚金。

十一、雇佣、指使他人采用“软暴力”手段强迫交易、敲诈勒索，构成强迫交易罪、敲诈勒索罪的，对雇佣者、指使者，一般应当以共同犯罪中的主犯论处。

为强索不受法律保护的债务或者因其他非法目的，雇佣、指使他人采用“软暴力”手段非法剥夺他人人身自由构成非法拘禁罪，或者非法侵入他人住宅、寻衅滋事，构成非法侵入住宅罪、寻衅滋事罪的，对雇佣者、指使者，一般应当以共同犯罪中的主犯论处；因本人及近亲属合法债务、婚恋、家庭、邻里纠纷等民间矛盾而雇佣、指使，没有造成严重后果的，一般不作为犯罪处理，但经有关部门批评制止或者处理处罚后仍继续实施的除外。

十二、本意见自 2019 年 4 月 9 日起施行。

最高人民法院、最高人民检察院、公安部 、司法部关于办理“套路贷”刑事案件若干问题的意见

（2019年4月9日）

为持续深入开展扫黑除恶专项斗争，准确甄别和依法严厉惩处“套路贷”违法犯罪分子，根据刑法、刑事诉讼法、有关司法解释以及最高人民法院、最高人民检察院、公安部、司法部《关于办理黑恶势力犯罪案件若干问题的指导意见》等规范性文件的规定，现对办理“套路贷”刑事案件若干问题提出如下意见：

一、准确把握“套路贷”与民间借贷的区别

1.“套路贷”，是对以非法占有为目的，假借民间借贷之名，诱使或迫使被害人签订“借贷”或变相“借贷”“抵押”“担保”等相关协议，通过虚增借贷金额、恶意制造违约、肆意认定违约、毁匿还款证据等方式形成虚假债权债务，并借助诉讼、仲裁、公证或者采用暴力、威胁以及其他手段非法占有被害人财物的相关违法犯罪活动的概括性称谓。

2.“套路贷”与平等主体之间基于意思自治而形成的民事借贷关系存在本质区别，民间借贷的出借人是为了到期按照协议约定的内容收回本金并获取利息，不具有非法占有他人财物的目的，也不会在签订、履行借贷协议过程中实施虚增借贷金额、制造虚假给付痕迹、恶意制造违约、肆意认定违约、毁匿还款证据等行为。

司法实践中，应当注意非法讨债引发的案件与“套路贷”案件的区别，犯罪嫌疑人、被告人不具有非法占有目的，也未使用“套路”与借款人形成虚假债权债务，不应视为“套路贷”。因使用暴力、威胁以及其他手段强行索债构

成犯罪的，应当根据具体案件事实定罪处罚。

3. 实践中，“套路贷”的常见犯罪手法和步骤包括但不限于以下情形：

（1）制造民间借贷假象。犯罪嫌疑人、被告人往往以“小额贷款公司”“投资公司”“咨询公司”“担保公司”“网络借贷平台”等名义对外宣传，以低息、无抵押、无担保、快速放款等为诱饵吸引被害人借款，继而以“保证金”“行规”等虚假理由诱使被害人基于错误认识签订金额虚高的“借贷”协议或相关协议。有的犯罪嫌疑人、被告人还会以被害人先前借贷违约等理由，迫使对方签订金额虚高的“借贷”协议或相关协议。

（2）制造资金走账流水等虚假给付事实。犯罪嫌疑人、被告人按照虚高的“借贷”协议金额将资金转入被害人账户，制造已将全部借款交付被害人的银行流水痕迹，随后便采取各种手段将其中全部或者部分资金收回，被害人实际上并未取得或者完全取得“借贷”协议、银行流水上显示的钱款。

（3）故意制造违约或者肆意认定违约。犯罪嫌疑人、被告人往往会以设置违约陷阱、制造还款障碍等方式，故意造成被害人违约，或者通过肆意认定违约，强行要求被害人偿还虚假债务。

（4）恶意垒高借款金额。当被害人无力偿还时，有的犯罪嫌疑人、被告人会安排其所属公司或者指定的关联公司、关联人员为被害人偿还“借款”，继而与被害人签订金额更大的虚高“借贷”协议或相关协议，通过这种“转单平账”“以贷还贷”的方式不断垒高“债务”。

（5）软硬兼施“索债”。在被害人未偿还虚高“借款”的情况下，犯罪嫌疑人、被告人借助诉讼、仲裁、公证或者采用暴力、威胁以及其他手段向被害人或者被害人的特定关系人索取“债务”。

二、依法严惩“套路贷”犯罪

4. 实施“套路贷”过程中，未采用明显的暴力或者威胁手段，其行为特征从整体上表现为以非法占有为目的，通过虚构事实、隐瞒真相骗取被害人财物的，一般以诈骗罪定罪处罚；对于在实施“套路贷”过程中多种手段并用，构成诈骗、敲诈勒索、非法拘禁、虚假诉讼、寻衅滋事、强迫交易、抢劫、绑架等多种犯罪的，应当根据具体案件事实，区分不同情况，依照刑法及有关司法解释的规定数罪并罚或者择一重处。

5. 多人共同实施“套路贷”犯罪，犯罪嫌疑人、被告人在所参与的犯罪中起主要作用的，应当认定为主犯，对其参与或组织、指挥的全部犯罪承担刑事责任；起次要或辅助作用的，应当认定为从犯。

明知他人实施“套路贷”犯罪，具有以下情形之一的，以相关犯罪的共犯论处，但刑法和司法解释等另有规定的除外：

（1）组织发送“贷款”信息、广告，吸引、介绍被害人“借款”的；

（2）提供资金、场所、银行卡、账号、交通工具等帮助的；

（3）出售、提供、帮助获取公民个人信息的；

（4）协助制造走账记录等虚假给付事实的；

（5）协助办理公证的；

（6）协助以虚假事实提起诉讼或者仲裁的；

（7）协助套现、取现、办理动产或不动产过户等，转移犯罪所得及其产生的收益的；

（8）其他符合共同犯罪规定的情形。

上述规定中的“明知他人实施‘套路贷’犯罪”，应当结合行为人的认知能力、既往经历、行为次数和手段、与同案人、被害人的关系、获利情况、是否曾因“套路贷”受过处罚、是否故意规避查处等主客观因素综合分析认定。

6. 在认定“套路贷”犯罪数额时，应当与民间借贷相区别，从整体上予以否定性评价，“虚高债务”和以“利息”“保证金”“中介费”“服务费”“违约金”等名目被犯罪嫌疑人、被告人非法占有的财物，均应计入犯罪数额。

犯罪嫌疑人、被告人实际给付被害人的本金数额，不计入犯罪数额。

已经着手实施“套路贷”，但因意志以外原因未得逞的，可以根据相关罪名所涉及的刑法、司法解释规定，按照已着手非法占有的财物数额认定犯罪未遂。既有既遂，又有未遂，犯罪既遂部分与未遂部分分别对应不同法定刑幅度的，应当先决定对未遂部分是否减轻处罚，确定未遂部分对应的法定刑幅度，再与既遂部分对应的法定刑幅度进行比较，选择处罚较重的法定刑幅度，并酌情从重处罚；二者在同一量刑幅度的，以犯罪既遂酌情从重处罚。

7. 犯罪嫌疑人、被告人实施“套路贷”违法所得的一切财物，应当予以追缴或者责令退赔；对被害人的合法财产，应当及时返还。有证据证明是犯罪嫌疑人、被告人为实施“套路贷”而交付给被害人的本金，赔偿被害人损失后如有剩余，应依法予以没收。

犯罪嫌疑人、被告人已将违法所得的财物用于清偿债务、转让或者设置其他权利负担，具有下列情形之一的，应当依法追缴：

(1)第三人明知是违法所得财物而接受的；

(2)第三人无偿取得或者以明显低于市场的价格取得违法所得财物的；

(3)第三人通过非法债务清偿或者违法犯罪活动取得违法所得财物的；

(4)其他应当依法追缴的情形。

8. 以老年人、未成年人、在校学生、丧失劳动能力的人为对象实施“套路贷”，或者因实施“套路贷”造成被害人或其特定关系人自杀、死亡、精神失常、为偿还“债务”而实施犯罪活动的，除刑法、司法解释另有规定的外，应当酌情从重处罚。

在坚持依法从严惩处的同时，对于认罪认罚、积极退赃、真诚悔罪或者具有其他法定、酌定从轻处罚情节的被告人，可以依法从宽处罚。

9. 对于“套路贷”犯罪分子，应当根据其所触犯的具体罪名，依法加大财产刑适用力度。符合刑法第三十七条之一规定的，可以依法禁止从事相关职业。

10. 三人以上为实施“套路贷”而组成的较为固定的犯罪组织，应当认定为犯罪集团。对首要分子应按照集团所犯全部罪行处罚。

符合黑恶势力认定标准的，应当按照黑社会性质组织、恶势力或者恶势力犯罪集团侦查、起诉、审判。

三、依法确定“套路贷”刑事案件管辖

11. “套路贷”犯罪案件一般由犯罪地公安机关侦查，如果由犯罪嫌疑人居住地公安机关立案侦查更为适宜的，可以由犯罪嫌疑人居住地公安机关立案侦查。犯罪地包括犯罪行为发生地和犯罪结果发生地。

“犯罪行为发生地”包括为实施“套路贷”所设立的公司所在地、“借贷”

协议或相关协议签订地、非法讨债行为实施地、为实施“套路贷”而进行诉讼、仲裁、公证的受案法院、仲裁委员会、公证机构所在地，以及“套路贷”行为的预备地、开始地、途经地、结束地等。

“犯罪结果发生地”包括违法所得财物的支付地、实际取得地、藏匿地、转移地、使用地、销售地等。

除犯罪地、犯罪嫌疑人居住地外，其他地方公安机关对于公民扭送、报案、控告、举报或者犯罪嫌疑人自首的“套路贷”犯罪案件，都应当立即受理，经审查认为有犯罪事实的，移送有管辖权的公安机关处理。

黑恶势力实施的“套路贷”犯罪案件，由侦办黑社会性质组织、恶势力或者恶势力犯罪集团案件的公安机关进行侦查。

12. 具有下列情形之一的，有关公安机关可以在其职责范围内并案侦查：

（1）一人犯数罪的；

（2）共同犯罪的；

（3）共同犯罪的犯罪嫌疑人还实施其他犯罪的；

（4）多个犯罪嫌疑人实施的犯罪存在直接关联，并案处理有利于查明案件事实的。

13. 本意见自2019年4月9日起施行。

全国部分法院审理黑社会性质组织犯罪案件工作座谈会纪要

（2015 年 10 月 13 日　法〔2015〕291 号）

2009 年印发的《最高人民法院、最高人民检察院、公安部办理黑社会性质组织犯罪案件座谈会纪要》（以下简称 2009 年《座谈会纪要》）对于指导审判实践发挥了重要作用。由于黑社会性质组织犯罪始终处于不断发展变化之中，且刑法、刑事诉讼法的相关规定均有修改，因此，对于一些实践中反映较为突出，但 2009 年《座谈会纪要》未作规定或者有关规定尚需进一步细化和完善的问题，确有必要及时加以研究解决。经过与会代表的认真研究，会议就人民法院审理黑社会性质组织犯罪案件时遇到的部分政策把握及具体应用法律问题形成了共识。同时，与会代表也一致认为，本次会议所取得的成果是对 2009 年《座谈会纪要》的继承与发展，原有内容审判时仍应遵照执行；内容有所补充的，审判时应结合执行。纪要如下。

一、准确把握形势、任务，坚定不移地在法治轨道上深入推进打黑除恶专项斗争

（一）毫不动摇地贯彻依法严惩方针

会议认为，受国内国际多种因素影响，我国黑社会性质组织犯罪活跃、多发的基本态势在短期内不会改变。此类犯罪组织化程度较高，又与各种社会治安问题相互交织，破坏力成倍增加，严重威胁人民群众的生命、财产安全。而且，黑社会性质组织还具有极强的向经济领域、政治领域渗透的能力，严重侵蚀维系社会和谐稳定的根基。各级人民法院必须切实增强政治意识、大局意识、忧患意识和责任意识，进一步提高思想认识，充分发挥审判

职能作用,继续深入推进打黑除恶专项斗争,在严格把握黑社会性质组织认定标准的基础上始终保持对于此类犯罪的严惩高压态势。对于黑社会性质组织犯罪分子要依法加大资格刑、财产刑的适用力度,有效运用刑法中关于禁止令的规定,严格把握减刑、假释适用条件,全方位、全过程地体现从严惩处的精神。

(二)认真贯彻落实宽严相济刑事政策

审理黑社会性质组织犯罪案件应当认真贯彻落实宽严相济刑事政策。要依照法律规定,根据具体的犯罪事实、情节以及人身危险性、主观恶性、认罪悔罪态度等因素充分体现刑罚的个别化。同时要防止片面强调从宽或者从严,切实做到区别对待,宽严有据,罚当其罪。对于黑社会性质组织的组织者、领导者、骨干成员及其"保护伞",要依法从严惩处。根据所犯具体罪行的严重程度,依法应当判处重刑的要坚决判处重刑。确属罪行极其严重,依法应当判处死刑的,也必须坚决判处。对于不属于骨干成员的积极参加者以及一般参加者,确有自首、立功等法定情节的,要依法从轻、减轻或免除处罚;具有初犯、偶犯等酌定情节的,要依法酌情从宽处理。对于一般参加者,虽然参与实施了少量的违法犯罪活动,但系未成年人或是只起次要、辅助作用的,应当依法从宽处理。符合缓刑条件的,可以适用缓刑。

(三)正确把握"打早打小"与"打准打实"的关系

"打早打小",是指各级政法机关必须依照法律规定对有可能发展成为黑社会性质组织的犯罪集团、"恶势力"团伙及早打击,绝不能允许其坐大成势,而不应被理解为对尚处于低级形态的犯罪组织可以不加区分地一律按照黑社会性质组织处理。"打准打实",就是要求审判时应当本着实事求是的态度,在准确查明事实的基础上,构成什么罪,就按什么罪判处刑罚。对于不符合黑社会性质组织认定标准的,应当根据案件事实依照刑法中的相关条款处理,从而把法律规定落到实处。由于黑社会性质组织的形成、发展一般都会经历一个从小到大、由"恶"到"黑"的渐进过程,因此,"打早打小"不仅是政法机关依法惩治黑恶势力犯罪的一贯方针,而且是将黑社会性质组织及时消灭于雏形或萌芽状态,防止其社会危害进一步扩大的有效手段。

而“打准打实”既是刑事审判维护公平正义的必然要求,也是确保打黑除恶工作实现预期目标的基本前提。只有打得准,才能有效摧毁黑社会性质组织;只有打得实,才能最大限度地体现惩治力度。“打早打小”和“打准打实”是分别从惩治策略、审判原则的角度对打黑除恶工作提出的要求,各级人民法院对于二者关系的理解不能简单化、片面化,要严格坚持依法办案原则,准确认定黑社会性质组织,既不能“降格”,也不能“拔高”,切实防止以“打早打小”替代“打准打实”。

(四)依法加大惩处“保护伞”的力度

个别国家机关工作人员的包庇、纵容,不仅会对黑社会性质组织的滋生、蔓延起到推波助澜的作用,而且会使此类犯罪的社会危害进一步加大。各级人民法院应当充分认识“保护伞”的严重危害,将依法惩处“保护伞”作为深化打黑除恶工作的重点环节和深入开展反腐败斗争的重要内容,正确运用刑法的有关规定,有效加大对于“保护伞”的惩处力度。同时,各级人民法院还应当全面发挥职能作用,对于审判工作中发现的涉及“保护伞”的线索,应当及时转往有关部门查处,确保实现“除恶务尽”的目标。

(五)严格依照法律履行审判职能

《中华人民共和国刑法修正案(八)》的颁布实施以及刑事诉讼法的再次修正,不仅进一步完善了惩处黑恶势力犯罪的相关法律规定,同时也对办理黑社会性质组织犯罪案件提出了更为严格的要求。面对新的形势和任务,各级人民法院应当以审判为中心,进一步增强程序意识和权利保障意识,严格按照法定程序独立行使审判职权,并要坚持罪刑法定、疑罪从无、证据裁判原则,依法排除非法证据,通过充分发挥庭审功能和有效运用证据审查判断规则,切实把好事实、证据与法律适用关,以令人信服的裁判说理来实现审判工作法律效果与社会效果的有机统一。同时,还应当继续加强、完善与公安、检察等机关的配合协作,保证各项长效工作机制运行更为顺畅。

二、关于黑社会性质组织的认定

(一)认定组织特征的问题

黑社会性质组织存续时间的起点,可以根据涉案犯罪组织举行成立仪式或者进行类似活动的时间来认定。没有前述活动的，可以根据足以反映其初步形成核心利益或强势地位的重大事件发生时间进行审查判断。没有明显标志性事件的，也可以根据涉案犯罪组织为维护、扩大组织势力、实力、影响、经济基础或按照组织惯例、纪律、活动规约而首次实施有组织的犯罪活动的时间进行审查判断。存在、发展时间明显过短、犯罪活动尚不突出的，一般不应认定为黑社会性质组织。

黑社会性质组织应当具有一定规模，人数较多，组织成员一般在10人以上。其中，既包括已有充分证据证明但尚未归案的组织成员，也包括虽有参加黑社会性质组织的行为但因尚未达到刑事责任年龄或因其他法定情形而未被起诉，或者根据具体情节不作为犯罪处理的组织成员。

黑社会性质组织应有明确的组织者、领导者，骨干成员基本固定，并有比较明确的层级和职责分工，一般有三种类型的组织成员，即：组织者、领导者与积极参加者、一般参加者（也即“其他参加者”）。骨干成员，是指直接听命于组织者、领导者，并多次指挥或积极参与实施有组织的违法犯罪活动或者其他长时间在犯罪组织中起重要作用的犯罪分子，属于积极参加者的一部分。

对于黑社会性质组织的组织纪律、活动规约，应当结合制定、形成相关纪律、规约的目的与意图来进行审查判断。凡是为了增强实施违法犯罪活动的组织性、隐蔽性而制定或者自发形成，并用以明确组织内部人员管理、职责分工、行为规范、利益分配、行动准则等事项的成文或不成文的规定、约定，均可认定为黑社会性质组织的组织纪律、活动规约。

对于参加黑社会性质组织，没有实施其他违法犯罪活动，或者受蒙蔽、威胁参加黑社会性质组织，情节轻微的，可以不作为犯罪处理。对于参加黑社会性质组织后仅参与少量情节轻微的违法活动的，也可以不作为犯罪处理。

以下人员不属于黑社会性质组织的成员：1. 主观上没有加入黑社会性质组织的意愿，受雇到黑社会性质组织开办的公司、企业、社团工作，未参与或者仅参与少量黑社会性质组织的违法犯罪活动的人员；2. 因临时被纠集、雇佣或受蒙蔽为黑社会性质组织实施违法犯罪活动或者提供帮助、支持、服务的人员；3. 为维护或扩大自身利益而临时雇佣、收买、利用黑社会性质组织实施违法犯罪活动的人员。上述人员构成其他犯罪的，按照具体犯罪处理。

对于被起诉的组织成员主要为未成年人的案件，定性时应当结合“四个特征”审慎把握。

（二）认定经济特征的问题

“一定的经济实力”，是指黑社会性质组织在形成、发展过程中获取的，足以支持该组织运行、发展以及实施违法犯罪活动的经济利益。包括：1. 有组织地通过违法犯罪活动或其他不正当手段聚敛的资产；2. 有组织地通过合法的生产、经营活动获取的资产；3. 组织成员以及其他单位、个人资助黑社会性质组织的资产。通过上述方式获取的经济利益，即使是由部分组织成员个人掌控，也应计入黑社会性质组织的“经济实力”。

各高级人民法院可以根据本地区的实际情况，对黑社会性质组织所应具有的“经济实力”在 20 - 50 万元幅度内，自行划定一般掌握的最低数额标准。

是否将所获经济利益全部或部分用于违法犯罪活动或者维系犯罪组织的生存、发展，是认定经济特征的重要依据。无论获利后的分配与使用形式如何变化，只要在客观上能够起到豢养组织成员、维护组织稳定、壮大组织势力的作用即可认定。

（三）认定行为特征的问题

涉案犯罪组织仅触犯少量具体罪名的，是否应认定为黑社会性质组织要结合组织特征、经济特征和非法控制特征（危害性特征）综合判断，严格把握。

黑社会性质组织实施的违法犯罪活动包括非暴力性的违法犯罪活动，但暴力或以暴力相威胁始终是黑社会性质组织实施违法犯罪活动的基本手段，并随时可能付诸实施。因此，在黑社会性质组织所实施的违法犯罪活动中，一般应有一部分能够较明显地体现出暴力或以暴力相威胁的基本特征。

否则,定性时应当特别慎重。

属于2009年《座谈会纪要》规定的五种情形之一的,一般应当认定为黑社会性质组织实施的违法犯罪活动,但确与维护和扩大组织势力、实力、影响、经济基础无任何关联,亦不是按照组织惯例、纪律、活动规约而实施,则应作为组织成员个人的违法犯罪活动处理。

组织者、领导者明知组织成员曾多次实施起因、性质类似的违法犯罪活动,但并未明确予以禁止的,如果该类行为对扩大组织影响起到一定作用,可以视为是按照组织惯例实施的违法犯罪活动。

(四)认定非法控制特征(危害性特征)的问题

黑社会性质组织所控制和影响的"一定区域",应当具备一定空间范围,并承载一定的社会功能。既包括一定数量的自然人共同居住、生活的区域,如乡镇、街道、较大的村庄等,也包括承载一定生产、经营或社会公共服务功能的区域,如矿山、工地、市场、车站、码头等。对此,应当结合一定地域范围内的人口数量、流量、经济规模等因素综合评判。如果涉案犯罪组织的控制和影响仅存在于一座酒店、一处娱乐会所等空间范围有限的场所或者人口数量、流量、经济规模较小的其他区域,则一般不能视为是对"一定区域"的控制和影响。

黑社会性质组织所控制和影响的"一定行业",是指在一定区域内存在的同类生产、经营活动。黑社会性质组织通过多次有组织地实施违法犯罪活动,对黄、赌、毒等非法行业形成非法控制或重大影响的,同样符合非法控制特征(危害性特征)的要求。

2009年《座谈会纪要》明确了可以认定为"在一定区域或者行业内,形成非法控制或者重大影响,严重破坏经济、社会生活秩序"的八种情形,适用时应当注意以下问题:第1种情形中的"致使合法利益受损的群众不敢举报、控告的",是指致使多名合法利益遭受犯罪或者严重违法活动侵害的群众不敢通过正当途径维护权益;第2种情形中的"形成垄断",是指可以操控、左右、决定与一定行业相关的准入、退出、经营、竞争等经济活动。"形成重要影响",是指对与一定行业相关的准入、退出、经营、竞争等经济活动具有较大的干预和影响能力，或者具有在该行业内占有较大市场份额、通过违法犯罪活动或以其他不正当手段在该行业内敛财数额巨大（最低数额标准由各高院根据本地情况在 20－50 万元的幅度内自行划定）、给该行业内从事生产、经营活动的其他单位、组织、个人造成直接经济损失 100 万元以上等情节之一；第 3、4、5 种情形中的“造成严重影响”，是指具有致人重伤或致多人轻伤、通过违法犯罪活动或以其他不正当手段敛财数额巨大（数额标准同上）、造成直接经济损失 100 万元以上、多次引发群体性事件或引发大规模群体性事件等情节之一；第 6 种情形中的“多次干扰、破坏国家机关、行业管理部门以及村委会、居委会等基层群众自治组织的工作秩序”，包括以拉拢、收买、威胁等手段多次得到国家机关工作人员包庇或纵容，或者多次对前述单位、组织中正常履行职务的工作人员进行打击、报复的情形；第 7 种情形中的“获取政治地位”，是指当选各级人大代表、政协委员。“担任一定职务”，是指在各级党政机关及其职能部门、基层群众自治组织中担任具有组织、领导、监督、管理职权的职务。

根据实践经验，在黑社会性质组织犯罪案件中，2009 年《座谈会纪要》规定的八种情形一般不会单独存在，往往是两种以上的情形同时并存、相互交织，从而严重破坏经济、社会生活秩序。审判时，应当充分认识这一特点，准确认定该特征。

“四个特征”中其他构成要素均已具备，仅在成员人数、经济实力规模方面未达到本纪要提出的一般性要求，但已较为接近，且在非法控制特征（危害性特征）方面同时具有 2009 年《座谈会纪要》相关规定中的多种情形，其中至少有一种情形已明显超出认定标准的，也可以认定为黑社会性质组织。

三、关于刑事责任和刑罚适用

（一）已退出或者新接任的组织者、领导者的刑事责任问题

对于在黑社会性质组织形成、发展过程中已经退出的组织者、领导者，或者在加入黑社会性质组织之后逐步发展成为组织者、领导者的犯罪分子，应对其本人参与及其实际担任组织者、领导者期间该组织所犯的全部罪行承担刑事责任。

（二）量刑情节的运用问题

黑社会性质组织的成员虽不具有自首情节，但到案后能够如实供述自己罪行，并具有以下情形之一的，一般应当适用《刑法》第六十七条第三款的规定予以从轻处罚：1. 如实交代大部分尚未被掌握的同种犯罪事实；2. 如实交代尚未被掌握的较重的同种犯罪事实；3. 如实交代犯罪事实，并对收集定案证据、查明案件事实有重要作用的。

积极参加者、一般参加者配合司法机关查办案件，有提供线索、帮助收集证据或者其他协助行为，并在侦破黑社会性质组织犯罪案件、认定黑社会性质组织及其主要成员、追缴黑社会性质组织违法所得、查处“保护伞”等方面起到较大作用的，即使依法不能认定立功，一般也应酌情对其从轻处罚。

组织者、领导者、骨干成员以及“保护伞”协助抓获同案中其他重要的组织成员，或者骨干成员能够检举揭发其他犯罪案件中罪行同样严重的犯罪分子，原则上依法应予从轻或者减轻处罚。组织者、领导者检举揭发与该黑社会性质组织及其违法犯罪活动有关联的其他犯罪线索，如果在是否认定立功的问题上存在事实、证据或法律适用方面的争议，应当严格把握。依法应认定为立功或者重大立功的，在决定是否从宽处罚、如何从宽处罚时，应当根据罪责刑相一致原则从严掌握。可能导致全案量刑明显失衡的，不予从宽处罚。

审理黑社会性质组织犯罪案件，应当通过判处和执行民事赔偿以及积极开展司法救助来最大限度地弥补被害人及其亲属的损失。被害人及其亲属确有特殊困难，需要接受被认定为黑社会性质组织成员的被告人赔偿并因此表示谅解的，量刑时应当特别慎重。不仅应当查明谅解是否确属真实意思表示以及赔偿款项与黑社会性质组织违法所得有无关联，而且在决定是否从宽处罚、如何从宽处罚时，也应当从严掌握。可能导致全案量刑明显失衡的，不予从宽处罚。

（三）附加剥夺政治权利的适用问题

对于黑社会性质组织的组织者、领导者，可以适用《刑法》第五十六条第一款的规定附加剥夺政治权利。对于因犯参加黑社会性质组织罪被判处5

年以上有期徒刑的积极参加者,也可以适用该规定附加剥夺政治权利。

(四)财产刑的适用问题

对于黑社会性质组织的组织者、领导者,依法应当并处没收财产。黑社会性质组织敛财数额特别巨大,但因犯罪分子转移、隐匿、毁灭证据或者拒不交代涉案财产来源、性质,导致违法所得以及其他应当追缴的财产难以准确查清和追缴的,对于组织者、领导者以及为该组织转移、隐匿资产的积极参加者可以并处没收个人全部财产。

对于确属骨干成员的积极参加者一般应当并处罚金或者没收财产。对于其他积极参加者和一般参加者,应当根据所参与实施违法犯罪活动的次数、性质、地位、作用、违法所得数额以及造成损失的数额等情节,依法决定财产刑的适用。

四、关于审判程序和证据审查

(一)分案审理问题

为便宜诉讼,提高审判效率,防止因法庭审理过于拖延而损害当事人的合法权益,对于被告人人数众多,合并审理难以保证庭审质量和庭审效率的黑社会性质组织犯罪案件,可分案进行审理。分案应当遵循有利于案件顺利审判、有利于查明案件事实、有利于公正定罪量刑的基本原则,确保有效质证、事实统一、准确定罪、均衡量刑。对于被作为组织者、领导者、积极参加者起诉的被告人,以及黑社会性质组织重大犯罪的共同作案人,分案审理影响庭审调查的,一般不宜分案审理。

(二)证明标准和证据运用问题

办理黑社会性质组织犯罪案件应当坚持"事实清楚,证据确实、充分"的法定证明标准。黑社会性质组织犯罪案件侦查取证难度大,"四个特征"往往难以通过实物证据来加以证明。审判时,应当严格依照刑事诉讼法及有关司法解释的规定对相关证据进行审查与认定。在确保被告人供述、证人证言、被害人陈述等言词证据取证合法、内容真实,且综合全案证据,已排除合理怀疑的情况下,同样可以认定案件事实。

(三)法庭举证、质证问题

审理黑社会性质组织犯罪案件时,合议庭应当按照刑事诉讼法及有关司法解释的规定有效引导控辩双方举证、质证。不得因为案件事实复杂、证据繁多,而不当限制控辩双方就证据问题进行交叉询问、相互辩论的权利。庭审时,应当根据案件事实繁简、被告人认罪态度等采取适当的举证、质证方式,突出重点;对黑社会性质组织的“四个特征”应单独举证、质证。为减少重复举证、质证,提高审判效率,庭审中可以先就认定具体违法犯罪事实的证据进行举证、质证。对认定黑社会性质组织行为特征的证据进行举证、质证时,之前已经宣读、出示过的证据,可以在归纳、概括之后简要征询控辩双方意见。对于认定组织特征、经济特征、非法控制特征(危害性特征)的证据,举证、质证时一般不宜采取前述方式。

(四)对出庭证人、鉴定人、被害人的保护问题

人民法院受理黑社会性质组织犯罪案件后,应当及时了解在侦查、审查起诉阶段有无对证人、鉴定人、被害人采取保护措施的情况,确保相关保护措施在审判阶段能够紧密衔接。开庭审理时,证人、鉴定人、被害人因出庭作证,本人或其近亲属的人身安全面临危险的,应当采取不暴露外貌、真实声音等出庭作证措施。必要时,可以进行物理隔离,以音频、视频传送的方式作证,并对声音、图像进行技术处理。有必要禁止特定人员接触证人、鉴定人、被害人及其近亲属的,以及需要对证人、鉴定人、被害人及其近亲属的人身和住宅采取专门性保护措施的,应当及时与检察机关、公安机关协调,确保保护措施及时执行到位。依法决定不公开证人、鉴定人、被害人真实姓名、住址和工作单位等个人信息的,应当在开庭前核实其身份。证人、鉴定人签署的如实作证保证书应当列入审判副卷,不得对外公开。

五、关于黑社会性质组织犯罪案件审判工作相关问题

(一)涉案财产的处置问题

审理黑社会性质组织犯罪案件时,对于依法查封、冻结、扣押的涉案财产,应当全面审查证明财产来源、性质、用途、权属及价值大小的有关证据,调查财产的权属情况以及是否属于违法所得或者依法应当追缴的其他财物。属于下列情形的,依法应当予以追缴、没收:1. 黑社会性质组织形成、发展过程中,该组织及其组织成员通过违法犯罪活动或其他不正当手段聚敛

的财产及其孳息、收益，以及合法获取的财产中实际用于支持该组织存在、发展和实施违法犯罪活动的部分；2. 其他单位、个人为支持黑社会性质组织存在、发展以及实施违法犯罪活动而资助或提供的财产；3. 组织成员通过个人实施的违法犯罪活动所聚敛的财产及其孳息、收益，以及供个人犯罪所用的本人财物；4. 黑社会性质组织及其组织成员个人非法持有的违禁品；5. 依法应当追缴的其他涉案财物。

（二）发挥庭审功能问题

黑社会性质组织犯罪案件开庭前，应当按照重大案件的审判要求做好从物质保障到人员配备等各方面的庭审准备，并制定详细的庭审预案和庭审提纲。同时，还要充分发挥庭前会议了解情况、听取意见的应有作用，提前了解控辩双方的主要意见，及时解决可能影响庭审顺利进行的程序性问题。对于庭前会议中出示的证据材料，控辩双方无异议的，庭审举证、质证时可以简化。庭审过程中，合议庭应当针对争议焦点和关键的事实、证据问题，有效引导控辩双方进行法庭调查与法庭辩论。庭审时，还应当全程录音录像，相关音视频资料应当存卷备查。

最高人民法院、最高人民检察院、公安部、司法部关于办理黑社会性质组织犯罪案件若干问题的规定

（2012年9月11日　公通字〔2012〕45号）

为依法严厉打击黑社会性质组织犯罪，按照宽严相济的刑事政策和“打早打小、除恶务尽”的工作方针，根据《中华人民共和国刑法》、《中华人民共和国刑事诉讼法》和其他有关规定，现就办理黑社会性质组织犯罪案件有关问题，制定本规定。

一、管辖

第一条　公安机关侦查黑社会性质组织犯罪案件时，对黑社会性质组织及其成员在多个地方实施的犯罪，以及其他与黑社会性质组织犯罪有关的犯罪，可以依照法律和有关规定一并立案侦查。对案件管辖有争议的，由共同的上级公安机关指定管辖。

并案侦查的黑社会性质组织犯罪案件，由侦查该案的公安机关所在地同级人民检察院一并审查批准逮捕、受理移送审查起诉，由符合审判级别管辖要求的人民法院审判。

第二条　公安机关、人民检察院、人民法院根据案件情况和需要，可以依法对黑社会性质组织犯罪案件提级管辖或者指定管辖。

提级管辖或者指定管辖的黑社会性质组织犯罪案件，由侦查该案的公安机关所在地同级人民检察院审查批准逮捕、受理移送审查起诉，由同级或者符合审判级别管辖要求的人民法院审判。

第三条 人民检察院对于公安机关提请批准逮捕、移送审查起诉的黑社会性质组织犯罪案件,人民法院对于已进入审判程序的黑社会性质组织犯罪案件,被告人及其辩护人提出管辖异议,或者办案单位发现没有管辖权的,受案人民检察院、人民法院经审查,可以依法报请与有管辖权的人民检察院、人民法院共同的上级人民检察院、人民法院指定管辖,不再自行移交。对于在审查批准逮捕阶段,上级检察机关已经指定管辖的案件,审查起诉工作由同一人民检察院受理。

第四条 公安机关侦查黑社会性质组织犯罪案件过程中,发现人民检察院管辖的贪污贿赂、渎职侵权犯罪案件线索的,应当及时移送人民检察院。人民检察院对于公安机关移送的案件线索应当及时依法进行调查或者立案侦查。人民检察院与公安机关应当相互及时通报案件进展情况。

二、立案

第五条 公安机关对涉嫌黑社会性质组织犯罪的线索,应当及时进行审查。审查过程中,可以采取询问、查询、勘验、检查、鉴定、辨认、调取证据材料等必要的调查活动,但不得采取强制措施,不得查封、扣押、冻结财产。

立案前的审查阶段获取的证据材料经查证属实的,可以作为证据使用。

公安机关因侦查黑社会性质组织犯罪的需要,根据国家有关规定,经过严格的批准手续,对一些重大犯罪线索立案后可以采取技术侦查等秘密侦查措施。

第六条 公安机关经过审查,认为有黑社会性质组织犯罪事实需要追究刑事责任,且属于自己管辖的,经县级以上公安机关负责人批准,予以立案,同时报上级公安机关备案。

三、强制措施和羁押

第七条 对于组织、领导、积极参加黑社会性质组织的犯罪嫌疑人、被告人,不得取保候审;但是患有严重疾病、生活不能自理,怀孕或者是正在哺乳自己婴儿的妇女,采取取保候审不致发生社会危险性的除外。

第八条 对于黑社会性质组织犯罪案件的犯罪嫌疑人、被告人,看守所应当严格管理,防止发生串供、通风报信等行为。

对于黑社会性质组织犯罪案件的犯罪嫌疑人、被告人，可以异地羁押。

对于同一黑社会性质组织犯罪案件的犯罪嫌疑人、被告人，应当分别羁押，在看守所的室外活动应当分开进行。

对于组织、领导黑社会性质组织的犯罪嫌疑人、被告人，有条件的地方应当单独羁押。

四、证人保护

第九条 公安机关、人民检察院和人民法院应当采取必要措施，保障证人及其近亲属的安全。证人的人身和财产受到侵害时，可以视情给予一定的经济补偿。

第十条 在侦查、起诉、审判过程中，对于因作证行为可能导致本人或者近亲属的人身、财产安全受到严重危害的证人，分别经地市级以上公安机关主要负责人、人民检察院检察长、人民法院院长批准，应当对其身份采取保密措施。

第十一条 对于秘密证人，侦查人员、检察人员和审判人员在制作笔录或者文书时，应当以代号代替其真实姓名，不得记录证人住址、单位、身份证号及其他足以识别其身份的信息。证人签名以按指纹代替。

侦查人员、检察人员和审判人员记载秘密证人真实姓名和身份信息的笔录或者文书，以及证人代号与真实姓名对照表，应当单独立卷，交办案单位档案部门封存。

第十二条 法庭审理时不得公开秘密证人的真实姓名和身份信息。用于公开质证的秘密证人的声音、影像，应当进行变声、变像等技术处理。

秘密证人出庭作证，人民法院可以采取限制询问、遮蔽容貌、改变声音或者使用音频、视频传送装置等保护性措施。

经辩护律师申请，法庭可以要求公安机关、人民检察院对使用秘密证人的理由、审批程序出具说明。

第十三条 对报案人、控告人、举报人、鉴定人、被害人的保护，参照本规定第九条至第十二条的规定执行。

五、特殊情况的处理

第十四条 参加黑社会性质组织的犯罪嫌疑人、被告人，自动投案，如实供述自己的罪行，或者在被采取强制措施期间如实供述司法机关还未掌握的本人其他罪行的，应当认定为自首。

参加黑社会性质组织的犯罪嫌疑人、被告人，积极配合侦查、起诉、审判工作，检举、揭发黑社会性质组织其他成员与自己共同犯罪以外的其他罪行，经查证属实的，应当认定为有立功表现。在查明黑社会性质组织的组织结构和组织者、领导者的地位作用，追缴、没收赃款赃物，打击“保护伞”方面提供重要线索，经查证属实的，可以酌情从宽处理。

第十五条 对于有本规定第十四条所列情形之一的，公安机关应当根据犯罪嫌疑人的认罪态度以及在侦查工作中的表现，经县级以上公安机关主要负责人批准，提出从宽处理的建议并说明理由。

人民检察院应当根据已经查明的事实、证据和有关法律规定，在充分考虑全案情况和公安机关建议的基础上依法作出起诉或者不起诉决定，或者起诉后向人民法院提出依法从轻、减轻或者免除刑事处罚的建议。

人民法院应当根据已经查明的事实、证据和有关法律规定，在充分考虑全案情况、公安机关和人民检察院建议和被告人、辩护人辩护意见的基础上，依法作出判决。

对参加黑社会性质组织的犯罪嫌疑人、被告人不起诉或者免予刑事处罚的，应当予以训诫或者责令具结悔过并保证不再从事违法犯罪活动。

第十六条 对于有本规定第十四条第二款情形的犯罪嫌疑人、被告人，可以参照第九条至第十二条的规定，采取必要的保密和保护措施。

六、涉案财产的控制和处理

第十七条 根据黑社会性质组织犯罪案件的诉讼需要，公安机关、人民检察院、人民法院可以依法查询、查封、扣押、冻结与案件有关的下列财产：

（一）黑社会性质组织的财产；

（二）犯罪嫌疑人、被告人个人所有的财产；

（三）犯罪嫌疑人、被告人实际控制的财产；

（四）犯罪嫌疑人、被告人出资购买的财产；

（五）犯罪嫌疑人、被告人转移至他人的财产；

(六)其他与黑社会性质组织及其违法犯罪活动有关的财产。

对于本条第一款的财产,有证据证明与黑社会性质组织及其违法犯罪活动无关的,应当依法立即解除查封、扣押、冻结措施。

第十八条 查封、扣押、冻结财产的,应当一并扣押证明财产所有权或者相关权益的法律文件和文书。

在侦查、起诉、审判过程中,查询、查封、扣押、冻结财产需要其他部门配合或者执行的,应当分别经县级以上公安机关负责人、人民检察院检察长、人民法院院长批准,通知有关部门配合或者执行。

查封、扣押、冻结已登记的不动产、特定动产及其他财产,应当通知有关登记机关,在查封、扣押、冻结期间禁止被查封、扣押、冻结的财产流转,不得办理被查封、扣押、冻结财产权属变更、抵押等手续;必要时可以提取有关产权证照。

第十九条 对于不宜查封、扣押、冻结的经营性财产,公安机关、人民检察院、人民法院可以申请当地政府指定有关部门或者委托有关机构代管。

第二十条 对于黑社会性质组织形成、发展过程中,组织及其成员通过违法犯罪活动或者其他不正当手段聚敛的财产及其孳息、收益,以及用于违法犯罪的工具和其他财物,应当依法追缴、没收。

对于其他个人或者单位利用黑社会性质组织及其成员的违法犯罪活动获得的财产及其孳息、收益,应当依法追缴、没收。

对于明知是黑社会性质组织而予以资助、支持的,依法没收资助、支持的财产。

对于被害人的合法财产及其孳息,应当依法及时返还或者责令退赔。

第二十一条 依法应当追缴、没收的财产无法找到、被他人善意取得、价值灭失或者与其他合法财产混合且不可分割的,可以追缴、没收其他等值财产。

对黑社会性质组织及其成员聚敛的财产及其孳息、收益的数额,办案单位可以委托专门机构评估;确实无法准确计算的,可以根据有关法律规定及查明的事实、证据合理估算。

七、律师辩护代理

第二十二条 公安机关、人民检察院、人民法院应当依法保障律师在办理黑社会性质组织犯罪案件辩护代理工作中的执业权利，保证律师依法履行职责。

公安机关、人民检察院、人民法院应当加强与司法行政机关的沟通和协作，及时协调解决律师辩护代理工作中的问题；发现律师有违法违规行为的，应当及时通报司法行政机关，由司法行政机关依法处理。

第二十三条 律师接受委托参加黑社会性质组织犯罪案件辩护代理工作的，应当严格依法履行职责，依法行使执业权利，恪守律师职业道德和执业纪律。

第二十四条 司法行政机关应当建立对律师办理黑社会性质组织犯罪案件辩护代理工作的指导、监督机制，加强对敏感、重大的黑社会性质组织犯罪案件律师辩护代理工作的业务指导；指导律师事务所建立健全律师办理黑社会性质组织犯罪案件辩护代理工作的登记、报告、保密、集体讨论、档案管理等制度；及时查处律师从事黑社会性质组织犯罪案件辩护代理活动中的违法违规行为。

八、刑罚执行

第二十五条 对于组织、领导、参加黑社会性质组织的罪犯，执行机关应当采取严格的监管措施。

第二十六条 对于判处十年以上有期徒刑、无期徒刑，以及判处死刑缓期二年执行减为有期徒刑、无期徒刑的黑社会性质组织的组织者、领导者，应当跨省、自治区、直辖市异地执行刑罚。

对于被判处十年以下有期徒刑的黑社会性质组织的组织者、领导者，以及黑社会性质组织的积极参加者，可以跨省、自治区、直辖市或者在本省、自治区、直辖市内异地执行刑罚。

第二十七条 对组织、领导和积极参加黑社会性质组织的罪犯减刑的，执行机关应当依法提出减刑建议，报经省、自治区、直辖市监狱管理机关审核后，提请人民法院裁定。监狱管理机关审核时应当向同级人民检察院、公安机关通报情况。

对被判处不满十年有期徒刑的组织、领导和积极参加黑社会性质组织的罪犯假释的，依照前款规定处理。

对因犯组织、领导黑社会性质组织罪被判处十年以上有期徒刑、无期徒刑的罪犯，不得假释。

第二十八条 对于组织、领导和积极参加黑社会性质组织的罪犯，有下列情形之一，确实需要暂予监外执行的，应当依照法律规定的条件和程序严格审批：

（一）确有严重疾病而监狱不具备医治条件，必须保外就医，且适用保外就医不致危害社会的；

（二）怀孕或者正在哺乳自己婴儿的妇女；

（三）因年老、残疾完全丧失生活自理能力，适用暂予监外执行不致危害社会的。

暂予监外执行的审批机关在作出审批决定前，应当向同级人民察院、公安机关通报情况。

第二十九条 办理境外黑社会组织成员入境发展组织成员犯罪案件，参照本规定执行。

第三十条 本规定自印发之日起施行。

最高人民法院、最高人民检察院、公安部办理黑社会性质组织犯罪案件座谈会纪要

（2009 年 12 月 9 日 法〔2009〕382 号）

自 1997 年刑法增设黑社会性质组织犯罪的规定以来，全国人大常委会、最高人民法院分别作出了《关于〈中华人民共和国刑法〉第二百九十四条第一款的解释》（以下简称《立法解释》）、《关于审理黑社会性质组织犯罪的案件具体应用法律若干问题的解释》（以下简称《司法解释》），对于指导司法实践发挥了重要作用。但由于黑社会性质组织犯罪的构成要件和所涉及的法律关系较为复杂，在办案过程中对法律规定的理解还不尽相同。为了进一步统一司法标准，会议就实践中争议较大的问题进行了深入研讨，并取得了一致意见：

（一）关于黑社会性质组织的认定

黑社会性质组织必须同时具备《立法解释》中规定的“组织特征”、“经济特征”、“行为特征”和“危害性特征”。由于实践中许多黑社会性质组织并非这“四个特征”都很明显，因此，在具体认定时，应根据立法本意，认真审查、分析黑社会性质组织“四个特征”相互间的内在联系，准确评价涉案犯罪组织所造成的社会危害，确保不枉不纵。

1. 关于组织特征。黑社会性质组织不仅有明确的组织者、领导者，骨干成员基本固定，而且组织结构较为稳定，并有比较明确的层级和职责分工。

当前，一些黑社会性质组织为了增强隐蔽性，往往采取各种手段制造“人员频繁更替、组织结构松散”的假象。因此，在办案时，要特别注意审查组织者、领导者，以及对组织运行、活动起着突出作用的积极参加者等骨干

成员是否基本固定、联系是否紧密，不要被其组织形式的表象所左右。

关于组织者、领导者、积极参加者和其他参加者的认定。组织者、领导者，是指黑社会性质组织的发起者、创建者，或者在组织中实际处于领导地位，对整个组织及其运行、活动起着决策、指挥、协调、管理作用的犯罪分子，既包括通过一定形式产生的有明确职务、称谓的组织者、领导者，也包括在黑社会性质组织中被公认的事实上的组织者、领导者；积极参加者，是指接受黑社会性质组织的领导和管理，多次积极参与黑社会性质组织的违法犯罪活动，或者积极参与较严重的黑社会性质组织的犯罪活动且作用突出，以及其他在组织中起重要作用的犯罪分子，如具体主管黑社会性质组织的财务、人员管理等事项的犯罪分子；其他参加者，是指除上述组织成员之外，其他接受黑社会性质组织的领导和管理的犯罪分子。根据《司法解释》第三条第二款的规定，对于参加黑社会性质的组织，没有实施其他违法犯罪活动的，或者受蒙蔽、胁迫参加黑社会性质的组织，情节轻微的，可以不作为犯罪处理。

关于黑社会性质组织成员的主观明知问题。在认定黑社会性质组织的成员时，并不要求其主观上认为自己参加的是黑社会性质组织，只要其知道或者应当知道该组织具有一定规模，且是以实施违法犯罪为主要活动的，即可认定。

对于黑社会性质组织存在时间、成员人数及组织纪律等问题的把握。黑社会性质组织一般在短时间内难以形成，而且成员人数较多，但鉴于普通犯罪集团、"恶势力"团伙向黑社会性质组织发展是一个渐进的过程，没有明显的性质转变的节点，故对黑社会性质组织存在时间、成员人数问题不宜作出"一刀切"的规定。对于那些已存在一定时间，且成员人数较多的犯罪组织，在定性时要根据其是否已具备一定的经济实力，是否已在一定区域或行业内形成非法控制或重大影响等情况综合分析判断。此外在通常情况下，黑社会性质组织为了维护自身的安全和稳定，一般会有一些约定俗成的纪律、规约，有些甚至还有明确的规定。因此，具有一定的组织纪律、活动规约，也是认定黑社会性质组织特征时的重要参考依据。

2. 关于经济特征。一定的经济实力是黑社会性质组织坐大成势，称霸一方的基础。由于不同地区的经济发展水平、不同行业的利润空间均存在很大差异，加之黑社会性质组织存在、发展的时间也各有不同，因此，在办案时不能一般性地要求黑社会性质组织所具有的经济实力必须达到特定规模或特定数额。此外，黑社会性质组织的敛财方式也具有多样性。实践中，黑社会性质组织不仅会通过实施赌博、敲诈、贩毒等违法犯罪活动攫取经济利益，而且还往往会通过开办公司、企业等方式“以商养黑”、“以黑护商”。因此，无论其财产是通过非法手段聚敛，还是通过合法的方式获取，只要将其中部分或全部用于违法犯罪活动或者维系犯罪组织的生存、发展即可。

“用于违法犯罪活动或者维系犯罪组织的生存、发展”，一般是指购买作案工具、提供作案经费，为受伤、死亡的组织成员提供医疗费、丧葬费，为组织成员及其家属提供工资、奖励、福利、生活费用，为组织寻求非法保护以及其他与实施有组织的违法犯罪活动有关的费用支出等。

3. 关于行为特征。暴力性、胁迫性和有组织性是黑社会性质组织行为方式的主要特征，但有时也会采取一些“其他手段”。

根据司法实践经验，《立法解释》中规定的“其他手段”主要包括：以暴力、威胁为基础，在利用组织势力和影响已对他人形成心理强制或威慑的情况下，进行所谓的“谈判”、“协商”、“调解”；滋扰、哄闹、聚众等其他干扰、破坏正常经济、社会生活秩序的非暴力手段。

“黑社会性质组织实施的违法犯罪活动”主要包括以下情形：由组织者、领导者直接组织、策划、指挥、参与实施的违法犯罪活动；由组织成员以组织名义实施，并得到组织者、领导者认可或者默许的违法犯罪活动；多名组织成员为逞强争霸、插手纠纷、报复他人、替人行凶、非法敛财而共同实施，并得到组织者、领导者认可或者默许的违法犯罪活动；组织成员为组织争夺势力范围、排除竞争对手、确立强势地位、谋取经济利益、维护非法权威或者按照组织的纪律、惯例、共同遵守的约定而实施的违法犯罪活动；由黑社会性质组织实施的其他违法犯罪活动。

会议认为，在办案时还应准确理解《立法解释》中关于“多次进行违法犯罪活动”的规定。黑社会性质组织实施犯罪活动过程中，往往伴随着大量的违法活动，对此均应作为黑社会性质组织的违法犯罪事实予以认定。但如果仅实施了违法活动，而没有实施犯罪活动的，则不能认定为黑社会性质组织。此外，“多次进行违法犯罪活动”只是认定黑社会性质组织的必要条件之一，最终能否认定为黑社会性质组织，还要结合危害性特征来加以判断。即使有些案件中的违法犯罪活动已符合“多次”的标准，但根据其性质和严重程度，尚不足以形成非法控制或者重大影响的，也不能认定为黑社会性质组织。

4. 关于危害性特征。称霸一方，在一定区域或者行业内，形成非法控制或者重大影响，从而严重破坏经济、社会生活秩序，是黑社会性质组织的本质特征，也是黑社会性质组织区别于一般犯罪集团的关键所在。

对于“一定区域”的理解和把握。区域的大小具有相对性，且黑社会性质组织非法控制和影响的对象并不是区域本身，而是在一定区域中生活的人，以及该区域内的经济、社会生活秩序。因此，不能简单地要求“一定区域”必须达到某一特定的空间范围，而应当根据具体案情，并结合黑社会性质组织对经济、社会生活秩序的危害程度加以综合分析判断。

对于“一定行业”的理解和把握。黑社会性质组织所控制和影响的行业，既包括合法行业，也包括黄、赌、毒等非法行业。这些行业一般涉及生产、流通、交换、消费等一个或多个市场环节。

通过实施违法犯罪活动，或者利用国家工作人员的包庇、纵容，称霸一方，并具有以下情形之一的，可认定为“在一定区域或者行业内，形成非法控制或者重大影响，严重破坏经济、社会生活秩序”：对在一定区域内生活或者在一定行业内从事生产、经营的群众形成心理强制、威慑，致使合法利益受损的群众不敢举报、控告的；对一定行业的生产、经营形成垄断，或者对涉及一定行业的准入、经营、竞争等经济活动形成重要影响的；插手民间纠纷、经济纠纷，在相关区域或者行业内造成严重影响的；干扰、破坏他人正常生产、经营、生活，并在相关区域或者行业内造成严重影响的；干扰、破坏公司、企业、事业单位及社会团体的正常生产、经营、工作秩序，在相关区域、行业内造成严重影响,或者致使其不能正常生产、经营、工作的;多次干扰、破坏国家机关、行业管理部门以及村委会、居委会等基层群众自治组织的工作秩序,或者致使上述单位、组织的职能不能正常行使的;利用组织的势力、影响,使组织成员获取政治地位,或者在党政机关、基层群众自治组织中担任一定职务的;其他形成非法控制或者重大影响,严重破坏经济、社会生活秩序的情形。

(二)关于办理黑社会性质组织犯罪案件的其他问题

1. 关于包庇、纵容黑社会性质组织罪主观要件的认定。本罪主观方面要求必须是出于故意,过失不能构成本罪。会议认为,只要行为人知道或者应当知道是从事违法犯罪活动的组织,仍对该组织及其成员予以包庇,或者纵容其实施违法犯罪活动,即可认定本罪。至于行为人是否明知该组织系黑社会性质组织,不影响本罪的成立。

2. 关于黑社会性质组织成员的刑事责任。对黑社会性质组织的组织者、领导者,应根据法律规定和本纪要中关于"黑社会性质组织实施的违法犯罪活动"的规定,按照该组织所犯的全部罪行承担刑事责任。组织者、领导者对于具体犯罪所承担的刑事责任,应当根据其在该起犯罪中的具体地位、作用来确定。对黑社会性质组织中的积极参加者和其他参加者,应按照其所参与的犯罪,根据其在具体犯罪中的地位和作用,依照罪责刑相适应的原则,确定应承担的刑事责任。

3. 关于涉黑犯罪财物及其收益的认定和处置。在办案时,要依法运用查封、扣押、冻结、追缴、没收等手段,彻底摧毁黑社会性质组织的经济基础,防止其死灰复燃。对于涉黑犯罪财物及其收益以及犯罪工具,均应按照刑法第六十四条和《司法解释》第七条的规定予以追缴、没收。黑社会性质组织及其成员通过犯罪活动聚敛的财物及其收益,是指在黑社会性质组织的形成、发展过程中,该组织及组织成员通过违法犯罪活动或其他不正当手段聚敛的全部财物、财产性权益及其孳息、收益。在办案工作中,应认真审查涉案财产的来源、性质,对被告人及其他单位、个人的合法财产应依法予以保护。

4. 关于认定黑社会性质组织犯罪的证据要求。办理涉黑案件同样应当坚持案件“事实清楚,证据确实、充分”的法定证明标准。但应当注意的是,“事实清楚”是指能够对定罪量刑产生影响的事实必须清楚,而不是指整个案件的所有事实和情节都要一一查证属实;“证据确实、充分”是指能够据以定罪量刑的证据确实、充分,而不是指案件中所涉全部问题的证据都要达到确实、充分的程度。对此,一定要准确理解和把握,不要纠缠那些不影响定罪量刑的枝节问题。比如,在可以认定某犯罪组织已将所获经济利益部分用于组织活动的情况下,即使此部分款项的具体数额难以全部查实,也不影响定案。

5. 关于黑社会性质组织成员的立功问题。积极参加者、其他参加者配合司法机关查办案件,有提供线索、帮助收集证据或者其他协助行为,并对侦破黑社会性质组织犯罪案件起到一定作用的,即使依法不能认定立功,一般也应酌情对其从轻处罚。组织者、领导者检举揭发与该黑社会性质组织及其违法犯罪活动有关联的其他犯罪线索,即使依法构成立功或者重大立功,在量刑时也应从严掌握。

6. 关于对“恶势力”团伙的认定和处理。“恶势力”是黑社会性质组织的雏形,有的最终发展成为了黑社会性质组织。因此,及时严惩“恶势力”团伙犯罪,是遏制黑社会性质组织滋生,防止违法犯罪活动造成更大社会危害的有效途径。

会议认为,“恶势力”是指经常纠集在一起,以暴力、威胁或其他手段,在一定区域或者行业内多次实施违法犯罪活动,为非作恶,扰乱经济、社会生活秩序,造成较为恶劣的社会影响,但尚未形成黑社会性质组织的犯罪团伙。“恶势力”一般为3人以上,纠集者、骨干成员相对固定,违法犯罪活动一般表现为敲诈勒索、强迫交易、欺行霸市、聚众斗殴、寻衅滋事、非法拘禁、故意伤害、抢劫、抢夺或者黄、赌、毒等。各级人民法院、人民检察院和公安机关在办案时应根据本纪要的精神,结合组织化程度的高低、经济实力的强弱、有无追求和实现对社会的非法控制等特征,对黑社会性质组织与“恶势力”团伙加以正确区分。同时,还要本着实事求是的态度,正确理解和把握

“打早打小”方针。在准确查明“恶势力”团伙具体违法犯罪事实的基础上，构成什么罪，就按什么罪处理，并充分运用刑法总则关于共同犯罪的规定，依法惩处。对符合犯罪集团特征的，要按照犯罪集团处理，以切实加大对“恶势力”团伙依法惩处的力度。

7. 关于视听资料的收集、使用。公安机关在侦查时要特别重视对涉黑犯罪视听资料的收集。对于那些能够证明涉案犯罪组织具备黑社会性质组织的“四个特征”及其实施的具体违法犯罪活动的录音、录像资料，要及时提取、固定、移送。通过特殊侦查措施获取的视听资料，在移送审查起诉时，公安机关对证据的来源、提取经过应予说明。

8. 庭审时应注意的有关问题。为确保庭审效果，人民法院在开庭审理涉黑案件之前，应认真做好庭审预案。法庭调查时，除必须传唤共同被告人同时到庭质证外，对各被告人应当分别讯问，以防止被告人当庭串供或者不敢如实供述、作证。对于诉讼参与人、旁听人员破坏法庭秩序、干扰法庭审理的，法庭应按照刑事诉讼法及有关司法解释的规定及时作出处理。构成犯罪的，应当依法追究刑事责任。

在审理故意杀人、伤害及黑社会性质组织犯罪案件中切实贯彻宽严相济刑事政策

（2010 年 4 月 14 日）

2010 年 2 月 8 日印发的《最高人民法院关于贯彻宽严相济刑事政策的若干意见》（以下简称《意见》），对于有效打击犯罪，增强人民群众安全感，减少社会对立面，促进社会和谐稳定，维护国家长治久安具有重要意义，是人民法院刑事审判工作的重要指南。现结合审判实践，就故意杀人、伤害及黑社会性质组织犯罪案件审判中如何贯彻《意见》的精神作简要阐释。

一、在三类案件中贯彻宽严相济刑事政策的总体要求

在故意杀人、伤害及黑社会性质组织犯罪案件的审判中贯彻宽严相济刑事政策，要落实《意见》第 1 条规定：根据犯罪的具体情况，实行区别对待，做到该宽则宽，当严则严，宽严相济，罚当其罪。落实这个总体要求，要注意把握以下几点：

1. 正确把握宽与严的对象。故意杀人和故意伤害犯罪的发案率高，社会危害大，是各级法院刑事审判工作的重点。黑社会性质组织犯罪在我国自二十世纪八十年代末出现以来，长时间保持快速发展势头，严厉打击黑社会性质组织犯罪，是法院刑事审判在当前乃至今后相当长一段时期内的重要任务。因此，对这三类犯罪总体上应坚持从严惩处的方针。但是在具体案件的处理上，也要分别案件的性质、情节和行为人的主观恶性、人身危险性等情况，把握宽严的范围。在确定从宽与从严的对象时，还应当注意审时度势，对经济社会的发展和治安形势的变化作出准确判断，为构建社会主义和谐社会的目标服务。

2. 坚持严格依法办案。三类案件的审判中，无论是从宽还是从严，都必须严格依照法律规定进行，做到宽严有据，罚当其罪，不能为追求打击效果，突破法律界限。比如在黑社会性质组织犯罪的审理中，黑社会性质组织的认定必须符合法律和立法解释规定的标准，既不能降格处理，也不能拔高认定。

3. 注重法律效果与社会效果的统一。严格依法办案，确保良好法律效果的同时，还应当充分考虑案件的处理是否有利于赢得人民群众的支持和社会稳定，是否有利于瓦解犯罪，化解矛盾，是否有利于罪犯的教育改造和回归社会，是否有利于减少社会对抗，促进社会和谐，争取更好的社会效果。比如在刑罚执行过程中，对于故意杀人、伤害犯罪及黑社会性质组织犯罪的领导者、组织者和骨干成员就应当从严掌握减刑、假释的适用，其他主观恶性不深、人身危险性不大的罪犯则可以从宽把握。

二、故意杀人、伤害案件审判中宽严相济的把握

1. 注意区分两类不同性质的案件。故意杀人、故意伤害侵犯的是人的生命和身体健康，社会危害大，直接影响到人民群众的安全感，《意见》第7条将故意杀人、故意伤害致人死亡犯罪作为严惩的重点是十分必要的。但是，实践中的故意杀人、伤害案件复杂多样，处理时要注意分别案件的不同性质，做到区别对待。

实践中，故意杀人、伤害案件从性质上通常可分为两类：一类是严重危害社会治安、严重影响人民群众安全感的案件，如极端仇视国家和社会，以不特定人为行凶对象的；一类是因婚姻家庭、邻里纠纷等民间矛盾激化引发的案件。对于前者应当作为严惩的重点，依法判处被告人重刑直至判处死刑。对于后者处理时应注意体现从严的精神，在判处重刑尤其是适用死刑时应特别慎重，除犯罪情节特别恶劣、犯罪后果特别严重、人身危险性极大的被告人外，一般不应当判处死刑。对于被害人在起因上存在过错，或者是被告人案发后积极赔偿，真诚悔罪，取得被害人或其家属谅解的，应依法从宽处罚，对同时有法定从轻、减轻处罚情节的，应考虑在无期徒刑以下裁量刑罚。同时应重视此类案件中的附带民事调解工作，努力化解双方矛盾，实现积极的“案结事了”,增进社会和谐,达成法律效果与社会效果的有机统一。《意见》第 23 条是对此审判经验的总结。

此外,实践中一些致人死亡的犯罪是故意杀人还是故意伤害往往难以区分,在认定时除从作案工具、打击的部位、力度等方面进行判断外,也要注意考虑犯罪的起因等因素。对于民间纠纷引发的案件,如果难以区分是故意杀人还是故意伤害时,一般可考虑定故意伤害罪。

2. 充分考虑各种犯罪情节。犯罪情节包括犯罪的动机、手段、对象、场所及造成的后果等,不同的犯罪情节反映不同的社会危害性。犯罪情节多属酌定量刑情节,法律往往未作明确的规定,但犯罪情节是适用刑罚的基础,是具体案件决定从严或从宽处罚的基本依据,需要在案件审理中进行仔细甄别,以准确判断犯罪的社会危害性。有的案件犯罪动机特别卑劣,比如为了铲除政治对手而雇凶杀人的,也有一些人犯罪是出于义愤,甚至是“大义灭亲”、“为民除害”的动机杀人。有的案件犯罪手段特别残忍,比如采取放火、泼硫酸等方法把人活活烧死的故意杀人行为。犯罪后果也可以分为一般、严重和特别严重几档。在实际中一般认为故意杀人、故意伤害一人死亡的为后果严重,致二人以上死亡的为犯罪后果特别严重。特定的犯罪对象和场所也反映社会危害性的不同,如针对妇女、儿童等弱势群体或在公共场所实施的杀人、伤害,就具有较大的社会危害性。以上犯罪动机卑劣,或者犯罪手段残忍,或者犯罪后果严重,或者针对妇女、儿童等弱势群体作案等情节恶劣的,又无其他法定或酌定从轻情节应当依法从重判处。如果犯罪情节一般,被告人真诚悔罪,或有立功、自首等法定从轻情节的,一般应考虑从宽处罚。

实践中,故意杀人、伤害案件的被告人既有法定或酌定的从宽情节,又有法定或酌定从严情节的情形比较常见,此时,就应当根据《意见》第 28 条,在全面考察犯罪的事实、性质、情节和对社会危害程度的基础上,结合被告人的主观恶性、人身危险性、社会治安状况等因素,综合作出分析判断。

3. 充分考虑主观恶性和人身危险性。《意见》第 10 条、第 16 条明确了被告人的主观恶性和人身危险性是从严和从宽的重要依据,在适用刑罚时必须充分考虑。主观恶性是被告人对自己行为及社会危害性所抱的心理态度，在一定程度上反映了被告人的改造可能性。一般来说，经过精心策划的、有长时间计划的杀人、伤害，显示被告人的主观恶性深；激情犯罪，临时起意的犯罪，因被害人的过错行为引发的犯罪，显示的主观恶性较小。对主观恶性深的被告人要从严惩处，主观恶性较小的被告人则可考虑适用较轻的刑罚。

人身危险性即再犯可能性，可从被告人有无前科、平时表现及悔罪情况等方面综合判断。人身危险性大的被告人，要依法从重处罚。如累犯中前罪系暴力犯罪，或者曾因暴力犯罪被判重刑后又犯故意杀人、故意伤害致人死亡的；平时横行乡里，寻衅滋事杀人、伤害致人死亡的，应依法从重判处。人身危险性小的被告人，应依法体现从宽精神。如被告人平时表现较好，激情犯罪，系初犯、偶犯的；被告人杀人或伤人后有抢救被害人行为的，在量刑时应该酌情予以从宽处罚。

未成年人及老年人的故意杀人、伤害犯罪与一般人犯罪相比，主观恶性和人身危险性等方面有一定特殊性，在处理时应当依据《意见》的第 20 条、第 21 条考虑从宽。对犯故意杀人、伤害罪的未成年人，要坚持“教育为主，惩罚为辅”的原则和“教育、感化、挽救”的方针进行处罚。对于情节较轻、后果不重的伤害案件，可以依法适用缓刑、或者判处管制、单处罚金等非监禁刑。对于情节严重的未成年人，也应当从轻或减轻处罚。对于已满十四周岁不满十六周岁的未成年人，一般不判处无期徒刑。对于七十周岁以上的老年人犯故意杀人、伤害罪的，由于其已没有再犯罪的可能，在综合考虑其犯罪情节和主观恶性、人身危险性的基础上，一般也应酌情从宽处罚。

4. 严格控制和慎重适用死刑。故意杀人和故意伤害犯罪在判处死刑的案件中所占比例最高，审判中要按照《意见》第 29 条的规定，准确理解和严格执行“保留死刑，严格控制和慎重适用死刑”的死刑政策，坚持统一的死刑适用标准，确保死刑只适用于极少数罪行极其严重的犯罪分子；坚持严格的证据标准，确保把每一起判处死刑的案件都办成铁案。对于罪行极其严重，但只要有法定、酌定从轻情节，依法可不立即执行的，就不应当判处死刑立即执行。

对于自首的故意杀人、故意伤害致人死亡的被告人，除犯罪情节特别恶劣，犯罪后果特别严重的，一般不应考虑判处死刑立即执行。对亲属送被告人归案或协助抓获被告人的，也应视为自首，原则上应当从宽处罚。对具有立功表现的故意杀人、故意伤害致死的被告人，一般也应当体现从宽，可考虑不判处死刑立即执行。但如果犯罪情节特别恶劣，犯罪后果特别严重的，即使有立功情节，也可以不予从轻处罚。

共同犯罪中，多名被告人共同致死一名被害人的，原则上只判处一人死刑。处理时，根据案件的事实和证据能分清主从犯的，都应当认定主从犯；有多名主犯的，应当在主犯中进一步区分出罪行最为严重者和较为严重者，不能以分不清主次为由，简单地一律判处死刑。

三、黑社会性质组织犯罪案件审判中宽严相济的把握

1. 准确认定黑社会性质组织。黑社会性质组织犯罪由于其严重的社会危害性，在打击处理上不能等其坐大后进行，要坚持“严打”的方针，坚持“打早打小”的策略。但黑社会性质组织的认定，必须严格依照刑法和《全国人民代表大会常务委员会关于〈中华人民共和国刑法〉第二百九十四条第一款的解释》的规定，从组织特征、经济特征、行为特征和非法控制特征四个方面进行分析。认定黑社会性质组织犯罪四个特征必须同时具备。当然，实践中许多黑社会性质组织并不是四个特征都很明显，在具体认定时，应根据立法本意，认真审查、分析黑社会性质组织四个特征相互间的内在联系，准确评价涉案犯罪组织所造成的社会危害。既要防止将已具备黑社会性质组织四个特征的案件“降格”处理，也不能因为强调严厉打击将不具备四个特征的犯罪团伙“拔高”认定为黑社会性质组织。在黑社会性质组织犯罪的审判中贯彻宽严相济刑事政策，要始终坚持严格依法办案，坚持法定标准，这是《意见》的基本要求。

2. 区别对待黑社会性质组织的不同成员。《意见》第 30 条明确了黑社会性质组织中不同成员的处理原则：分别情况，区别对待。对于组织者、领导者应依法从严惩处，其承担责任的犯罪不限于自己组织、策划、指挥和实施的犯罪,而应对组织所犯的全部罪行承担责任。实践中,一些黑社会性质组织的组织者、领导者,只是以其直接实施的犯罪起诉、审判,实际上是轻纵了他们的罪行。要在区分组织犯罪和组织成员犯罪的基础上,合理划定组织者、领导者的责任范围,做到不枉不纵。同时,还要注意责任范围和责任程度的区别,不能简单认为组织者、领导者就是具体犯罪中责任最重的主犯。对于组织成员实施的黑社会性质组织犯罪,组织者、领导者只是事后知晓,甚至根本不知晓,其就只应负有一般的责任,直接实施的成员无疑应负最重的责任。

对于积极参加者,应根据其在具体犯罪中的地位、作用,确定其应承担的刑事责任。确属黑社会性质组织骨干成员的,应依法从严处罚。对犯罪情节较轻的其他参加人员以及初犯、偶犯、未成年犯,则要依法从轻、减轻处罚。对于参加黑社会性质的组织,没有实施其他违法犯罪活动的,或者受蒙蔽、胁迫参加黑社会性质的组织,情节轻微的,则可以不作为犯罪处理。

此外,在处理黑社会性质组织成员间的检举、揭发问题上,既要考虑线索本身的价值,也要考虑检举、揭发者在黑社会性质组织犯罪中的地位、作用,防止出现全案量刑失衡的现象。组织者、领导者检举揭发与该黑社会性质组织及其违法犯罪活动有关联的其他犯罪线索,即使依法构成立功或者重大立功,在考虑是否从轻量刑时也应从严予以掌握。积极参加者、其他参加者配合司法机关查办案件,有提供线索、帮助收集证据或者其他协助行为,并对侦破黑社会性质组织犯罪案件起到一定作用的,即使依法不能认定立功,一般也应酌情对其从轻处罚。

广东省公安厅、广东省高级人民法院、广东省人民检察院关于办理黑社会性质组织犯罪案件若干问题的意见(试行)

(2007年4月10日 粤公通字〔2007〕97号)

为了准确打击黑社会性质组织犯罪,依照《中华人民共和国刑法》、《全国人民代表大会常务委员会关于〈中华人民共和国刑法〉第二百九十四条第一款的解释》(以下简称"立法解释")和最高人民法院《关于审理黑社会性质组织犯罪案件具体应用法律若干问题的解释》(以下简称"司法解释")的规定,结合我省实际,就办理黑社会性质组织犯罪案件如何适用法律、立法解释、司法解释提出以下意见:

第一条 黑社会性质组织的组织特征一般掌握为:

(一)组织成员人数较多,骨干成员一般应在3人以上。

(二)组织关系相对稳定,有明确的组织者、领导者(组织者、领导者可以是一人,也可以是多人),骨干成员基本固定。

(三)有被组织和成员认可的帮规、戒律、家法等行为规则或约定俗成的规矩,但不要求必须具有明确的组织名称、纲领、章程、文字规约等作为必要条件。

第二条 黑社会性质组织的经济特征一般掌握为:

(一)"经济利益"包括:组织及其成员通过违法犯罪或者其他手段获取的利益。

（二）“其他手段”是指除违法犯罪活动以外的手段，包括正常的经营活动、犯罪组织及其成员以非法收益进行投资以及通过其他合法渠道获取的经济利益，只要将获取的经济利益用于该组织的活动，均可视为“其他手段”。

（三）“具有一定的经济实力”一般理解为：组织的经济实力能够支持该组织基本活动或组织成员的部分生活开支，并不要求其经济实力需达到某一固定的数额标准，也不论经济实力是较为雄厚还是较为薄弱，只要将其获取的经济利益用以支持该组织的活动，就可以认定该特征。

（四）获取的经济利益一般由犯罪组织者、领导者或骨干成员管理、分配。

第三条 黑社会性质组织的行为特征一般掌握为：

（一）多次实施故意杀人、故意伤害、抢劫、敲诈勒索、强买强卖、寻衅滋事、聚众斗殴等违法犯罪活动，为非作恶，欺压、残害群众。

（二）“其他手段”包括：

1. 以黑社会性质组织的暴力威胁为后盾，足以对群众形成心理强制的手段。

2. 滋扰正常的社会、经济秩序的非暴力手段。

（三）“有组织地多次进行违法犯罪活动”一般掌握为：

1. 组织者、领导者直接组织、策划、指挥、授意、指使实施的。

2. 组织成员为组织的利益有预谋地实施或按照该组织一贯行为实施的。

第四条 对黑社会性质组织的非法控制特征，有下列情形之一的，可认定为“在一定区域或行业形成非法控制或者重大影响，严重破坏经济、社会生活秩序”：

（一）为组织争夺势力范围、确立强势地位而多次或大规模聚众斗殴、寻衅滋事、或打用谋杀、报复伤害等手段打击竞争对手，或以杀害、伤害无辜、聚众闹事为组织造势的。

（二）采用暴力、威胁手段或利用组织的强势地位多次代人强立债权、强索债务、非法拘禁,或受人雇佣实施杀人、伤害等违法犯罪行为的。

(三)长期在一定区域或者一定行业内采用暴力、威胁或者其他手段欺行霸市、强迫交易、操纵市场、敲诈勒索、寻衅滋事等并逐渐形成垄断地位或重大影响的。

(四)非法行使行业、市场经济秩序的管理权,强行收费,或采用暴力、威胁或者其他手段对其他市场主体强行参股、占股、巧立名目强行摊派的。

(五)煽动、组织或强制其他市场主体采用暴力、威胁或者其他手段抗拒国家对行为、市场进行管理的。

(六)以提供保护为由,非法行使公共治安管理权,在一定范围内采用暴力、威胁手段或者利用组织的强势地位强收保护费、强行罚款、强行干预他人正常生产、经营、生活的。

(七)组织的暴力、威胁、滋扰或者其他违法犯罪活动在其势力范围内对群众造成心理强制,形成重大社会影响,使群众安全感下降,政府公共管理职能受阻的。

(八)其他严重破坏社会生活、经济秩序的。

全国人大"立法解释"第四项中的"行业",既包括合法的行业,也包括色情、赌博、高利贷、毒品交易等非法行业。

第五条 对黑社会性质组织四个特征的认识,在总体上宜掌握为:

(一)四项特征同时具备的构成黑社会性质组织。

(二)具备非法控制特征的,即使其他特征表现程度较弱的,仍构成黑社会性质组织。

(三)全国人大"立法解释"第(四)项所规定的"通过实施违法犯罪活动形成非法控制或者重大影响"与"通过利用国家工作人员包庇或者纵容形成非法控制或者重大影响"为选择性要件,具有其中之一且符合前三项特征的,均构成黑社会性质组织。

第六条 "立法解释"和"司法解释"中的关于黑社会性质组织的"违法犯罪活动",既包括犯罪行为,也包括一般违法行为。

第七条 "司法解释"第三条规定的"黑社会性质组织的组织者、领导

者,应当按照其所组织、领导的黑社会性质组织所犯的全部罪行处罚”之“全部罪行”,一般包括下列情形:

(一)组织、指挥、授意和具体实施、参与的行为。

(二)黑社会性质组织成员为组织的利益所实施的犯罪行为。

组织成员为个人目的实施的违法犯罪行为,其行为与组织利益和意图无关的,由该成员个人承担相应的法律责任,组织的组织者、领导者不承担该部分责任。

(二)刑事涉案财产处置相关法规文件

中华人民共和国刑法(节选)

(2017 年 11 月 4 日根据历次修正案修正)

第六十四条 犯罪分子违法所得的一切财物,应当予以追缴或者责令退赔;对被害人的合法财产,应当及时返还;违禁品和供犯罪所用的本人财物,应当予以没收。没收的财物和罚金,一律上缴国库,不得挪用和自行处理。

最高人民法院关于适用刑法第六十四条有关问题的批复

（2013年10月21日　法〔2013〕229号）

根据刑法第六十四条和《最高人民法院关于适用〈中华人民共和国刑事诉讼法〉的解释》第一百三十八条、第一百三十九条的规定，被告人非法占有、处置被害人财产的，应当依法予以追缴或者责令退赔。据此，追缴或者责令退赔的具体内容，应当在判决主文中写明；其中，判决前已经发还被害人的财产，应当注明。被害人提起附带民事诉讼，或者另行提起民事诉讼请求返还被非法占有、处置的财产的，人民法院不予受理。

中华人民共和国刑事诉讼法（节选）

（2018 年 10 月 26 日修正）

第二百四十五条 公安机关、人民检察院和人民法院对查封、扣押、冻结的犯罪嫌疑人、被告人的财物及其孳息，应当妥善保管，以供核查，并制作清单，随案移送。任何单位和个人不得挪用或者自行处理。对被害人的合法财产，应当及时返还。对违禁品或者不宜长期保存的物品，应当依照国家有关规定处理。

对作为证据使用的实物应当随案移送，对不宜移送的，应当将其清单、照片或者其他证明文件随案移送。

人民法院作出的判决，应当对查封、扣押、冻结的财物及其孳息作出处理。

人民法院作出的判决生效以后，有关机关应当根据判决对查封、扣押、冻结的财物及其孳息进行处理。对查封、扣押、冻结的赃款赃物及其孳息，除依法返还被害人的以外，一律上缴国库。

司法工作人员贪污、挪用或者私自处理查封、扣押、冻结的财物及其孳息的，依法追究刑事责任；不构成犯罪的，给予处分。

最高人民法院关于刑事裁判涉财产部分执行的若干规定

（2014 年 10 月 30 日　法释〔2014〕13 号）

为进一步规范刑事裁判涉财产部分的执行，维护当事人合法权益，根据《中华人民共和国刑法》《中华人民共和国刑事诉讼法》等法律规定，结合人民法院执行工作实际，制定本规定。

第一条　本规定所称刑事裁判涉财产部分的执行，是指发生法律效力的刑事裁判主文确定的下列事项的执行：

（一）罚金、没收财产；

（二）责令退赔；

（三）处置随案移送的赃款赃物；

（四）没收随案移送的供犯罪所用本人财物；

（五）其他应当由人民法院执行的相关事项。

刑事附带民事裁判的执行，适用民事执行的有关规定。

第二条　刑事裁判涉财产部分，由第一审人民法院执行。第一审人民法院可以委托财产所在地的同级人民法院执行。

第三条　人民法院办理刑事裁判涉财产部分执行案件的期限为六个月。有特殊情况需要延长的，经本院院长批准，可以延长。

第四条　人民法院刑事审判中可能判处被告人财产刑、责令退赔的，刑事审判部门应当依法对被告人的财产状况进行调查；发现可能隐匿、转移财产的，应当及时查封、扣押、冻结其相应财产。

第五条　刑事审判或者执行中，对于侦查机关已经采取的查封、扣押、冻结,人民法院应当在期限届满前及时续行查封、扣押、冻结。人民法院续行查封、扣押、冻结的顺位与侦查机关查封、扣押、冻结的顺位相同。

对侦查机关查封、扣押、冻结的财产,人民法院执行中可以直接裁定处置,无需侦查机关出具解除手续,但裁定中应当指明侦查机关查封、扣押、冻结的事实。

第六条 刑事裁判涉财产部分的裁判内容,应当明确、具体。涉案财物或者被害人人数较多,不宜在判决主文中详细列明的,可以概括叙明并另附清单。

判处没收部分财产的,应当明确没收的具体财物或者金额。

判处追缴或者责令退赔的,应当明确追缴或者退赔的金额或财物的名称、数量等相关情况。

第七条 由人民法院执行机构负责执行的刑事裁判涉财产部分,刑事审判部门应当及时移送立案部门审查立案。

移送立案应当提交生效裁判文书及其附件和其他相关材料,并填写《移送执行表》。《移送执行表》应当载明以下内容:

(一)被执行人、被害人的基本信息;

(二)已查明的财产状况或者财产线索;

(三)随案移送的财产和已经处置财产的情况;

(四)查封、扣押、冻结财产的情况;

(五)移送执行的时间;

(六)其他需要说明的情况。

人民法院立案部门经审查,认为属于移送范围且移送材料齐全的,应当在七日内立案,并移送执行机构。

第八条 人民法院可以向刑罚执行机关、社区矫正机构等有关单位调查被执行人的财产状况,并可以根据不同情形要求有关单位协助采取查封、扣押、冻结、划拨等执行措施。

第九条 判处没收财产的,应当执行刑事裁判生效时被执行人合法所有的财产。

执行没收财产或罚金刑,应当参照被扶养人住所地政府公布的上年度当地居民最低生活费标准,保留被执行人及其所扶养家属的生活必需费用。

第十条 对赃款赃物及其收益,人民法院应当一并追缴。

被执行人将赃款赃物投资或者置业,对因此形成的财产及其收益,人民法院应予追缴。

被执行人将赃款赃物与其他合法财产共同投资或者置业,对因此形成的财产中与赃款赃物对应的份额及其收益,人民法院应予追缴。

对于被害人的损失,应当按照刑事裁判认定的实际损失予以发还或者赔偿。

第十一条 被执行人将刑事裁判认定为赃款赃物的涉案财物用于清偿债务、转让或者设置其他权利负担,具有下列情形之一的,人民法院应予追缴:

(一)第三人明知是涉案财物而接受的;

(二)第三人无偿或者以明显低于市场的价格取得涉案财物的;

(三)第三人通过非法债务清偿或者违法犯罪活动取得涉案财物的;

(四)第三人通过其他恶意方式取得涉案财物的。

第三人善意取得涉案财物的,执行程序中不予追缴。作为原所有人的被害人对该涉案财物主张权利的,人民法院应当告知其通过诉讼程序处理。

第十二条 被执行财产需要变价的,人民法院执行机构应当依法采取拍卖、变卖等变价措施。

涉案财物最后一次拍卖未能成交,需要上缴国库的,人民法院应当通知有关财政机关以该次拍卖保留价予以接收;有关财政机关要求继续变价的,可以进行无保留价拍卖。需要退赔被害人的,以该次拍卖保留价以物退赔;被害人不同意以物退赔的,可以进行无保留价拍卖。

第十三条 被执行人在执行中同时承担刑事责任、民事责任,其财产不足以支付的,按照下列顺序执行:

(一)人身损害赔偿中的医疗费用;

(二)退赔被害人的损失;

（三）其他民事债务；

（四）罚金；

（五）没收财产。

债权人对执行标的依法享有优先受偿权，其主张优先受偿的，人民法院应当在前款第（一）项规定的医疗费用受偿后，予以支持。

第十四条 执行过程中，当事人、利害关系人认为执行行为违反法律规定，或者案外人对执行标的主张足以阻止执行的实体权利，向执行法院提出书面异议的，执行法院应当依照民事诉讼法第二百二十五条的规定处理。

人民法院审查案外人异议、复议，应当公开听证。

第十五条 执行过程中，案外人或被害人认为刑事裁判中对涉案财物是否属于赃款赃物认定错误或者应予认定而未认定，向执行法院提出书面异议，可以通过裁定补正的，执行机构应当将异议材料移送刑事审判部门处理；无法通过裁定补正的，应当告知异议人通过审判监督程序处理。

第十六条 人民法院办理刑事裁判涉财产部分执行案件，刑法、刑事诉讼法及有关司法解释没有相应规定的，参照适用民事执行的有关规定。

第十七条 最高人民法院此前发布的司法解释与本规定不一致的，以本规定为准。

最高人民法院关于适用《中华人民共和国刑事诉讼法》的解释（节选）

（2012 年 12 月 20 日　法释〔2012〕21 号）

第十六章　查封、扣押、冻结财物及其处理

第三百五十九条　人民法院对查封、扣押、冻结的被告人财物及其孳息，应当妥善保管，并制作清单，附卷备查；对人民检察院随案移送的被告人财物及其孳息，应当根据清单核查后妥善保管。任何单位和个人不得挪用或者自行处理。

查封不动产、车辆、船舶、航空器等财物，应当扣押其权利证书，经拍照或者录像后原地封存，或者交持有人、被告人的近亲属保管，登记并写明财物的名称、型号、权属、地址等详细情况，并通知有关财物的登记、管理部门办理查封登记手续。

扣押物品，应当登记并写明物品名称、型号、规格、数量、重量、质量、成色、纯度、颜色、新旧程度、缺损特征和来源等。扣押货币、有价证券，应当登记并写明货币、有价证券的名称、数额、面额等，货币应当存入银行专门账户，并登记银行存款凭证的名称、内容。扣押文物、金银、珠宝、名贵字画等贵重物品以及违禁品，应当拍照，需要鉴定的，应当及时鉴定。对扣押的物品应当根据有关规定及时估价。

冻结存款、汇款、债券、股票、基金份额等财产，应当登记并写明编号、种类、面值、张数、金额等。

第三百六十条　对被害人的合法财产，权属明确的，应当依法及时返

还，但须经拍照、鉴定、估价，并在案卷中注明返还的理由，将原物照片、清单和被害人的领取手续附卷备查；权属不明的，应当在人民法院判决、裁定生效后，按比例返还被害人，但已获退赔的部分应予扣除。

第三百六十一条 审判期间，权利人申请出卖被扣押、冻结的债券、股票、基金份额等财产，人民法院经审查，认为不损害国家利益、被害人利益，不影响诉讼正常进行的，以及扣押、冻结的汇票、本票、支票有效期即将届满的，可以在判决、裁定生效前依法出卖，所得价款由人民法院保管，并及时告知当事人或者其近亲属。

第三百六十二条 对作为证据使用的实物，包括作为物证的货币、有价证券等，应当随案移送。第一审判决、裁定宣告后，被告人上诉或者人民检察院抗诉的，第一审人民法院应当将上述证据移送第二审人民法院。

第三百六十三条 对不宜移送的实物，应当根据情况，分别审查以下内容：

（一）大宗的、不便搬运的物品，查封、扣押机关是否随案移送查封、扣押清单，并附原物照片和封存手续，注明存放地点等；

（二）易腐烂、霉变和不易保管的物品，查封、扣押机关变卖处理后，是否随案移送原物照片、清单、变价处理的凭证（复印件）等；

（三）枪支弹药、剧毒物品、易燃易爆物品以及其他违禁品、危险物品，查封、扣押机关根据有关规定处理后，是否随案移送原物照片和清单等。

上述不宜移送的实物，应当依法鉴定、估价的，还应当审查是否附有鉴定、估价意见。

对查封、扣押的货币、有价证券等未移送的，应当审查是否附有原物照片、清单或者其他证明文件。

第三百六十四条 法庭审理过程中，对查封、扣押、冻结的财物及其孳息，应当调查其权属情况，是否属于违法所得或者依法应当追缴的其他涉案财物。

案外人对查封、扣押、冻结的财物及其孳息提出权属异议的，人民法院应当审查并依法处理。

经审查,不能确认查封、扣押、冻结的财物及其孳息属于违法所得或者依法应当追缴的其他涉案财物的,不得没收。

第三百六十五条 对查封、扣押、冻结的财物及其孳息,应当在判决书中写明名称、金额、数量、存放地点及其处理方式等。涉案财物较多,不宜在判决主文中详细列明的,可以附清单。

涉案财物未随案移送的,应当在判决书中写明,并写明由查封、扣押、冻结机关负责处理。

第三百六十六条 查封、扣押、冻结的财物及其孳息,经审查,确属违法所得或者依法应当追缴的其他涉案财物的,应当判决返还被害人,或者没收上缴国库,但法律另有规定的除外。

判决返还被害人的涉案财物,应当通知被害人认领;无人认领的,应当公告通知;公告满三个月无人认领的,应当上缴国库;上缴国库后有人认领,经查证属实的,应当申请退库予以返还;原物已经拍卖、变卖的,应当返还价款。

对侵犯国有财产的案件,被害单位已经终止且没有权利义务继受人,或者损失已经被核销的,查封、扣押、冻结的财物及其孳息应当上缴国库。

第三百六十七条 随案移送的或者人民法院查封、扣押的财物及其孳息,由第一审人民法院在判决生效后负责处理。

涉案财物未随案移送的,人民法院应当在判决生效后十日内,将判决书、裁定书送达查封、扣押机关,并告知其在一个月内将执行回单送回。

第三百六十八条 对冻结的存款、汇款、债券、股票、基金份额等财产判决没收的,第一审人民法院应当在判决生效后,将判决书、裁定书送达相关金融机构和财政部门,通知相关金融机构依法上缴国库并在接到执行通知书后十五日内,将上缴国库的凭证、执行回单送回。

第三百六十九条 查封、扣押、冻结的财物与本案无关但已列入清单的,应当由查封、扣押、冻结机关依法处理。

查封、扣押、冻结的财物属于被告人合法所有的,应当在赔偿被害人损失、执行财产刑后及时返还被告人;财物未随案移送的,应当通知查封、扣押、冻结机关将赔偿被害人损失、执行财产刑的部分移送人民法院。

第三百七十条 查封、扣押、冻结财物及其处理,本解释没有规定的,参照适用法律、其他司法解释的有关规定。

最高人民法院、最高人民检察院、公安部、司法部关于办理黑恶势力刑事案件中财产处置若干问题的意见

（2019 年 4 月 9 日）

为认真贯彻中央关于开展扫黑除恶专项斗争的重大决策部署，彻底铲除黑恶势力犯罪的经济基础，根据刑法、刑事诉讼法及最高人民法院、最高人民检察院、公安部、司法部《关于办理黑恶势力犯罪案件若干问题的指导意见》（法发〔2018〕1 号）等规定，现对办理黑恶势力刑事案件中财产处置若干问题提出如下意见：

一、总体工作要求

1. 公安机关、人民检察院、人民法院在办理黑恶势力犯罪案件时，在查明黑恶势力组织违法犯罪事实并对黑恶势力成员依法定罪量刑的同时，要全面调查黑恶势力组织及其成员的财产状况，依法对涉案财产采取查询、查封、扣押、冻结等措施，并根据查明的情况，依法作出处理。

前款所称处理既包括对涉案财产中犯罪分子违法所得、违禁品、供犯罪所用的本人财物以及其他等值财产等依法追缴、没收，也包括对被害人的合法财产等依法返还。

2. 对涉案财产采取措施，应当严格依照法定条件和程序进行。严禁在立案之前查封、扣押、冻结财物。凡查封、扣押、冻结的财物，都应当及时进行审查，防止因程序违法、工作瑕疵等影响案件审理以及涉案财产处置。

3. 对涉案财产采取措施，应当为犯罪嫌疑人、被告人及其所扶养的亲属

保留必需的生活费用和物品。

根据案件具体情况,在保证诉讼活动正常进行的同时,可以允许有关人员继续合理使用有关涉案财产,并采取必要的保值保管措施,以减少案件办理对正常办公和合法生产经营的影响。

4. 要彻底摧毁黑社会性质组织的经济基础,防止其死灰复燃。对于组织者、领导者一般应当并处没收个人全部财产。对于确属骨干成员或者为该组织转移、隐匿资产的积极参加者,可以并处没收个人全部财产。对于其他组织成员,应当根据所参与实施违法犯罪活动的次数、性质、地位、作用、违法所得数额以及造成损失的数额等情节,依法决定财产刑的适用。

5. 要深挖细查并依法打击黑恶势力组织进行的洗钱以及掩饰、隐瞒犯罪所得、犯罪所得收益等转变涉案财产性质的关联犯罪。

二、依法采取措施全面收集证据

6. 公安机关侦查期间,要根据《公安机关办理刑事案件适用查封、冻结措施相关规定》(公通字〔2013〕30 号)等有关规定,会同有关部门全面调查黑恶势力及其成员的财产状况,并可以根据诉讼需要,先行依法对下列财产采取查询、查封、扣押、冻结等措施:

(1)黑恶势力组织的财产;

(2)犯罪嫌疑人个人所有的财产;

(3)犯罪嫌疑人实际控制的财产;

(4)犯罪嫌疑人出资购买的财产;

(5)犯罪嫌疑人转移至他人名下的财产;

(6)犯罪嫌疑人涉嫌洗钱以及掩饰、隐瞒犯罪所得、犯罪所得收益等犯罪涉及的财产;

(7)其他与黑恶势力组织及其违法犯罪活动有关的财产。

7. 查封、扣押、冻结已登记的不动产、特定动产及其他财产,应当通知有关登记机关,在查封、扣押、冻结期间禁止被查封、扣押、冻结的财产流转,不得办理被查封、扣押、冻结财产权属变更、抵押等手续。必要时可以提取有关产权证照。

8. 公安机关对于采取措施的涉案财产,应当全面收集证明其来源、性质、用途、权属及价值的有关证据,审查判断是否应当依法追缴、没收。

证明涉案财产来源、性质、用途、权属及价值的有关证据一般包括:

(1)犯罪嫌疑人、被告人关于财产来源、性质、用途、权属、价值的供述;

(2)被害人、证人关于财产来源、性质、用途、权属、价值的陈述、证言;

(3)财产购买凭证、银行往来凭据、资金注入凭据、权属证明等书证;

(4)财产价格鉴定、评估意见;

(5)可以证明财产来源、性质、用途、权属、价值的其他证据。

9. 公安机关对应当依法追缴、没收的财产中黑恶势力组织及其成员聚敛的财产及其孳息、收益的数额,可以委托专门机构评估;确实无法准确计算的,可以根据有关法律规定及查明的事实、证据合理估算。

人民检察院、人民法院对于公安机关委托评估、估算的数额有不同意见的,可以重新委托评估、估算。

10. 人民检察院、人民法院根据案件诉讼的需要,可以依法采取上述相关措施。

三、准确处置涉案财产

11. 公安机关、人民检察院应当加强对在案财产审查甄别。在移送审查起诉、提起公诉时,一般应当对采取措施的涉案财产提出处理意见建议,并将采取措施的涉案财产及其清单随案移送。

人民检察院经审查,除对随案移送的涉案财产提出处理意见外,还需要对继续追缴的尚未被足额查封、扣押的其他违法所得提出处理意见建议。

涉案财产不宜随案移送的,应当按照相关法律、司法解释的规定,提供相应的清单、照片、录像、封存手续、存放地点说明、鉴定、评估意见、变价处理凭证等材料。

12. 对于不宜查封、扣押、冻结的经营性财产,公安机关、人民检察院、人民法院可以申请当地政府指定有关部门或者委托有关机构代管或者托管。

对易损毁、灭失、变质等不宜长期保存的物品,易贬值的汽车、船艇等物品,或者市场价格波动大的债券、股票、基金等财产,有效期即将届满的汇票、本票、支票等，经权利人同意或者申请，并经县级以上公安机关、人民检察院或者人民法院主要负责人批准，可以依法出售、变现或者先行变卖、拍卖，所得价款由扣押、冻结机关保管，并及时告知当事人或者其近亲属。

13. 人民检察院在法庭审理时应当对证明黑恶势力犯罪涉案财产情况进行举证质证，对于既能证明具体个罪又能证明经济特征的涉案财产情况相关证据在具体个罪中出示后，在经济特征中可以简要说明，不再重复出示。

14. 人民法院作出的判决，除应当对随案移送的涉案财产作出处理外，还应当在判决书中写明需要继续追缴尚未被足额查封、扣押的其他违法所得；对随案移送财产进行处理时，应当列明相关财产的具体名称、数量、金额、处置情况等。涉案财产或者有关当事人人数较多，不宜在判决书正文中详细列明的，可以概括叙述并另附清单。

15. 涉案财产符合下列情形之一的，应当依法追缴、没收：

（1）黑恶势力组织及其成员通过违法犯罪活动或者其他不正当手段聚敛的财产及其孳息、收益；

（2）黑恶势力组织成员通过个人实施违法犯罪活动聚敛的财产及其孳息、收益；

（3）其他单位、组织、个人为支持该黑恶势力组织活动资助或者主动提供的财产；

（4）黑恶势力组织及其成员通过合法的生产、经营活动获取的财产或者组织成员个人、家庭合法财产中，实际用于支持该组织活动的部分；

（5）黑恶势力组织成员非法持有的违禁品以及供犯罪所用的本人财物；

（6）其他单位、组织、个人利用黑恶势力组织及其成员违法犯罪活动获取的财产及其孳息、收益；

（7）其他应当追缴、没收的财产。

16. 应当追缴、没收的的财产已用于清偿债务或者转让、或者设置其他权利负担，具有下列情形之一的，应当依法追缴：

（1）第三人明知是违法犯罪所得而接受的；

（2）第三人无偿或者以明显低于市场的价格取得涉案财物的；

（3）第三人通过非法债务清偿或者违法犯罪活动取得涉案财物的；

（4）第三人通过其他方式恶意取得涉案财物的。

17. 涉案财产符合下列情形之一的，应当依法返还：

（1）有证据证明确属被害人合法财产；

（2）有证据证明确与黑恶势力及其违法犯罪活动无关。

18. 有关违法犯罪事实查证属实后，对于有证据证明权属明确且无争议的被害人、善意第三人或者其他人员合法财产及其孳息，凡返还不损害其他利害关系人的利益，不影响案件正常办理的，应当在登记、拍照或者录像后，依法及时返还。

四、依法追缴、没收其他等值财产

19. 有证据证明依法应当追缴、没收的涉案财产无法找到、被他人善意取得、价值灭失或者与其他合法财产混合且不可分割的，可以追缴、没收其他等值财产。

对于证明前款各种情形的证据，公安机关或者人民检察院应当及时调取。

20. 本意见第19条所称“财产无法找到”，是指有证据证明存在依法应当追缴、没收的财产，但无法查证财产去向、下落的。被告人有不同意见的，应当出示相关证据。

21. 追缴、没收的其他等值财产的数额，应当与无法直接追缴、没收的具体财产的数额相对应。

五、其他

22. 本意见所称孳息，包括天然孳息和法定孳息。

本意见所称收益，包括但不限于以下情形：

（1）聚敛、获取的财产直接产生的收益，如使用聚敛、获取的财产购买彩票中奖所得收益等；

（2）聚敛、获取的财产用于违法犯罪活动产生的收益，如使用聚敛、获取的财产赌博赢利所得收益、非法放贷所得收益、购买并贩卖毒品所得收益等；

(3)聚敛、获取的财产投资、置业形成的财产及其收益;

(4)聚敛、获取的财产和其他合法财产共同投资或者置业形成的财产中,与聚敛、获取的财产对应的份额及其收益;

(5)应当认定为收益的其他情形。

23. 本意见未规定的黑恶势力刑事案件财产处置工作其他事宜,根据相关法律法规、司法解释等规定办理。

24. 本意见自 2019 年 4 月 9 日起施行。

人民检察院刑事诉讼规则(试行)(节选)

(2012 年 11 月 22 日)

第二百三十一条 检察人员可以凭人民检察院的证明文件,向有关单位和个人调取能够证明犯罪嫌疑人有罪或者无罪以及犯罪情节轻重的证据材料,并且可以根据需要拍照、录像、复印和复制。

第二百三十二条 人民检察院办理案件,需要向本辖区以外的有关单位和个人调取物证、书证等证据材料的,办案人员应当携带工作证、人民检察院的证明文件和有关法律文书,与当地人民检察院联系,当地人民检察院应当予以协助。

必要时,可以向证据所在地的人民检察院发函调取证据。调取证据的函件应当注明取证对象的具体内容和确切地址。协助的人民检察院应当在收到函件后一个月内将调查结果送达请求的人民检察院。

第二百三十三条 调取物证应当调取原物。原物不便搬运、保存,或者依法应当返还被害人,或者因保密工作需要不能调取原物的,可以将原物封存,并拍照、录像。对原物拍照或者录像应当足以反映原物的外形、内容。

调取书证、视听资料应当调取原件。取得原件确有困难或者因保密需要不能调取原件的,可以调取副本或者复制件。

调取书证、视听资料的副本、复制件和物证的照片、录像的,应当书面记明不能调取原件、原物的原因,制作过程和原件、原物存放地点,并由制作人员和原书证、视听资料、物证持有人签名或者盖章。

第二百三十四条 在侦查活动中发现的可以证明犯罪嫌疑人有罪、无罪或者犯罪情节轻重的各种财物和文件,应当查封或者扣押;与案件无关的，不得查封或者扣押。

不能立即查明是否与案件有关的可疑的财物和文件，也可以查封或者扣押，但应当及时审查。经查明确实与案件无关的，应当在三日以内解除查封或者予以退还。

持有人拒绝交出应当查封、扣押的财物和文件的，可以强制查封、扣押。

对于犯罪嫌疑人、被告人到案时随身携带的物品需要扣押的，可以依照前款规定办理。对于与案件无关的个人用品，应当逐件登记，并随案移交或者退还其家属。

第二百三十五条 人民检察院查封、扣押财物和文件，应当经检察长批准，由两名以上检察人员执行。

需要查封、扣押的财物和文件不在本辖区的，办理案件的人民检察院应当依照有关法律及有关规定，持相关法律文书及简要案情等说明材料，商请被查封、扣押财物和文件所在地的人民检察院协助执行。

被请求协助的人民检察院有异议的，可以与办理案件的人民检察院进行协商，必要时，报请共同的上级人民检察院决定。

第二百四十条 对于查封、扣押在人民检察院的物品、文件、邮件、电报，应当妥善保管，不得使用、调换、损毁或者自行处理。经查明确实与案件无关的，应当在三日以内作出解除或者退还决定，并通知有关单位、当事人办理相关手续。

第二百四十四条 扣押、冻结债券、股票、基金份额等财产，应当书面告知当事人或者其法定代理人、委托代理人有权申请出售。

对于被扣押、冻结的债券、股票、基金份额等财产，在扣押、冻结期间权利人申请出售，经审查认为不损害国家利益、被害人利益，不影响诉讼正常进行的，以及扣押、冻结的汇票、本票、支票的有效期即将届满的，经检察长批准，可以在案件办结前依法出售或者变现，所得价款由检察机关指定专门的银行账户保管，并及时告知当事人或者其近亲属。

第四百六十四条 人民检察院对查封、扣押、冻结的被告人财物及其孳息，应当根据不同情况作以下处理：

（一）对作为证据使用的实物，应当依法随案移送；对不宜移送的，应当将其清单、照片或者其他证明文件随案移送。

（二）冻结在金融机构的违法所得及其他涉案财产，应当向人民法院随案移送该金融机构出具的证明文件，待人民法院作出生效判决、裁定后，由人民法院通知该金融机构上缴国库。

（三）查封、扣押的涉案财产，对依法不移送的，应当随案移送清单、照片或者其他证明文件，待人民法院作出生效判决、裁定后，由人民检察院根据人民法院的通知上缴国库，并向人民法院送交执行回单。

（四）对于被扣押、冻结的债券、股票、基金份额等财产，在扣押、冻结期间权利人申请出售的，参照本规则第二百四十四条的规定办理。

人民检察院刑事诉讼涉案财物管理规定

（2015 年 3 月 6 日）

第一章　总　　则

第一条　为了贯彻落实中央关于规范刑事诉讼涉案财物处置工作的要求，进一步规范人民检察院刑事诉讼涉案财物管理工作，提高司法水平和办案质量，保护公民、法人和其他组织的合法权益，根据刑法、刑事诉讼法、《人民检察院刑事诉讼规则（试行）》，结合检察工作实际，制定本规定。

第二条　本规定所称人民检察院刑事诉讼涉案财物，是指人民检察院在刑事诉讼过程中查封、扣押、冻结的与案件有关的财物及其孳息以及从其他办案机关接收的财物及其孳息，包括犯罪嫌疑人的违法所得及其孳息、供犯罪所用的财物、非法持有的违禁品以及其他与案件有关的财物及其孳息。

第三条　违法所得的一切财物，应当予以追缴或者责令退赔。对被害人的合法财产，应当依照有关规定返还。违禁品和供犯罪所用的财物，应当予以查封、扣押、冻结，并依法处理。

第四条　人民检察院查封、扣押、冻结、保管、处理涉案财物，必须严格依照刑事诉讼法、《人民检察院刑事诉讼规则（试行）》以及其他相关规定进行。不得查封、扣押、冻结与案件无关的财物。凡查封、扣押、冻结的财物，都应当及时进行审查；经查明确实与案件无关的，应当在三日内予以解除、退还，并通知有关当事人。

严禁以虚假立案或者其他非法方式采取查封、扣押、冻结措施。对涉案单位违规的账外资金但与案件无关的，不得查封、扣押、冻结，可以通知有关主管机关或者其上级单位处理。

查封、扣押、冻结涉案财物,应当为犯罪嫌疑人、被告人及其所扶养的亲属保留必需的生活费用和物品,减少对涉案单位正常办公、生产、经营等活动的影响。

第五条 严禁在立案之前查封、扣押、冻结财物。立案之前发现涉嫌犯罪的财物,符合立案条件的,应当及时立案,并采取查封、扣押、冻结措施,以保全证据和防止涉案财物转移、损毁。

个人或者单位在立案之前向人民检察院自首时携带涉案财物的,人民检察院可以根据管辖规定先行接收,并向自首人开具接收凭证,根据立案和侦查情况决定是否查封、扣押、冻结。

人民检察院查封、扣押、冻结涉案财物后,应当对案件及时进行侦查,不得在无法定理由情况下撤销案件或者停止对案件的侦查。

第六条 犯罪嫌疑人到案后,其亲友受犯罪嫌疑人委托或者主动代为向检察机关退还或者赔偿涉案财物的,参照《人民检察院刑事诉讼规则(试行)》关于查封、扣押、冻结的相关程序办理。符合相关条件的,人民检察院应当开具查封、扣押、冻结决定书,并由检察人员、代为退还或者赔偿的人员和有关规定要求的其他人员在清单上签名或者盖章。

代为退还或者赔偿的人员应当在清单上注明系受犯罪嫌疑人委托或者主动代为犯罪嫌疑人退还或者赔偿。

第七条 人民检察院实行查封、扣押、冻结、处理涉案财物与保管涉案财物相分离的原则,办案部门与案件管理、计划财务装备等部门分工负责、互相配合、互相制约。侦查监督、公诉、控告检察、刑事申诉检察等部门依照刑事诉讼法和其他相关规定对办案部门查封、扣押、冻结、保管、处理涉案财物等活动进行监督。

办案部门负责对涉案财物依法进行查封、扣押、冻结、处理,并对依照本规定第十条第二款、第十二条不移送案件管理部门或者不存入唯一合规账户的涉案财物进行管理;案件管理部门负责对办案部门和其他办案机关移送的涉案物品进行保管,并依照有关规定对查封、扣押、冻结、处理涉案财物工作进行监督管理;计划财务装备部门负责对存入唯一合规账户的扣押款项进行管理。

人民检察院监察部门依照有关规定对查封、扣押、冻结、保管、处理涉案财物工作进行监督。

第八条 人民检察院查封、扣押、冻结、处理涉案财物，应当使用最高人民检察院统一制定的法律文书，填写必须规范、完整。禁止使用不符合规定的文书查封、扣押、冻结、处理涉案财物。

第九条 查封、扣押、冻结、保管、处理涉及国家秘密、商业秘密、个人隐私的财物，应当严格遵守有关保密规定。

第二章 涉案财物的移送与接收

第十条 人民检察院办案部门查封、扣押、冻结涉案财物及其孳息后，应当及时按照下列情形分别办理，至迟不得超过三日，法律和有关规定另有规定的除外：

（一）将扣押的款项存入唯一合规账户；

（二）将扣押的物品和相关权利证书、支付凭证以及具有一定特征能够证明案情的现金等，送案件管理部门入库保管；

（三）将查封、扣押、冻结涉案财物的清单和扣押款项存入唯一合规账户的存款凭证等，送案件管理部门登记；案件管理部门应当对存款凭证复印保存，并将原件送计划财务装备部门。

扣押的款项或者物品因特殊原因不能按时存入唯一合规账户或者送案件管理部门保管的，经检察长批准，可以由办案部门暂时保管，在原因消除后及时存入或者移交，但应当将扣押清单和相关权利证书、支付凭证等依照本条第一款规定的期限送案件管理部门登记、保管。

第十一条 案件管理部门接收人民检察院办案部门移送的涉案财物或者清单时，应当审查是否符合下列要求：

（一）有立案决定书和相应的查封、扣押、冻结法律文书以及查封、扣押清单，并填写规范、完整，符合相关要求；

（二）移送的财物与清单相符；

（三）移送的扣押物品清单，已经依照《人民检察院刑事诉讼规则（试行）》有关扣押的规定注明扣押财物的主要特征；

（四）移送的外币、金银珠宝、文物、名贵字画以及其他不易辨别真伪的贵重物品，已经依照《人民检察院刑事诉讼规则（试行）》有关扣押的规定予以密封，检察人员、见证人和被扣押物品持有人在密封材料上签名或者盖章，经过鉴定的，附有鉴定意见复印件；

（五）移送的存折、信用卡、有价证券等支付凭证和具有一定特征能够证明案情的现金，已经依照《人民检察院刑事诉讼规则（试行）》有关扣押的规定予以密封，注明特征、编号、种类、面值、张数、金额等，检察人员、见证人和被扣押物品持有人在密封材料上签名或者盖章；

（六）移送的查封清单，已经依照《人民检察院刑事诉讼规则（试行）》有关查封的规定注明相关财物的详细地址和相关特征，检察人员、见证人和持有人签名或者盖章，注明已经拍照或者录像及其权利证书是否已被扣押，注明财物被查封后由办案部门保管或者交持有人或者其近亲属保管，注明查封决定书副本已送达相关的财物登记、管理部门等。

第十二条 人民检察院办案部门查封、扣押的下列涉案财物不移送案件管理部门保管，由办案部门拍照或者录像后妥善管理或者及时按照有关规定处理：

（一）查封的不动产和置于该不动产上不宜移动的设施等财物，以及涉案的车辆、船舶、航空器和大型机械、设备等财物，及时依照《人民检察院刑事诉讼规则（试行）》有关查封、扣押的规定扣押相关权利证书，将查封决定书副本送达有关登记、管理部门，并告知其在查封期间禁止办理抵押、转让、出售等权属关系变更、转移登记手续；

（二）珍贵文物、珍贵动物及其制品、珍稀植物及其制品，按照国家有关规定移送主管机关；

（三）毒品、淫秽物品等违禁品，及时移送有关主管机关，或者根据办案需要严格封存，不得擅自使用或者扩散；

（四）爆炸性、易燃性、放射性、毒害性、腐蚀性等危险品，及时移送有关部门或者根据办案需要委托有关主管机关妥善保管；

（五）易损毁、灭失、变质等不宜长期保存的物品，易贬值的汽车、船艇等物品，经权利人同意或者申请，并经检察长批准，可以及时委托有关部门先行变卖、拍卖，所得款项存入唯一合规账户。先行变卖、拍卖应当做到公开、公平。

人民检察院办案部门依照前款规定不将涉案财物移送案件管理部门保管的，应当将查封、扣押清单以及相关权利证书、支付凭证等依照本规定第十条第一款的规定送案件管理部门登记、保管。

第十三条 人民检察院案件管理部门接收其他办案机关随案移送的涉案财物的，参照本规定第十一条、第十二条的规定进行审查和办理。

对移送的物品、权利证书、支付凭证以及具备一定特征能够证明案情的现金，案件管理部门审查后认为符合要求的，予以接收并入库保管。对移送的涉案款项，由其他办案机关存入检察机关指定的唯一合规账户，案件管理部门对转账凭证进行登记并联系计划财务装备部门进行核对。其他办案机关直接移送现金的，案件管理部门可以告知其存入指定的唯一合规账户，也可以联系计划财务装备部门清点、接收并及时存入唯一合规账户。计划财务装备部门应当在收到款项后三日以内将收款凭证复印件送案件管理部门登记。

对于其他办案机关移送审查起诉时随案移送的有关实物，案件管理部门经商公诉部门后，认为属于不宜移送的，可以依照刑事诉讼法第二百三十四条第一款、第二款的规定，只接收清单、照片或者其他证明文件。必要时，人民检察院案件管理部门可以会同公诉部门与其他办案机关相关部门进行沟通协商，确定不随案移送的实物。

第十四条 案件管理部门应当指定专门人员，负责有关涉案财物的接收、管理和相关信息录入工作。

第十五条 案件管理部门接收密封的涉案财物，一般不进行拆封。移送部门或者案件管理部门认为有必要拆封的，由移送人员和接收人员共同启封、检查、重新密封，并对全过程进行录像。根据《人民检察院刑事诉讼规则(试行)》有关扣押的规定应当予以密封的涉案财物,启封、检查、重新密封时应当依照规定有见证人、持有人或者单位负责人等在场并签名或者盖章。

第十六条 案件管理部门对于接收的涉案财物、清单及其他相关材料,认为符合条件的,应当及时在移送清单上签字并制作入库清单,办理入库手续。认为不符合条件的,应当将原因告知移送单位,由移送单位及时补送相关材料,或者按照有关规定进行补正或者作出合理解释。

第三章 涉案财物的保管

第十七条 人民检察院对于查封、扣押、冻结的涉案财物及其孳息,应当如实登记,妥善保管。

第十八条 人民检察院计划财务装备部门对扣押款项及其孳息应当逐案设立明细账,严格收付手续。

计划财务装备部门应当定期对唯一合规账户的资金情况进行检查,确保账实相符。

第十九条 案件管理部门对收到的物品应当建账设卡,一案一账,一物一卡(码)。对于贵重物品和细小物品,根据物品种类实行分袋、分件、分箱设卡和保管。

案件管理部门应当定期对涉案物品进行检查,确保账实相符。

第二十条 涉案物品专用保管场所应当符合下列防火、防盗、防潮、防尘等要求:

(一)安装防盗门窗、铁柜和报警器、监视器;

(二)配备必要的储物格、箱、袋等设备设施;

(三)配备必要的除湿、调温、密封、防霉变、防腐烂等设备设施;

(四)配备必要的计量、鉴定、辨认等设备设施;

(五)需要存放电子存储介质类物品的,应当配备防磁柜;

(六)其他必要的设备设施。

第二十一条 人民检察院办案部门人员需要查看、临时调用涉案财物的,应当经办案部门负责人批准;需要移送、处理涉案财物的,应当经检察长批准。案件管理部门对于审批手续齐全的，应当办理查看、出库手续并认真登记。

对于密封的涉案财物，在查看、出库、归还时需要拆封的，应当遵守本规定第十五条的要求。

第四章 涉案财物的处理

第二十二条 对于查封、扣押、冻结的涉案财物及其孳息，除按照有关规定返还被害人或者经查明确实与案件无关的以外，不得在诉讼程序终结之前上缴国库或者作其他处理。法律和有关规定另有规定的除外。

在诉讼过程中，对权属明确的被害人合法财产，凡返还不损害其他被害人或者利害关系人的利益、不影响诉讼正常进行的，人民检察院应当依法及时返还。权属有争议的，应当在决定撤销案件、不起诉或者由人民法院判决时一并处理。

在扣押、冻结期间，权利人申请出售被扣押、冻结的债券、股票、基金份额等财产的，以及扣押、冻结的汇票、本票、支票的有效期即将届满的，人民检察院办案部门应当依照《人民检察院刑事诉讼规则（试行）》的有关规定及时办理。

第二十三条 人民检察院作出撤销案件决定、不起诉决定或者收到人民法院作出的生效判决、裁定后，应当在三十日以内对涉案财物作出处理。情况特殊的，经检察长批准，可以延长三十日。

前款规定的对涉案财物的处理工作，人民检察院决定撤销案件的，由侦查部门负责办理；人民检察院决定不起诉或者人民法院作出判决、裁定的案件，由公诉部门负责办理；对人民检察院直接立案侦查的案件，公诉部门可以要求侦查部门协助配合。

人民检察院按照本规定第五条第二款的规定先行接收涉案财物，如果决定不予立案的，侦查部门应当按照本条第一款规定的期限对先行接收的财物作出处理。

第二十四条 处理由案件管理部门保管的涉案财物，办案部门应当持经检察长批准的相关文书或者报告，到案件管理部门办理出库手续；处理存入唯一合规账户的涉案款项，办案部门应当持经检察长批准的相关文书或者报告，经案件管理部门办理出库手续后，到计划财务装备部门办理提现或者转账手续。案件管理部门或者计划财务装备部门对于符合审批手续的，应当及时办理。

对于依照本规定第十条第二款、第十二条的规定未移交案件管理部门保管或者未存入唯一合规账户的涉案财物，办案部门应当依照本规定第二十三条规定的期限报经检察长批准后及时作出处理。

第二十五条 对涉案财物，应当严格依照有关规定，区分不同情形，及时作出相应处理：

（一）因犯罪嫌疑人死亡而撤销案件、决定不起诉，依照刑法规定应当追缴其违法所得及其他涉案财产的，应当按照《人民检察院刑事诉讼规则（试行）》有关犯罪嫌疑人逃匿、死亡案件违法所得的没收程序的规定办理；对于不需要追缴的涉案财物，应当依照本规定第二十三条规定的期限及时返还犯罪嫌疑人、被不起诉人的合法继承人；

（二）因其他原因撤销案件、决定不起诉，对于查封、扣押、冻结的犯罪嫌疑人违法所得及其他涉案财产需要没收的，应当依照《人民检察院刑事诉讼规则（试行）》有关撤销案件时处理犯罪嫌疑人违法所得的规定提出检察建议或者依照刑事诉讼法第一百七十三条第三款的规定提出检察意见，移送有关主管机关处理；未认定为需要没收并移送有关主管机关处理的涉案财物，应当依照本规定第二十三条规定的期限及时返还犯罪嫌疑人、被不起诉人；

（三）提起公诉的案件，在人民法院作出生效判决、裁定后，对于冻结在金融机构的涉案财产，由人民法院通知该金融机构上缴国库；对于查封、扣押且依法未随案移送人民法院的涉案财物，人民检察院根据人民法院的判决、裁定上缴国库；

（四）人民检察院侦查部门移送审查起诉的案件，起诉意见书中未认定为与犯罪有关的涉案财物；提起公诉的案件，起诉书中未认定或者起诉书认定但人民法院生效判决、裁定中未认定为与犯罪有关的涉案财物,应当依照本条第二项的规定移送有关主管机关处理或者及时返还犯罪嫌疑人、被不起诉人、被告人;

(五)对于需要返还被害人的查封、扣押、冻结涉案财物,应当按照有关规定予以返还。

人民检察院应当加强与人民法院、公安机关、国家安全机关的协调配合,共同研究解决涉案财物处理工作中遇到的突出问题,确保司法工作顺利进行,切实保障当事人合法权益。

第二十六条 对于应当返还被害人的查封、扣押、冻结涉案财物,无人认领的,应当公告通知。公告满六个月无人认领的,依法上缴国库。上缴国库后有人认领,经查证属实的,人民检察院应当向人民政府财政部门申请退库予以返还。原物已经拍卖、变卖的,应当退回价款。

第二十七条 对于贪污、挪用公款等侵犯国有资产犯罪案件中查封、扣押、冻结的涉案财物,除人民法院判决上缴国库的以外,应当归还原单位或者原单位的权利义务继受单位。犯罪金额已经作为损失核销或者原单位已不存在且无权利义务继受单位的,应当上缴国库。

第二十八条 查封、扣押、冻结的涉案财物应当依法上缴国库或者返还有关单位和个人的,如果有孳息,应当一并上缴或者返还。

第五章　涉案财物工作监督

第二十九条 人民检察院监察部门应当对本院和下级人民检察院的涉案财物工作进行检查或者专项督察,每年至少一次,并将结果在本辖区范围内予以通报。发现违纪违法问题的,应当依照有关规定作出处理。

第三十条 人民检察院案件管理部门可以通过受案审查、流程监控、案件质量评查、检察业务考评等途径,对本院和下级人民检察院的涉案财物工作进行监督管理。发现违法违规问题的,应当依照有关规定督促相关部门依法及时处理。

第三十一条 案件管理部门在涉案财物管理工作中,发现办案部门或者办案人员有下列情形之一的，可以进行口头提示；对于违规情节较重的，应当发送案件流程监控通知书；认为需要追究纪律或者法律责任的，应当移送本院监察部门处理或者向检察长报告：

（一）查封、扣押、冻结的涉案财物与清单存在不一致，不能作出合理解释或者说明的；

（二）查封、扣押、冻结涉案财物时，未按照有关规定进行密封、签名或者盖章，影响案件办理的；

（三）查封、扣押、冻结涉案财物后，未及时存入唯一合规账户、办理入库保管手续，或者未及时向案件管理部门登记，不能作出合理解释或者说明的；

（四）在立案之前采取查封、扣押、冻结措施的，或者未依照有关规定开具法律文书而采取查封、扣押、冻结措施的；

（五）对明知与案件无关的财物采取查封、扣押、冻结措施的，或者对经查明确实与案件无关的财物仍不解除查封、扣押、冻结或者不予退还的，或者应当将被查封、扣押、冻结的财物返还被害人而不返还的；

（六）违反有关规定，在诉讼程序依法终结之前将涉案财物上缴国库或者作其他处理的；

（七）在诉讼程序依法终结之后，未按照有关规定及时、依法处理涉案财物，经督促后仍不及时、依法处理的；

（八）因不负责任造成查封、扣押、冻结的涉案财物丢失、损毁或者泄密的；

（九）贪污、挪用、截留、私分、调换、违反规定使用查封、扣押、冻结的涉案财物的；

（十）其他违反法律和有关规定的情形。人民检察院办案部门收到案件管理部门的流程监控通知书后，应当在十日以内将核查情况书面回复案件管理部门。

人民检察院侦查监督、公诉、控告检察、刑事申诉检察等部门发现本院办案部门有本条第一款规定的情形的，应当依照刑事诉讼法和其他相关规定履行监督职责。案件管理部门发现办案部门有上述情形，认为有必要的，可以根据案件办理所处的诉讼环节，告知侦查监督、公诉、控告检察或者刑事申诉检察等部门。

第三十二条 人民检察院查封、扣押、冻结、保管、处理涉案财物，应当按照有关规定做好信息查询和公开工作，并为当事人和其他诉讼参与人行使权利提供保障和便利。善意第三人等案外人与涉案财物处理存在利害关系的，人民检察院办案部门应当告知其相关诉讼权利。

当事人及其法定代理人和辩护人、诉讼代理人、利害关系人对人民检察院的查封、扣押、冻结不服或者对人民检察院撤销案件决定、不起诉决定中关于涉案财物的处理部分不服的，可以依照刑事诉讼法和《人民检察院刑事诉讼规则（试行）》的有关规定提出申诉或者控告；人民检察院控告检察部门对申诉或者控告应当依照有关规定及时受理和审查办理并反馈处理结果。人民检察院提起公诉的案件，被告人、自诉人、附带民事诉讼的原告人和被告人对涉案财物处理决定不服的，可以依照有关规定就财物处理部分提出上诉，被害人或者其他利害关系人可以依照有关规定请求人民检察院抗诉。

第三十三条 人民检察院刑事申诉检察部门在办理国家赔偿案件过程中，可以向办案部门调查核实相关查封、扣押、冻结等行为是否合法。国家赔偿决定对相关涉案财物作出处理的，有关办案部门应当及时执行。

第三十四条 人民检察院查封、扣押、冻结、保管、处理涉案财物，应当接受人民监督员的监督。

第三十五条 人民检察院及其工作人员在查封、扣押、冻结、保管、处理涉案财物工作中违反相关规定的，应当追究纪律责任；构成犯罪的，应当依法追究刑事责任；导致国家赔偿的，应当依法向有关责任人员追偿。

第六章 附 则

第三十六条 对涉案财物的保管、鉴定、估价、公告等支付的费用，列入人民检察院办案（业务）经费，不得向当事人收取。

第三十七条 本规定所称犯罪嫌疑人、被告人、被害人，包括自然人、单位。

第三十八条 本规定所称有关主管机关，是指对犯罪嫌疑人违反法律、法规的行为以及对有关违禁品、危险品具有行政管理、行政处罚、行政处分权限的机关和纪检监察部门。

第三十九条 本规定由最高人民检察院解释。

第四十条 本规定自公布之日起施行。最高人民检察院 2010 年 5 月 9 日公布的《人民检察院扣押、冻结涉案款物工作规定》同时废止。

公安机关办理刑事案件程序规定(节选)

(2012年12月13日　公安部令第127号)

第二百二十二条　在侦查活动中发现的可用以证明犯罪嫌疑人有罪或者无罪的各种财物、文件,应当查封、扣押;但与案件无关的财物、文件,不得查封、扣押。

持有人拒绝交出应当查封、扣押的财物、文件的,公安机关可以强制查封、扣押。

第二百二十三条　在侦查过程中需要扣押财物、文件的,应当经办案部门负责人批准,制作扣押决定书;在现场勘查或者搜查中需要扣押财物、文件的,由现场指挥人员决定;但扣押财物、文件价值较高或者可能严重影响正常生产经营的,应当经县级以上公安机关负责人批准,制作扣押决定书。

在侦查过程中需要查封土地、房屋等不动产,或者船舶、航空器以及其他不宜移动的大型机器、设备等特定动产的,应当经县级以上公安机关负责人批准并制作查封决定书。

第二百二十四条　执行查封、扣押的侦查人员不得少于二人,并出示本规定第二百二十三条规定的有关法律文书。

查封、扣押的情况应当制作笔录,由侦查人员、持有人和见证人签名。对于无法确定持有人或者持有人拒绝签名的,侦查人员应当在笔录中注明。

第三百四十二条　需要异地办理查询、查封、扣押或者冻结与犯罪有关的财物、文件的,执行人员应当持相关的法律文书、办案协作函件和工作证件,与协作地县级以上公安机关联系,协作地公安机关应当协助执行。

在紧急情况下,可以将办案协作函件和相关的法律文书电传至协作地县级以上公安机关,协作地公安机关应当及时采取措施。委托地公安机关应当立即派员前往协作地办理。

公安机关涉案财物管理若干规定

（2015年7月22日　公通字〔2015〕21号）

第一章　总　　则

第一条　为进一步规范公安机关涉案财物管理工作，保护公民、法人和其他组织的合法财产权益，保障办案工作依法有序进行，根据有关法律、法规和规章，制定本规定。

第二条　本规定所称涉案财物，是指公安机关在办理刑事案件和行政案件过程中，依法采取查封、扣押、冻结、扣留、调取、先行登记保存、抽样取证、追缴、收缴等措施提取或者固定，以及从其他单位和个人接收的与案件有关的物品、文件和款项，包括：

（一）违法犯罪所得及其孳息；

（二）用于实施违法犯罪行为的工具；

（三）非法持有的淫秽物品、毒品等违禁品；

（四）其他可以证明违法犯罪行为发生、违法犯罪行为情节轻重的物品和文件。

第三条　涉案财物管理实行办案与管理相分离、来源去向明晰、依法及时处理、全面接受监督的原则。

第四条　公安机关管理涉案财物，必须严格依法进行。任何单位和个人不得贪污、挪用、私分、调换、截留、坐支、损毁、擅自处理涉案财物。

对于涉及国家秘密、商业秘密、个人隐私的涉案财物，应当保密。

第五条　对涉案财物采取措施，应当严格依照法定条件和程序进行，履行相关法律手续，开具相应法律文书。严禁在刑事案件立案之前或者行政案件受案之前对财物采取查封、扣押、冻结、扣留措施，但有关法律、行政法规另有规定的除外。

第六条 公安机关对涉案财物采取措施后，应当及时进行审查。经查明确实与案件无关的，应当在三日以内予以解除、退还，并通知有关当事人。对与本案无关，但有证据证明涉及其他部门管辖的违纪、违法、犯罪行为的财物，应当依照相关法律规定，连同有关线索移送有管辖权的部门处理。

对涉案财物采取措施，应当为违法犯罪嫌疑人及其所扶养的亲属保留必需的生活费用和物品；根据案件具体情况，在保证侦查活动正常进行的同时，可以允许有关当事人继续合理使用有关涉案财物，并采取必要的保值保管措施，以减少侦查办案对正常办公和合法生产经营的影响。

第七条 公安机关对涉案财物进行保管、鉴定、估价、公告等，不得向当事人收取费用。

第二章 涉案财物的保管

第八条 公安机关应当完善涉案财物管理制度，建立办案部门与保管部门、办案人员与保管人员相互制约制度。

公安机关应当指定一个部门作为涉案财物管理部门，负责对涉案财物实行统一管理，并设立或者指定专门保管场所，对各办案部门经手的全部涉案财物或者价值较大、管理难度较高的涉案财物进行集中保管。涉案财物集中保管的范围，由地方公安机关根据本地区实际情况确定。

对于价值较低、易于保管，或者需要作为证据继续使用，以及需要先行返还被害人、被侵害人的涉案财物，可以由办案部门设置专门的场所进行保管。

办案部门应当指定不承担办案工作的民警负责本部门涉案财物的接收、保管、移交等管理工作；严禁由办案人员自行保管涉案财物。

第九条 公安机关应当设立或者指定账户，作为本机关涉案款项管理的唯一合规账户。

办案部门扣押涉案款项后，应当立即将其移交涉案财物管理部门。涉案财物管理部门应当对涉案款项逐案设立明细账，存入唯一合规账户，并将存款回执交办案部门附卷保存。但是，对于具有特定特征、能够证明某些案件事实而需要作为证据使用的现金，应当交由涉案财物管理部门或者办案部门涉案财物管理人员，作为涉案物品进行管理，不再存入唯一合规账户。

第十条 公安机关应当建立涉案财物集中管理信息系统，对涉案财物信息进行实时、全程录入和管理，并与执法办案信息系统关联。涉案财物管理人员应当对所有涉案财物逐一编号，并将案由、来源、财物基本情况、保管状态、场所和去向等信息录入信息系统。

第十一条 对于不同案件、不同种类的涉案财物，应当分案、分类保管。

涉案财物保管场所和保管措施应当适合被保管财物的特性，符合防火、防盗、防潮、防蛀、防磁、防腐蚀等安全要求。涉案财物保管场所应当安装视频监控设备，并配备必要的储物容器、一次性储物袋、计量工具等物品。有条件的地方，可以会同人民法院、人民检察院等部门，建立多部门共用的涉案财物管理中心，对涉案财物进行统一管理。

对于易燃、易爆、毒害性、放射性等危险物品，鲜活动植物，大宗物品，车辆、船舶、航空器等大型交通工具，以及其他对保管条件、保管场所有特殊要求的涉案财物，应当存放在符合条件的专门场所。公安机关没有具备保管条件的场所的，可以委托具有相应条件、资质或者管理能力的单位代为保管。

依法对文物、金银、珠宝、名贵字画等贵重财物采取查封、扣押、扣留等措施的，应当拍照或者录像，并及时鉴定、估价；必要时，可以实行双人保管。

未经涉案财物管理部门或者管理涉案财物的办案部门负责人批准，除保管人员以外的其他人员不得进入涉案财物保管场所。

第十二条 办案人员依法提取涉案财物后，应当在二十四小时以内按照规定将其移交涉案财物管理部门或者本部门的涉案财物管理人员，并办理移交手续。

对于采取查封、冻结、先行登记保存等措施后不在公安机关保管的涉案财物，办案人员应当在采取有关措施后的二十四小时以内，将相关法律文书和清单的复印件移交涉案财物管理人员予以登记。

第十三条 因情况紧急，需要在提取后的二十四小时以内开展鉴定、辨认、检验、检查等工作的，经办案部门负责人批准，可以在上述工作完成后的二十四小时以内将涉案财物移交涉案财物管理人员，并办理移交手续。

异地办案或者在偏远、交通不便地区办案的，应当在返回办案单位后的二十四小时以内办理移交手续；行政案件在提取后的二十四小时以内已将涉案财物处理完毕的，可以不办理移交手续，但应当将处理涉案财物的相关手续附卷保存。

第十四条 涉案财物管理人员对办案人员移交的涉案财物，应当对照有关法律文书当场查验核对、登记入册，并与办案人员共同签名。

对于缺少法律文书、法律文书对必要事项记载不全或者实物与法律文书记载严重不符的，涉案财物管理人员可以拒绝接收涉案财物，并应当要求办案人员补齐相关法律文书、信息或者财物。

第十五条 因讯问、询问、鉴定、辨认、检验、检查等办案工作需要，经办案部门负责人批准，办案人员可以向涉案财物管理人员调用涉案财物。调用结束后，应当在二十四小时以内将涉案财物归还涉案财物管理人员。

因宣传教育等工作需要调用涉案财物的，应当经公安机关负责人批准。

涉案财物管理人员应当详细登记调用人、审批人、时间、事由、期限、调用的涉案财物状况等事项。

第十六条 调用人应当妥善保管和使用涉案财物。调用人归还涉案财物时，涉案财物管理人员应当进行检查、核对。对于有损毁、短少、调换、灭失等情况的，涉案财物管理人员应当如实记录，并报告调用人所属部门负责人和涉案财物管理部门负责人。因鉴定取样等事由导致涉案财物出现合理损耗的，不需要报告，但调用人应当向涉案财物管理人员提供相应证明材料和书面说明。

调用人未按照登记的调用时间归还涉案财物的，涉案财物管理人员应当报告调用人所属部门负责人；有关负责人应当责令调用人立即归还涉案财物。确需继续调用涉案财物的，调用人应当按照原批准程序办理延期手续，并交由涉案财物管理人员留存。

第十七条 办案部门扣押、扣留涉案车辆时，应当认真查验车辆特征，并在清单或者行政强制措施凭证中详细载明当事人的基本情况、案由、厂牌型号、识别代码、牌照号码、行驶里程、重要装备、车身颜色、车辆状况等情况。

对车辆内的物品，办案部门应当仔细清点。对与案件有关，需要作为证据使用的，应当依法扣押；与案件无关的，通知当事人或者其家属、委托的人领取。

公安机关应当对管理的所有涉案车辆进行专门编号登记，严格管理，妥善保管，非因法定事由并经公安机关负责人批准，不得调用。

对船舶、航空器等交通工具采取措施和进行管理，参照前三款规定办理。

第三章 涉案财物的处理

第十八条 公安机关应当依据有关法律规定，及时办理涉案财物的移送、返还、变卖、拍卖、销毁、上缴国库等工作。

对刑事案件中作为证据使用的涉案财物，应当随案移送；对于危险品、大宗大型物品以及容易腐烂变质等不宜随案移送的物品，应当移送相关清单、照片或者其他证明文件。

第十九条 有关违法犯罪事实查证属实后，对于有证据证明权属明确且无争议的被害人、被侵害人合法财产及其孳息，凡返还不损害其他被害人、被侵害人或者利害关系人的利益，不影响案件正常办理的，应当在登记、拍照或者录像和估价后，报经县级以上公安机关负责人批准，开具发还清单并返还被害人、被侵害人。办案人员应当在案卷材料中注明返还的理由，并将原物照片、发还清单和被害人、被侵害人的领取手续存卷备查。

领取人应当是涉案财物的合法权利人或者其委托的人，办案人员或者公安机关其他工作人员不得代为领取。

第二十条 对于刑事案件依法撤销、行政案件因违法事实不能成立而作出不予行政处罚决定的，除依照法律、行政法规有关规定另行处理的以外，公安机关应当解除对涉案财物采取的相关措施并返还当事人。

人民检察院决定不起诉、人民法院作出无罪判决，涉案财物由公安机关管理的，公安机关应当根据人民检察院的书面通知或者人民法院的生效判决，解除对涉案财物采取的相关措施并返还当事人。

人民法院作出有罪判决，涉案财物由公安机关管理的，公安机关应当根据人民法院的生效判决，对涉案财物作出处理。人民法院的判决没有明确涉案财物如何处理的，公安机关应当征求人民法院意见。

第二十一条 对于因自身材质原因易损毁、灭失、腐烂、变质而不宜长期保存的食品、药品及其原材料等物品，长期不使用容易导致机械性能下降、价值贬损的车辆、船舶等物品，市场价格波动大的债券、股票、基金份额等财产和有效期即将届满的汇票、本票、支票等，权利人明确的，经其本人书面同意或者申请，并经县级以上公安机关主要负责人批准，可以依法变卖、拍卖，所得款项存入本单位唯一合规账户；其中，对于冻结的债券、股票、基金份额等财产，有对应的银行账户的，应当将变现后的款项继续冻结在对应账户中。

对涉案财物的变卖、拍卖应当坚持公开、公平原则，由县级以上公安机关商本级人民政府财政部门统一组织实施，严禁暗箱操作。

善意第三人等案外人与涉案财物处理存在利害关系的，公安机关应当告知其相关诉讼权利。

第二十二条 公安机关在对违法行为人、犯罪嫌疑人依法作出限制人身自由的处罚或者采取限制人身自由的强制措施时，对其随身携带的与案件无关的财物，应当按照《公安机关代为保管涉案人员随身财物若干规定》有关要求办理。

第二十三条 对于违法行为人、犯罪嫌疑人或者其家属、亲友给予被害人、被侵害人退、赔款物的，公安机关应当通知其向被害人、被侵害人或者其家属、委托的人直接交付，并将退、赔情况及时书面告知公安机关。公安机关不得将退、赔款物作为涉案财物扣押或者暂存，但需要作为证据使用的除外。

被害人、被侵害人或者其家属、委托的人不愿意当面接收的，经其书面同意或者申请，公安机关可以记录其银行账号，通知违法行为人、犯罪嫌疑人或者其家属、亲友将退、赔款项汇入该账户。

公安机关应当将双方的退赔协议或者交付手续复印附卷保存，并将退赔履行情况记录在案。

第四章 监督与救济

第二十四条 公安机关应当将涉案财物管理工作纳入执法监督和执法质量考评范围；定期或者不定期组织有关部门对本机关及办案部门负责管理的涉案财物进行核查，防止涉案财物损毁、灭失或者被挪用、不按规定及时移交、移送、返还、处理等；发现违法采取措施或者管理不当的，应当责令有关部门及时纠正。

第二十五条 公安机关纪检、监察、警务督察、审计、装备财务、警务保障、法制等部门在各自职权范围内对涉案财物管理工作进行监督。

公安机关负责人在审批案件时，应当对涉案财物情况一并进行严格审查，发现对涉案财物采取措施或者处理不合法、不适当的，应当责令有关部门立即予以纠正。

法制部门在审核案件时，发现对涉案财物采取措施或者处理不合法、不适当的，应当通知办案部门及时予以纠正。

第二十六条 办案人员有下列行为之一的，应当根据其行为的情节和后果，依照有关规定追究责任；涉嫌犯罪的，移交司法机关依法处理：

（一）对涉案财物采取措施违反法定程序的；

（二）对明知与案件无关的财物采取查封、扣押、冻结等措施的；

（三）不按照规定向当事人出具有关法律文书的；

（四）提取涉案财物后，在规定的时限内无正当理由不向涉案财物管理人员移交涉案财物的；

（五）擅自处置涉案财物的；

（六）依法应当将有关财物返还当事人而拒不返还，或者向当事人及其家属等索取费用的；

（七）因故意或者过失，致使涉案财物损毁、灭失的；

（八）其他违反法律规定的行为。

案件审批人、审核人对于前款规定情形的发生负有责任的，依照前款规定处理。

第二十七条 涉案财物管理人员不严格履行管理职责，有下列行为之一的，应当根据其行为的情节和后果，依照有关规定追究责任；涉嫌犯罪的，移交司法机关依法处理：

（一）未按照规定严格履行涉案财物登记、移交、调用等手续的；

（二）因故意或者过失，致使涉案财物损毁、灭失的；

（三）发现办案人员不按照规定移交、使用涉案财物而不及时报告的；

（四）其他不严格履行管理职责的行为。

调用人有前款第一项、第二项行为的，依照前款规定处理。

第二十八条 对于贪污、挪用、私分、调换、截留、坐支、损毁涉案财物，以及在涉案财物拍卖、变卖过程中弄虚作假、中饱私囊的有关领导和直接责任人员，应当依照有关规定追究责任；涉嫌犯罪的，移交司法机关依法处理。

第二十九条 公安机关及其工作人员违反涉案财物管理规定，给当事人造成损失的，公安机关应当依法予以赔偿，并责令有故意或者重大过失的有关领导和直接责任人员承担部分或者全部赔偿费用。

第三十条 在对涉案财物采取措施、管理和处置过程中，公安机关及其工作人员存在违法违规行为，损害当事人合法财产权益的，当事人和辩护人、诉讼代理人、利害关系人有权向公安机关提出投诉、控告、举报、复议或者国家赔偿。公安机关应当依法及时受理，并依照有关规定进行处理；对于情况属实的，应当予以纠正。

上级公安机关发现下级公安机关存在前款规定的违法违规行为，或者对投诉、控告、举报或者复议事项不按照规定处理的，应当责令下级公安机关限期纠正，下级公安机关应当立即执行。

第五章　附　　则

第三十一条　各地公安机关可以根据本规定,结合本地和各警种实际情况,制定实施细则,并报上一级公安机关备案。

第三十二条　本规定自2015年9月1日起施行。2010年11月4日印发的《公安机关涉案财物管理若干规定》(公通字〔2010〕57号)同时废止。公安部此前制定的有关涉案财物管理的规范性文件与本规定不一致的,以本规定为准。

(三)庭审规范和保障律师诉讼权利等法规文件

中华人民共和国律师法(节选)

(2017 年 9 月 1 日修正)

第四十七条 律师有下列行为之一的,由设区的市级或者直辖市的区人民政府司法行政部门给予警告,可以处五千元以下的罚款;有违法所得的,没收违法所得;情节严重的,给予停止执业三个月以下的处罚:

(一)同时在两个以上律师事务所执业的;

(二)以不正当手段承揽业务的;

(三)在同一案件中为双方当事人担任代理人,或者代理与本人及其近亲属有利益冲突的法律事务的;

(四)从人民法院、人民检察院离任后二年内担任诉讼代理人或者辩护人的;

(五)拒绝履行法律援助义务的。

第四十八条 律师有下列行为之一的,由设区的市级或者直辖市的区人民政府司法行政部门给予警告,可以处一万元以下的罚款;有违法所得的,没收违法所得;情节严重的,给予停止执业三个月以上六个月以下的处罚:

(一)私自接受委托、收取费用,接受委托人财物或者其他利益的;

(二)接受委托后,无正当理由,拒绝辩护或者代理,不按时出庭参加诉讼或者仲裁的;

(三)利用提供法律服务的便利牟取当事人争议的权益的;

(四)泄露商业秘密或者个人隐私的。

第四十九条 律师有下列行为之一的，由设区的市级或者直辖市的区人民政府司法行政部门给予停止执业六个月以上一年以下的处罚，可以处五万元以下的罚款；有违法所得的，没收违法所得；情节严重的，由省、自治区、直辖市人民政府司法行政部门吊销其律师执业证书；构成犯罪的，依法追究刑事责任：

（一）违反规定会见法官、检察官、仲裁员以及其他有关工作人员，或者以其他不正当方式影响依法办理案件的；

（二）向法官、检察官、仲裁员以及其他有关工作人员行贿，介绍贿赂或者指使、诱导当事人行贿的；

（三）向司法行政部门提供虚假材料或者有其他弄虚作假行为的；

（四）故意提供虚假证据或者威胁、利诱他人提供虚假证据，妨碍对方当事人合法取得证据的；

（五）接受对方当事人财物或者其他利益，与对方当事人或者第三人恶意串通，侵害委托人权益的；

（六）扰乱法庭、仲裁庭秩序，干扰诉讼、仲裁活动的正常进行的；

（七）煽动、教唆当事人采取扰乱公共秩序、危害公共安全等非法手段解决争议的；

（八）发表危害国家安全、恶意诽谤他人、严重扰乱法庭秩序的言论的；

（九）泄露国家秘密的。

律师因故意犯罪受到刑事处罚的，由省、自治区、直辖市人民政府司法行政部门吊销其律师执业证书。

第五十条 律师事务所有下列行为之一的，由设区的市级或者直辖市的区人民政府司法行政部门视其情节给予警告、停业整顿一个月以上六个月以下的处罚，可以处十万元以下的罚款；有违法所得的，没收违法所得；情节特别严重的，由省、自治区、直辖市人民政府司法行政部门吊销律师事务所执业证书：

（一）违反规定接受委托、收取费用的；

（二）违反法定程序办理变更名称、负责人、章程、合伙协议、住所、合伙人等重大事项的；

（三）从事法律服务以外的经营活动的；

（四）以诋毁其他律师事务所、律师或者支付介绍费等不正当手段承揽业务的；

（五）违反规定接受有利益冲突的案件的；

（六）拒绝履行法律援助义务的；

（七）向司法行政部门提供虚假材料或者有其他弄虚作假行为的；

（八）对本所律师疏于管理，造成严重后果的。

律师事务所因前款违法行为受到处罚的，对其负责人视情节轻重，给予警告或者处二万元以下的罚款。

第五十一条 律师因违反本法规定，在受到警告处罚后一年内又发生应当给予警告处罚情形的，由设区的市级或者直辖市的区人民政府司法行政部门给予停止执业三个月以上一年以下的处罚；在受到停止执业处罚期满后二年内又发生应当给予停止执业处罚情形的，由省、自治区、直辖市人民政府司法行政部门吊销其律师执业证书。

律师事务所因违反本法规定，在受到停业整顿处罚期满后二年内又发生应当给予停业整顿处罚情形的，由省、自治区、直辖市人民政府司法行政部门吊销律师事务所执业证书。

第五十二条 县级人民政府司法行政部门对律师和律师事务所的执业活动实施日常监督管理，对检查发现的问题，责令改正；对当事人的投诉，应当及时进行调查。县级人民政府司法行政部门认为律师和律师事务所的违法行为应当给予行政处罚的，应当向上级司法行政部门提出处罚建议。

第五十三条 受到六个月以上停止执业处罚的律师，处罚期满未逾三年的，不得担任合伙人。

被吊销律师执业证书的，不得担任辩护人、诉讼代理人，但系刑事诉讼、民事诉讼、行政诉讼当事人的监护人、近亲属的除外。

第五十四条 律师违法执业或者因过错给当事人造成损失的，由其所在的律师事务所承担赔偿责任。律师事务所赔偿后，可以向有故意或者重大过失行为的律师追偿。

第五十五条 没有取得律师执业证书的人员以律师名义从事法律服务业务的，由所在地的县级以上地方人民政府司法行政部门责令停止非法执业，没收违法所得，处违法所得一倍以上五倍以下的罚款。

第五十六条 司法行政部门工作人员违反本法规定，滥用职权、玩忽职守，构成犯罪的，依法追究刑事责任；尚不构成犯罪的，依法给予处分。

中华人民共和国刑事诉讼法(节选)

(2018 年 10 月 26 日修正)

第六十一条 证人证言必须在法庭上经过公诉人、被害人和被告人、辩护人双方质证并且查实以后,才能作为定案的根据。法庭查明证人有意作伪证或者隐匿罪证的时候,应当依法处理。

第六十二条 凡是知道案件情况的人,都有作证的义务。

生理上、精神上有缺陷或者年幼,不能辨别是非、不能正确表达的人,不能作证人。

第六十三条 人民法院、人民检察院和公安机关应当保障证人及其近亲属的安全。

对证人及其近亲属进行威胁、侮辱、殴打或者打击报复,构成犯罪的,依法追究刑事责任;尚不够刑事处罚的,依法给予治安管理处罚。

第六十四条 对于危害国家安全犯罪、恐怖活动犯罪、黑社会性质的组织犯罪、毒品犯罪等案件,证人、鉴定人、被害人因在诉讼中作证,本人或者其近亲属的人身安全面临危险的,人民法院、人民检察院和公安机关应当采取以下一项或者多项保护措施:

(一)不公开真实姓名、住址和工作单位等个人信息;

(二)采取不暴露外貌、真实声音等出庭作证措施;

(三)禁止特定的人员接触证人、鉴定人、被害人及其近亲属;

(四)对人身和住宅采取专门性保护措施;

(五)其他必要的保护措施。

证人、鉴定人、被害人认为因在诉讼中作证,本人或者其近亲属的人身安全面临危险的,可以向人民法院、人民检察院、公安机关请求予以保护。

人民法院、人民检察院、公安机关依法采取保护措施,有关单位和个人应当配合。

第六十五条 证人因履行作证义务而支出的交通、住宿、就餐等费用,应当给予补助。证人作证的补助列入司法机关业务经费,由同级政府财政予以保障。

有工作单位的证人作证,所在单位不得克扣或者变相克扣其工资、奖金及其他福利待遇。

中华人民共和国人民法院法庭规则

（2016 年 4 月 13 日　法释〔2016〕7 号）

第一条　为了维护法庭安全和秩序，保障庭审活动正常进行，保障诉讼参与人依法行使诉讼权利，方便公众旁听，促进司法公正，彰显司法权威，根据《中华人民共和国人民法院组织法》《中华人民共和国刑事诉讼法》《中华人民共和国民事诉讼法》《中华人民共和国行政诉讼法》等有关法律规定，制定本规则。

第二条　法庭是人民法院代表国家依法审判各类案件的专门场所。法庭正面上方应当悬挂国徽。

第三条　法庭分设审判活动区和旁听区，两区以栏杆等进行隔离。

审理未成年人案件的法庭应当根据未成年人身心发展特点设置区域和席位。

有新闻媒体旁听或报道庭审活动时，旁听区可以设置专门的媒体记者席。

第四条　刑事法庭可以配置同步视频作证室，供依法应当保护或其他确有保护必要的证人、鉴定人、被害人在庭审作证时使用。

第五条　法庭应当设置残疾人无障碍设施；根据需要配备合议庭合议室，检察人员、律师及其他诉讼参与人休息室，被告人羁押室等附属场所。

第六条　进入法庭的人员应当出示有效身份证件，并接受人身及携带物品的安全检查。

持有效工作证件和出庭通知履行职务的检察人员、律师可以通过专门通道进入法庭。需要安全检查的，人民法院对检察人员和律师平等对待。

第七条 除经人民法院许可,需要在法庭上出示的证据外,下列物品不得携带进入法庭:

(一)枪支、弹药、管制刀具以及其他具有杀伤力的器具;

(二)易燃易爆物、疑似爆炸物;

(三)放射性、毒害性、腐蚀性、强气味性物质以及传染病病原体;

(四)液体及胶状、粉末状物品;

(五)标语、条幅、传单;

(六)其他可能危害法庭安全或妨害法庭秩序的物品。

第八条 人民法院应当通过官方网站、电子显示屏、公告栏等向公众公开各法庭的编号、具体位置以及旁听席位数量等信息。

第九条 公开的庭审活动,公民可以旁听。

旁听席位不能满足需要时,人民法院可以根据申请的先后顺序或者通过抽签、摇号等方式发放旁听证,但应当优先安排当事人的近亲属或其他与案件有利害关系的人旁听。

下列人员不得旁听:

(一)证人、鉴定人以及准备出庭提出意见的有专门知识的人;

(二)未获得人民法院批准的未成年人;

(三)拒绝接受安全检查的人;

(四)醉酒的人、精神病人或其他精神状态异常的人;

(五)其他有可能危害法庭安全或妨害法庭秩序的人。

依法有可能封存犯罪记录的公开庭审活动,任何单位或个人不得组织人员旁听。

依法不公开的庭审活动,除法律另有规定外,任何人不得旁听。

第十条 人民法院应当对庭审活动进行全程录像或录音。

第十一条 依法公开进行的庭审活动,具有下列情形之一的,人民法院可以通过电视、互联网或其他公共媒体进行图文、音频、视频直播或录播:

(一)公众关注度较高;

(二)社会影响较大;

(三)法治宣传教育意义较强。

第十二条 出庭履行职务的人员,按照职业着装规定着装。但是,具有下列情形之一的,着正装:

(一)没有职业着装规定;

(二)侦查人员出庭作证;

(三)所在单位系案件当事人。

非履行职务的出庭人员及旁听人员,应当文明着装。

第十三条 刑事在押被告人或上诉人出庭受审时,着正装或便装,不着监管机构的识别服。

人民法院在庭审活动中不得对被告人或上诉人使用戒具,但认为其人身危险性大,可能危害法庭安全的除外。

第十四条 庭审活动开始前,书记员应当宣布本规则第十七条规定的法庭纪律。

第十五条 审判人员进入法庭以及审判长或独任审判员宣告判决、裁定、决定时,全体人员应当起立。

第十六条 人民法院开庭审判案件应当严格按照法律规定的诉讼程序进行。审判人员在庭审活动中应当平等对待诉讼各方。

第十七条 全体人员在庭审活动中应当服从审判长或独任审判员的指挥,尊重司法礼仪,遵守法庭纪律,不得实施下列行为:

(一)鼓掌、喧哗;

(二)吸烟、进食;

(三)拨打或接听电话;

(四)对庭审活动进行录音、录像、拍照或使用移动通信工具等传播庭审活动;

(五)其他危害法庭安全或妨害法庭秩序的行为。

检察人员、诉讼参与人发言或提问,应当经审判长或独任审判员许可。

旁听人员不得进入审判活动区,不得随意站立、走动,不得发言和提问。

媒体记者经许可实施第一款第四项规定的行为,应当在指定的时间及区域进行,不得影响或干扰庭审活动。

第十八条 审判长或独任审判员主持庭审活动时,依照规定使用法槌。

第十九条 审判长或独任审判员对违反法庭纪律的人员应当予以警告;对不听警告的,予以训诫;对训诫无效的,责令其退出法庭;对拒不退出法庭的,指令司法警察将其强行带出法庭。

行为人违反本规则第十七条第一款第四项规定的,人民法院可以暂扣其使用的设备及存储介质,删除相关内容。

第二十条 行为人实施下列行为之一,危及法庭安全或扰乱法庭秩序的,根据相关法律规定,予以罚款、拘留;构成犯罪的,依法追究其刑事责任:

(一)非法携带枪支、弹药、管制刀具或者爆炸性、易燃性、放射性、毒害性、腐蚀性物品以及传染病病原体进入法庭;

(二)哄闹、冲击法庭;

(三)侮辱、诽谤、威胁、殴打司法工作人员或诉讼参与人;

(四)毁坏法庭设施,抢夺、损毁诉讼文书、证据;

(五)其他危害法庭安全或扰乱法庭秩序的行为。

第二十一条 司法警察依照审判长或独任审判员的指令维持法庭秩序。

出现危及法庭内人员人身安全或者严重扰乱法庭秩序等紧急情况时,司法警察可以直接采取必要的处置措施。

人民法院依法对违反法庭纪律的人采取的扣押物品、强行带出法庭以及罚款、拘留等强制措施,由司法警察执行。

第二十二条 人民检察院认为审判人员违反本规则的,可以在庭审活动结束后向人民法院提出处理建议。

诉讼参与人、旁听人员认为审判人员、书记员、司法警察违反本规则的,可以在庭审活动结束后向人民法院反映。

第二十三条 检察人员违反本规则的,人民法院可以向人民检察院通报情况并提出处理建议。

第二十四条 律师违反本规则的,人民法院可以向司法行政机关及律师协会通报情况并提出处理建议。

第二十五条 人民法院进行案件听证、国家赔偿案件质证、网络视频远程审理以及在法院以外的场所巡回审判等,参照适用本规则。

第二十六条 外国人、无国籍人旁听庭审活动,外国媒体记者报道庭审活动,应当遵守本规则。

第二十七条 本规则自 2016 年 5 月 1 日起施行;最高人民法院此前发布的司法解释及规范性文件与本规则不一致的,以本规则为准。

最高人民法院、最高人民检察院、公安部、国家安全部、司法部关于依法保障律师执业权利的规定

（2015 年 9 月 16 日）

第一条 为切实保障律师执业权利，充分发挥律师维护当事人合法权益、维护法律正确实施、维护社会公平和正义的作用，促进司法公正，根据有关法律法规，制定本规定。

第二条 人民法院、人民检察院、公安机关、国家安全机关、司法行政机关应当尊重律师，健全律师执业权利保障制度，依照刑事诉讼法、民事诉讼法、行政诉讼法及律师法的规定，在各自职责范围内依法保障律师知情权、申请权、申诉权，以及会见、阅卷、收集证据和发问、质证、辩论等方面的执业权利，不得阻碍律师依法履行辩护、代理职责，不得侵害律师合法权利。

第三条 人民法院、人民检察院、公安机关、国家安全机关、司法行政机关和律师协会应当建立健全律师执业权利救济机制。

律师因依法执业受到侮辱、诽谤、威胁、报复、人身伤害的，有关机关应当及时制止并依法处理，必要时对律师采取保护措施。

第四条 人民法院、人民检察院、公安机关、国家安全机关、司法行政机关应当建立和完善诉讼服务中心、立案或受案场所、律师会见室、阅卷室，规范工作流程，方便律师办理立案、会见、阅卷、参与庭审、申请执行等事务。探索建立网络信息系统和律师服务平台，提高案件办理效率。

第五条 办案机关在办理案件中应当依法告知当事人有权委托辩护

人、诉讼代理人。对于符合法律援助条件而没有委托辩护人或者诉讼代理人的,办案机关应当及时告知当事人有权申请法律援助,并按照相关规定向法律援助机构转交申请材料。办案机关发现犯罪嫌疑人、被告人属于依法应当提供法律援助的情形的,应当及时通知法律援助机构指派律师为其提供辩护。

第六条 辩护律师接受犯罪嫌疑人、被告人委托或者法律援助机构的指派后,应当告知办案机关,并可以依法向办案机关了解犯罪嫌疑人、被告人涉嫌或者被指控的罪名及当时已查明的该罪的主要事实,犯罪嫌疑人、被告人被采取、变更、解除强制措施的情况,侦查机关延长侦查羁押期限等情况,办案机关应当依法及时告知辩护律师。

办案机关作出移送审查起诉、退回补充侦查、提起公诉、延期审理、二审不开庭审理、宣告判决等重大程序性决定的,以及人民检察院将直接受理立案侦查案件报请上一级人民检察院审查决定逮捕的,应当依法及时告知辩护律师。

第七条 辩护律师到看守所会见在押的犯罪嫌疑人、被告人,看守所在查验律师执业证书、律师事务所证明和委托书或者法律援助公函后,应当及时安排会见。能当时安排的,应当当时安排;不能当时安排的,看守所应当向辩护律师说明情况,并保证辩护律师在四十八小时以内会见到在押的犯罪嫌疑人、被告人。

看守所安排会见不得附加其他条件或者变相要求辩护律师提交法律规定以外的其他文件、材料,不得以未收到办案机关通知为由拒绝安排辩护律师会见。

看守所应当设立会见预约平台,采取网上预约、电话预约等方式为辩护律师会见提供便利,但不得以未预约会见为由拒绝安排辩护律师会见。

辩护律师会见在押的犯罪嫌疑人、被告人时,看守所应当采取必要措施,保障会见顺利和安全进行。律师会见在押的犯罪嫌疑人、被告人的,看守所应当保障律师履行辩护职责需要的时间和次数,并与看守所工作安排和办案机关侦查工作相协调。辩护律师会见犯罪嫌疑人、被告人时不被监听，办案机关不得派员在场。在律师会见室不足的情况下，看守所经辩护律师书面同意，可以安排在讯问室会见，但应当关闭录音、监听设备。犯罪嫌疑人、被告人委托两名律师担任辩护人的，两名辩护律师可以共同会见，也可以单独会见。辩护律师可以带一名律师助理协助会见。助理人员随同辩护律师参加会见的，应当出示律师事务所证明和律师执业证书或申请律师执业人员实习证。办案机关应当核实律师助理的身份。

第八条 在押的犯罪嫌疑人、被告人提出解除委托关系的，办案机关应当要求其出具或签署书面文件，并在三日以内转交受委托的律师或者律师事务所。辩护律师可以要求会见在押的犯罪嫌疑人、被告人，当面向其确认解除委托关系，看守所应当安排会见；但犯罪嫌疑人、被告人书面拒绝会见的，看守所应当将有关书面材料转交辩护律师，不予安排会见。

在押的犯罪嫌疑人、被告人的监护人、近亲属解除代为委托辩护律师关系的，经犯罪嫌疑人、被告人同意的，看守所应当允许新代为委托的辩护律师会见，由犯罪嫌疑人、被告人确认新的委托关系；犯罪嫌疑人、被告人不同意解除原辩护律师的委托关系的，看守所应当终止新代为委托的辩护律师会见。

第九条 辩护律师在侦查期间要求会见危害国家安全犯罪、恐怖活动犯罪、特别重大贿赂犯罪案件在押的犯罪嫌疑人的，应当向侦查机关提出申请。侦查机关应当依法及时审查辩护律师提出的会见申请，在三日以内将是否许可的决定书面答复辩护律师，并明确告知负责与辩护律师联系的部门及工作人员的联系方式。对许可会见的，应当向辩护律师出具许可决定文书；因有碍侦查或者可能泄露国家秘密而不许可会见的，应当向辩护律师说明理由。有碍侦查或者可能泄露国家秘密的情形消失后，应当许可会见，并及时通知看守所和辩护律师。对特别重大贿赂案件在侦查终结前，侦查机关应当许可辩护律师至少会见一次犯罪嫌疑人。

侦查机关不得随意解释和扩大前款所述三类案件的范围，限制律师会见。

第十条 自案件移送审查起诉之日起，辩护律师会见犯罪嫌疑人、被告人,可以向其核实有关证据。

第十一条 辩护律师会见在押的犯罪嫌疑人、被告人,可以根据需要制作会见笔录,并要求犯罪嫌疑人、被告人确认无误后在笔录上签名。

第十二条 辩护律师会见在押的犯罪嫌疑人、被告人需要翻译人员随同参加的,应当提前向办案机关提出申请,并提交翻译人员身份证明及其所在单位出具的证明。办案机关应当及时审查并在三日以内作出是否许可的决定。许可翻译人员参加会见的,应当向辩护律师出具许可决定文书,并通知看守所。不许可的,应当向辩护律师书面说明理由,并通知其更换。

翻译人员应当持办案机关许可决定文书和本人身份证明,随同辩护律师参加会见。

第十三条 看守所应当及时传递辩护律师同犯罪嫌疑人、被告人的往来信件。看守所可以对信件进行必要的检查,但不得截留、复制、删改信件,不得向办案机关提供信件内容,但信件内容涉及危害国家安全、公共安全、严重危害他人人身安全以及涉嫌串供、毁灭证据等情形的除外。

第十四条 辩护律师自人民检察院对案件审查起诉之日起,可以查阅、摘抄、复制本案的案卷材料,人民检察院检察委员会的讨论记录、人民法院合议庭、审判委员会的讨论记录以及其他依法不能公开的材料除外。人民检察院、人民法院应当为辩护律师查阅、摘抄、复制案卷材料提供便利,有条件的地方可以推行电子化阅卷,允许刻录、下载材料。侦查机关应当在案件移送审查起诉后三日以内,人民检察院应当在提起公诉后三日以内,将案件移送情况告知辩护律师。案件提起公诉后,人民检察院对案卷所附证据材料有调整或者补充的,应当及时告知辩护律师。辩护律师对调整或者补充的证据材料,有权查阅、摘抄、复制。辩护律师办理申诉、抗诉案件,在人民检察院、人民法院经审查决定立案后,可以持律师执业证书、律师事务所证明和委托书或者法律援助公函到案卷档案管理部门、持有案卷档案的办案部门查阅、摘抄、复制已经审理终结案件的案卷材料。

辩护律师提出阅卷要求的,人民检察院、人民法院应当当时安排辩护律师阅卷,无法当时安排的,应当向辩护律师说明并安排其在三个工作日以内阅卷,不得限制辩护律师阅卷的次数和时间。有条件的地方可以设立阅卷预约平台。

人民检察院、人民法院应当为辩护律师阅卷提供场所和便利,配备必要的设备。因复制材料发生费用的,只收取工本费用。律师办理法律援助案件复制材料发生的费用,应当予以免收或者减收。辩护律师可以采用复印、拍照、扫描、电子数据拷贝等方式复制案卷材料,可以根据需要带律师助理协助阅卷。办案机关应当核实律师助理的身份。

辩护律师查阅、摘抄、复制的案卷材料属于国家秘密的,应当经过人民检察院、人民法院同意并遵守国家保密规定。律师不得违反规定,披露、散布案件重要信息和案卷材料,或者将其用于本案辩护、代理以外的其他用途。

第十五条 辩护律师提交与案件有关材料的,办案机关应当在工作时间和办公场所予以接待,当面了解辩护律师提交材料的目的、材料的来源和主要内容等有关情况并记录在案,与相关材料一并附卷,并出具回执。辩护律师应当提交原件,提交原件确有困难的,经办案机关准许,也可以提交复印件,经与原件核对无误后由辩护律师签名确认。辩护律师通过服务平台网上提交相关材料的,办案机关应当在网上出具回执。辩护律师应当及时向办案机关提供原件核对,并签名确认。

第十六条 在刑事诉讼审查起诉、审理期间,辩护律师书面申请调取公安机关、人民检察院在侦查、审查起诉期间收集但未提交的证明犯罪嫌疑人、被告人无罪或者罪轻的证据材料的,人民检察院、人民法院应当依法及时审查。经审查,认为辩护律师申请调取的证据材料已收集并且与案件事实有联系的,应当及时调取。相关证据材料提交后,人民检察院、人民法院应当及时通知辩护律师查阅、摘抄、复制。经审查决定不予调取的,应当书面说明理由。

第十七条 辩护律师申请向被害人或者其近亲属、被害人提供的证人收集与本案有关的材料的,人民检察院、人民法院应当在七日以内作出是否许可的决定,并通知辩护律师。辩护律师书面提出有关申请时,办案机关不许可的，应当书面说明理由；辩护律师口头提出申请的，办案机关可以口头答复。

第十八条 辩护律师申请人民检察院、人民法院收集、调取证据的，人民检察院、人民法院应当在三日以内作出是否同意的决定，并通知辩护律师。辩护律师书面提出有关申请时，办案机关不同意的，应当书面说明理由；辩护律师口头提出申请的，办案机关可以口头答复。

第十九条 辩护律师申请向正在服刑的罪犯收集与案件有关的材料的，监狱和其他监管机关在查验律师执业证书、律师事务所证明和犯罪嫌疑人、被告人委托书或法律援助公函后，应当及时安排并提供合适的场所和便利。

正在服刑的罪犯属于辩护律师所承办案件的被害人或者其近亲属、被害人提供的证人的，应当经人民检察院或者人民法院许可。

第二十条 在民事诉讼、行政诉讼过程中，律师因客观原因无法自行收集证据的，可以依法向人民法院申请调取。经审查符合规定的，人民法院应当予以调取。

第二十一条 侦查机关在案件侦查终结前，人民检察院、人民法院在审查批准、决定逮捕期间，最高人民法院在复核死刑案件期间，辩护律师提出要求的，办案机关应当听取辩护律师的意见。人民检察院审查起诉、第二审人民法院决定不开庭审理的，应当充分听取辩护律师的意见。

辩护律师要求当面反映意见或者提交证据材料的，办案机关应当依法办理，并制作笔录附卷。辩护律师提出的书面意见和证据材料，应当附卷。

第二十二条 辩护律师书面申请变更或者解除强制措施的，办案机关应当在三日以内作出处理决定。辩护律师的申请符合法律规定的，办案机关应当及时变更或者解除强制措施；经审查认为不应当变更或者解除强制措施的，应当告知辩护律师，并书面说明理由。

第二十三条 辩护律师在侦查、审查起诉、审判期间发现案件有关证据存在刑事诉讼法第五十四条规定的情形的，可以向办案机关申请排除非法证据。

辩护律师在开庭以前申请排除非法证据，人民法院对证据收集合法性有疑问的，应当依照刑事诉讼法第一百八十二条第二款的规定召开庭前会议，就非法证据排除问题了解情况，听取意见。

辩护律师申请排除非法证据的，办案机关应当听取辩护律师的意见，按照法定程序审查核实相关证据，并依法决定是否予以排除。

第二十四条 辩护律师在开庭以前提出召开庭前会议、回避、补充鉴定或者重新鉴定以及证人、鉴定人出庭等申请的，人民法院应当及时审查作出处理决定，并告知辩护律师。

第二十五条 人民法院确定案件开庭日期时，应当为律师出庭预留必要的准备时间并书面通知律师。律师因开庭日期冲突等正当理由申请变更开庭日期的，人民法院应当在不影响案件审理期限的情况下，予以考虑并调整日期，决定调整日期的，应当及时通知律师。

律师可以根据需要，向人民法院申请带律师助理参加庭审。律师助理参加庭审仅能从事相关辅助工作，不得发表辩护、代理意见。

第二十六条 有条件的人民法院应当建立律师参与诉讼专门通道，律师进入人民法院参与诉讼确需安全检查的，应当与出庭履行职务的检察人员同等对待。有条件的人民法院应当设置专门的律师更衣室、休息室或者休息区域，并配备必要的桌椅、饮水及上网设施等，为律师参与诉讼提供便利。

第二十七条 法庭审理过程中，律师对审判人员、检察人员提出回避申请的，人民法院、人民检察院应当依法作出处理。

第二十八条 法庭审理过程中，经审判长准许，律师可以向当事人、证人、鉴定人和有专门知识的人发问。

第二十九条 法庭审理过程中，律师可以就证据的真实性、合法性、关联性，从证明目的、证明效果、证明标准、证明过程等方面，进行法庭质证和相关辩论。

第三十条 法庭审理过程中，律师可以就案件事实、证据和适用法律等问题，进行法庭辩论。

第三十一条 法庭审理过程中,法官应当注重诉讼权利平等和控辩平衡。对于律师发问、质证、辩论的内容、方式、时间等,法庭应当依法公正保障,以便律师充分发表意见,查清案件事实。

法庭审理过程中,法官可以对律师的发问、辩论进行引导,除发言过于重复、相关问题已在庭前会议达成一致、与案件无关或者侮辱、诽谤、威胁他人,故意扰乱法庭秩序的情况外,法官不得随意打断或者制止律师按程序进行的发言。

第三十二条 法庭审理过程中,律师可以提出证据材料,申请通知新的证人、有专门知识的人出庭,申请调取新的证据,申请重新鉴定或者勘验、检查。在民事诉讼中,申请有专门知识的人出庭,应当在举证期限届满前向人民法院申请,经法庭许可后才可以出庭。

第三十三条 法庭审理过程中,遇有被告人供述发生重大变化、拒绝辩护等重大情形,经审判长许可,辩护律师可以与被告人进行交流。

第三十四条 法庭审理过程中,有下列情形之一的,律师可以向法庭申请休庭:

(一)辩护律师因法定情形拒绝为被告人辩护的;

(二)被告人拒绝辩护律师为其辩护的;

(三)需要对新的证据作辩护准备的;

(四)其他严重影响庭审正常进行的情形。

第三十五条 辩护律师作无罪辩护的,可以当庭就量刑问题发表辩护意见,也可以庭后提交量刑辩护意见。

第三十六条 人民法院适用普通程序审理案件,应当在裁判文书中写明律师依法提出的辩护、代理意见,以及是否采纳的情况,并说明理由。

第三十七条 对于诉讼中的重大程序信息和送达当事人的诉讼文书,办案机关应当通知辩护、代理律师。

第三十八条 法庭审理过程中,律师就回避,案件管辖,非法证据排除,申请通知证人、鉴定人、有专门知识的人出庭,申请通知新的证人到庭,调取新的证据,申请重新鉴定、勘验等问题当庭提出申请,或者对法庭审理程序提出异议的,法庭原则上应当休庭进行审查,依照法定程序作出决定。其他律师有相同异议的,应一并提出,法庭一并休庭审查。法庭决定驳回申请或者异议的,律师可当庭提出复议。经复议后,律师应当尊重法庭的决定,服从法庭的安排。

律师不服法庭决定保留意见的内容应当详细记入法庭笔录,可以作为上诉理由,或者向同级或者上一级人民检察院申诉、控告。

第三十九条 律师申请查阅人民法院录制的庭审过程的录音、录像的,人民法院应当准许。

第四十条 侦查机关依法对在诉讼活动中涉嫌犯罪的律师采取强制措施后,应当在四十八小时以内通知其所在的律师事务所或者所属的律师协会。

第四十一条 律师认为办案机关及其工作人员明显违反法律规定,阻碍律师依法履行辩护、代理职责,侵犯律师执业权利的,可以向该办案机关或者其上一级机关投诉。

办案机关应当畅通律师反映问题和投诉的渠道,明确专门部门负责处理律师投诉,并公开联系方式。

办案机关应当对律师的投诉及时调查,律师要求当面反映情况的,应当当面听取律师的意见。经调查情况属实的,应当依法立即纠正,及时答复律师,做好说明解释工作,并将处理情况通报其所在地司法行政机关或者所属的律师协会。

第四十二条 在刑事诉讼中,律师认为办案机关及其工作人员的下列行为阻碍律师依法行使诉讼权利的,可以向同级或者上一级人民检察院申诉、控告:

(一)未依法向律师履行告知、转达、通知和送达义务的;

(二)办案机关认定律师不得担任辩护人、代理人的情形有误的;

(三)对律师依法提出的申请,不接收、不答复的;

(四)依法应当许可律师提出的申请未许可的;

(五)依法应当听取律师的意见未听取的;

（六）其他阻碍律师依法行使诉讼权利的行为。

律师依照前款规定提出申诉、控告的，人民检察院应当在受理后十日以内进行审查，并将处理情况书面答复律师。情况属实的，通知有关机关予以纠正。情况不属实的，做好说明解释工作。

人民检察院应当依法严格履行保障律师依法执业的法律监督职责，处理律师申诉控告。在办案过程中发现有阻碍律师依法行使诉讼权利行为的，应当依法、及时提出纠正意见。

第四十三条 办案机关或者其上一级机关、人民检察院对律师提出的投诉、申诉、控告，经调查核实后要求有关机关予以纠正，有关机关拒不纠正或者累纠累犯的，应当由相关机关的纪检监察部门依照有关规定调查处理，相关责任人构成违纪的，给予纪律处分。

第四十四条 律师认为办案机关及其工作人员阻碍其依法行使执业权利的，可以向其所执业律师事务所所在地的市级司法行政机关、所属的律师协会申请维护执业权利。情况紧急的，可以向事发地的司法行政机关、律师协会申请维护执业权利。事发地的司法行政机关、律师协会应当给予协助。

司法行政机关、律师协会应当建立维护律师执业权利快速处置机制和联动机制，及时安排专人负责协调处理。律师的维权申请合法有据的，司法行政机关、律师协会应当建议有关办案机关依法处理，有关办案机关应当将处理情况及时反馈司法行政机关、律师协会。

司法行政机关、律师协会持有关证明调查核实律师权益保障或者违纪有关情况的，办案机关应当予以配合、协助，提供相关材料。

第四十五条 人民法院、人民检察院、公安机关、国家安全机关、司法行政机关和律师协会应当建立联席会议制度，定期沟通保障律师执业权利工作情况，及时调查处理侵犯律师执业权利的突发事件。

第四十六条 依法规范法律服务秩序，严肃查处假冒律师执业和非法从事法律服务的行为。对未取得律师执业证书或者已经被注销、吊销执业证书的人员以律师名义提供法律服务或者从事相关活动的，或者利用相关法律关于公民代理的规定从事诉讼代理或者辩护业务非法牟利的，依法追究责任，造成严重后果的，依法追究刑事责任。

第四十七条 本规定所称“办案机关”，是指负责侦查、审查逮捕、审查起诉和审判工作的公安机关、国家安全机关、人民检察院和人民法院。

第四十八条 本规定所称“律师助理”，是指辩护、代理律师所在律师事务所的其他律师和申请律师执业实习人员。

第四十九条 本规定自发布之日起施行。

最高人民法院、司法部关于依法保障律师诉讼权利和规范律师参与庭审活动的通知

（2018年4月21日　司发通〔2018〕36号）

各省、自治区、直辖市高级人民法院、司法厅（局），新疆维吾尔自治区高级人民法院生产建设兵团分院、新疆生产建设兵团司法局：

为进一步保障律师诉讼权利，规范律师参与庭审活动，充分发挥律师维护当事人合法权益、维护法律正确实施和司法公正的职能作用，现就有关事项通知如下。

一、各级人民法院及其工作人员要尊重和保障律师诉讼权利，严格执行法定程序，平等对待诉讼各方，合理分配各方发问、质证、陈述和辩论、辩护的时间，充分听取律师意见。对于律师在法庭上就案件事实认定和法律适用的正常发问、质证和发表的辩护代理意见，法官不随意打断或者制止；但是，攻击党和国家政治制度、法律制度的，发表的意见已在庭前会议达成一致、与案件无关或者侮辱、诽谤、威胁他人，故意扰乱法庭秩序的，审判长或者独任审判员可以根据情况予以制止。律师明显以诱导方式发问，公诉人提出异议的，审判长或者独任审判员审查确认后，可以制止。

二、律师参加庭审不得对庭审活动进行录音、录像、拍照或使用移动通信工具等传播庭审活动，不得进行其他违反法庭规则和不服从法庭指令的行为。律师对庭审活动进行录音、录像、拍照或使用移动通信工具等传播庭审活动的，人民法院可以暂扣其使用的设备及存储介质，删除相关内容。

三、法庭审理过程中，法官应当尊重律师，不得侮辱、嘲讽律师。审判长或者独任审判员认为律师在法庭审理过程中违反法庭规则、法庭纪律的，应

当依法给予警告、训诫等，确有必要时可以休庭处置，除当庭攻击党和国家政治制度、法律制度等严重扰乱法庭秩序的，不采取责令律师退出法庭或者强行带出法庭措施。确需司法警察当庭对律师采取措施维持法庭秩序的，有关执法行为要规范、文明，保持必要、合理限度。律师被依法责令退出法庭、强行带出法庭或者被处以罚款后，具结保证书，保证服从法庭指令、不再扰乱法庭秩序的，经法庭许可，可以继续担任同一案件的辩护人、诉讼代理人；具有擅自退庭、无正当理由不按时出庭参加诉讼、被拘留或者具结保证书后再次被依法责令退出法庭、强行带出法庭的，不得继续担任同一案件的辩护人、诉讼代理人。人民法院应当对庭审活动进行全程录像或录音，对律师在庭审活动中违反法定程序的情形应当记录在案。

四、律师认为法官在审判过程中有违法违规行为的，可以向相关人民法院或其上一级人民法院监察部门投诉、举报，人民法院应当依法作出处理并及时将处理情况答复律师本人，同时通报当地司法行政机关、律师协会。对社会高度关注的，应当公布结果。律师认为法官侵犯其诉讼权利的，应当在庭审结束后，向司法行政机关、律师协会申请维护执业权利，不得以维权为由干扰庭审的正常进行，不得通过网络以自己名义或通过其他人、媒体发表声明、公开信、敦促书等炒作案件。

五、人民法院认为律师有违法违规行为的，应当向司法行政机关、律师协会提出司法建议，并移交庭审录音录像、庭审记录等相关证据材料。对需要进一步调查核实的，应配合、协助司法行政机关、律师协会有关调查取证工作。司法行政机关、律师协会接到当事人投诉举报、人民法院司法建议书的，应当及时立案调查，对违法违规的要依法依规作出行政处罚或行业惩戒。处理结果应当及时书面告知当事人、人民法院。对公开谴责以上行业惩戒和行政处罚的决定一律向社会公开披露，各地司法行政机关、律师协会主动发现律师违法违规行为的，要及时立案查处。

六、司法行政机关应当会同人民法院、律师协会建立分级分类处理机制。对于发生在当地的律师维权和违法违规事件，由所在地人民法院、司法行政机关按有关要求依法及时作出处理，能即时纠正的应当依法立即纠正。

对于跨区域的律师维权和违法违规事件，行为发生地司法行政机关发现律师涉嫌违法违规执业的，应当向注册地司法行政机关提出处罚意见和建议，注册地司法行政机关收到意见建议后应当立案调查，并将查处结果反馈行为发生地司法行政机关。行为发生地司法行政机关不同意处罚意见的，应当报共同上级司法行政机关审查。上级司法行政机关应当对两地司法行政机关意见和相关证据材料进行审查，提出处理意见。跨省（区、市）的律师维权与违规交织等重大复杂事件，可以由司法部会同最高人民法院、全国律协，必要时商请事件发生地的省（区、市）党委政法委牵头组成联合调查组，负责事件调查处理工作。省（区、市）内跨区域重大复杂事件参照上述做法办理。

七、重大敏感复杂案件开庭审理时，根据人民法院通知，对律师具有管理监督职责的司法行政机关或律师协会应当派员旁听，进行现场指导监督。

八、各级人民法院，司法行政机关要注重发现宣传人民法院依法尊重、保障律师诉讼权利和律师尊重法庭权威，遵守庭审纪律的典型，大力表彰先进，发挥正面引领作用。同时，要通报人民法院、司法行政机关侵犯律师正当权利、处置律师违法违规行为不当以及律师违法违规执业受到处罚处分的典型，教育引导法官和律师自觉树立正确观念，彼此尊重、相互支持、相互监督，为法院依法审判、律师依法履职营造良好环境。

最高人民法院关于依法切实保障律师诉讼权利的规定

（2015 年 12 月 29 日　法发〔2015〕16 号）

为深入贯彻落实全面推进依法治国战略，充分发挥律师维护当事人合法权益、促进司法公正的积极作用，切实保障律师诉讼权利，根据中华人民共和国刑事诉讼法、民事诉讼法、行政诉讼法、律师法和《最高人民法院、最高人民检察院、公安部、国家安全部、司法部关于依法保障律师执业权利的规定》，作出如下规定：

一、依法保障律师知情权。人民法院要不断完善审判流程公开、裁判文书公开、执行信息公开“三大平台”建设，方便律师及时获取诉讼信息。对诉讼程序、诉权保障、调解和解、裁判文书等重要事项及相关进展情况，应当依法及时告知律师。

二、依法保障律师阅卷权。对律师申请阅卷的，应当在合理时间内安排。案卷材料被其他诉讼主体查阅的，应当协调安排各方阅卷时间。律师依法查阅、摘抄、复制有关卷宗材料或者查看庭审录音录像的，应当提供场所和设施。有条件的法院，可提供网上卷宗查阅服务。

三、依法保障律师出庭权。确定开庭日期时，应当为律师预留必要的出庭准备时间。因特殊情况更改开庭日期的，应当提前三日告知律师。律师因正当理由请求变更开庭日期的，法官可在征询其他当事人意见后准许。律师带助理出庭的，应当准许。

四、依法保障律师辩论、辩护权。法官在庭审过程中应合理分配诉讼各方发问、质证、陈述和辩论、辩护的时间，充分听取律师意见。除律师发言过于重复、与案件无关或者相关问题已在庭前达成一致等情况外,不应打断律师发言。

五、依法保障律师申请排除非法证据的权利。律师申请排除非法证据并提供相关线索或者材料,法官经审查对证据收集合法性有疑问的,应当召开庭前会议或者进行法庭调查。经审查确认存在法律规定的以非法方法收集证据情形的,对有关证据应当予以排除。

六、依法保障律师申请调取证据的权利。律师因客观原因无法自行收集证据的,可以依法向人民法院书面申请调取证据。律师申请调取证据符合法定条件的,法官应当准许。

七、依法保障律师的人身安全。案件审理过程中出现当事人矛盾激化,可能危及律师人身安全情形的,应当及时采取必要措施。对在法庭上发生的殴打、威胁、侮辱、诽谤律师等行为,法官应当及时制止,依法处置。

八、依法保障律师代理申诉的权利。对律师代理当事人对案件提出申诉的,要依照法律规定的程序认真处理。认为原案件处理正确的,要支持律师向申诉人做好释法析理、息诉息访工作。

九、为律师依法履职提供便利。要进一步完善网上立案、缴费、查询、阅卷、申请保全、提交代理词、开庭排期、文书送达等功能。有条件的法院要为参加庭审的律师提供休息场所,配备桌椅、饮水及其他必要设施。

十、完善保障律师诉讼权利的救济机制。要指定专门机构负责处理律师投诉,公开联系方式,畅通投诉渠道。对投诉要及时调查,依法处理,并将结果及时告知律师。对司法行政机关、律师协会就维护律师执业权利提出的建议,要及时予以答复。

广东省高级人民法院关于依法切实保障律师诉讼权利的意见（试行）

（2018年3月20日　粤高法〔2018〕55号）

为全面推行以审判为中心的诉讼制度改革，切实保障律师执业权利，充分发挥律师维护当事人合法权益、维护法律正确实施的积极作用，促进司法公正，根据有关法律规定和最高人民法院、最高人民检察院、公安部、国家安全部、司法部《关于依法保障律师执业权利的规定》、最高人民法院《关于依法切实保障律师诉讼权利的规定》及广东省高级人民法院、广东省人民检察院、广东省公安厅、广东省国家安全厅、广东省司法厅《关于依法保障律师执业权利的实施办法》等规定，结合我省审判工作实际，制定本细则。

第一条　依法保障律师诉讼知情权。人民法院应当向律师公布其代理或者辩护案件的承办法官、法官助理、书记员的名字和办公电话。律师向上述办案人员了解该案件的立案、审判、执行等审理进展情况的，除涉及审判秘密外，应当告知。对于诉讼中如立案、开庭、宣判、送达诉讼文书及审理期限变更、采取或者变更强制措施等重大程序信息，人民法院应当自作出决定之日起三日内通知律师。

人民法院应当认真贯彻立案登记制度改革要求，明确并统一各类案件立案所需材料标准。对律师立案需要补充相关材料的，应一次性告知。

第二条　依法保障律师阅卷权。律师提出阅卷申请的，人民法院应当及时安排，具体工作由书记员办理。案卷材料正被其他诉讼主体查阅或者其他原因确实无法当时安排的，应当向律师说明理由并与其商定阅卷时间。

人民法院不得限制律师阅卷的次数和时间。除依法不得公开或者复制的材料外，不得限制律师阅卷的内容。

律师根据需要可以带助理协助阅卷，人民法院应核实律师助理的身份，查验《申请律师执业人员实习证》，载明律师助理姓名的律师所函。

因利用人民法院设备复制案件材料发生费用的，只收取工本费用。人民法院免收律师办理法律援助案件复制材料发生的费用。

律师在庭审结束后当场提出复制经双方核对并签名的庭审笔录的，人民法院应当准许。

第三条 依法保障律师出庭权。人民法院依法安排开庭日期，应当为律师预留必要的出庭准备时间。开庭日期通知确定后不得随意更改，确因特殊情况需要变更的，应当提前三日告知律师。

律师应当严格遵守开庭时间，确有正当理由不能按时出庭的，应当在开庭三日前向人民法院提出变更开庭时间的申请，并说明具体理由，提供相关依据。人民法院审查认为理由成立，且不影响案件正常审理的，可在征询其他诉讼参与人意见后予以变更开庭日期，并及时通知律师。

律师根据需要可以向人民法院申请带一名律师助理出庭，但律师助理参加庭审只能从事相关辅助工作，不得发表辩护、代理意见。

第四条 依法尊重和保障律师辩论、辩护权。庭审中法官应当平等对待参与庭审的检察官、律师，合理分配诉讼各方发问、质证、陈述和辩论、辩护的时间，认真听取各方的发言。

除发表危害国家安全以及诽谤、侮辱、威胁他人的言论，或者发言过于重复、明显与案件无关、相关问题在庭前已经达成一致等影响庭审效率、扰乱法庭秩序的情况，法官不应打断或者制止律师发言。

人民法院决定不开庭审理二审案件，应当充分听取律师的意见。律师要求二审开庭，且符合相关法律规定的，应当开庭审理。

人民法院适用普通程序审理的案件，应当在裁判文书中完整反映律师依法提出辩护、代理意见的主要观点以及是否采纳的情况，并说明理由。

第五条 依法保障律师申请调取证据的权利。辩护律师认为公安机关、人民检察院在侦查、审查起诉期间收集的证明被告人无罪或者罪轻的证据材料未随案移送，申请人民法院调取的，应当以书面形式提出，并提供相关线索或者材料。人民法院应当及时审查，认为所申请调取的证据材料已收集并且与案件事实有联系，应当及时向相关机关发出调取证据材料决定书，并在调取材料后五日内通知律师查阅、摘抄、复制。经审查决定不予调取的，应当书面说明理由。

辩护律师依法书面申请向被害人或者其近亲属、被害人提供的证人收集与本案有关的材料的，人民法院认为确有必要，应当在收到申请五日内签发准许调查书，认为没有必要而不予许可的，应当书面说明理由。

律师因客观原因无法自行收集证据，或者不宜自行收集证据的，可以依法书面申请人民法院收集、调取该证据。人民法院经审查符合规定的，应当及时予以收集、调取；不同意的，应当书面说明理由。人民法院收集、调取上述证据时，律师可以在场。

律师书面申请人民法院通知证人出庭或者进行鉴定、评估、拍卖、勘验，检查，写明具体事由并说明理由的，人民法院应当依法作出是否同意的决定，并告知律师。不同意申请的，应当书面或者当庭说明理由。

根据律师申请收集的证据，人民法院应当及时通知律师查阅、摘抄或者复制。

人民法院应当加强与房管、工商，税务、银行等部门的协调沟通，积极探索推动律师调查令制度改革。

第六条 依法保障律师申请排除非法证据的权利。人民法院在开庭前收到律师排除非法证据的书面申请和相关线索材料，且经审查对证据收集的合法性存在疑问的，应当召开庭前会议，就排除非法证据听取控辩双方意见，还可以要求检察院对相关证据收集的合法性加以说明。控辩双方就此未能达成一致意见，人民法院对证据收集的合法性仍存在疑问的，应当在庭审中进行合法性调查。

在法庭审理过程中，律师申请排除非法证据并提供相关线索材料的，法庭经审查，对证据收集合法性确有疑问的，应当启动证据收集的合法性调查；对证据收集合法性无疑问的，可驳回申请，继续审理，但应当庭说明情况和理由。

在法庭对证据收集的合法性调查中,律师对侦查机关出具的有关说明材料有异议,可以申请相关侦查人员出庭说明情况。法庭认为说明材料不足以证明取证过程合法的,应当通知相关侦查人员出庭说明情况;认为无需通知的,应当庭说明情况和理由。

第七条 依法保障律师其他诉讼权利。律师就回避、非法证据排除、通知新的证人到庭、调取新的证据、重新鉴定或者勘验等问题提出申请,或者对审理程序提出异议,在开庭前提出的,人民法院原则上应当召开庭前会议进行审查;开庭审理过程中提出的,一般应当休庭进行审查。法庭审查后依照法定程序作出决定,驳回申请或者异议的,律师可以依法提出复议。经复议后,律师应当尊重法庭决定,服从法庭安排。

律师对法庭决定持保留意见的内容,应当详细记入法庭笔录,可以作为当事人上诉,申诉或者控诉的理由。

第八条 依法保障律师的人身安全。律师参与诉讼,其人格尊严和人身安全依法受到保护。对在庭审或者其他诉讼过程中威胁、谩骂、侮辱、诽谤、殴打律师及其他可能损害律师人格尊严和危及律师人身安全的行为,在场的法官、司法警察及其他工作人员应当及时制止并依法处置,可以根据情节轻重依法对侵害人处以训诫、责令退出法庭、罚款、司法拘留等处罚;构成犯罪的,依法追究刑事责任。

人民法院应当制定庭审日常应急处置方案,其中明确有保护律师人身安全的措施。

第九条 为律师依法履职提供便利。人民法院应当设立材料收转中心,对律师提交的与案件有关的材料,由专人统一收取,出具回执,并及时移交书记员附卷。律师通过服务平台网上提交相关材料的,应当及时向人民法院提供原件核对、确认。

律师为参与诉讼进入人民法院,经出示律师执业证和案件委托手续或者出庭通知书后即可通行。特殊情况确需安全检查的,应当事前提示并与出庭履行职务的检察人员同等对待。

人民法院应当为律师阅卷、查看或者拷贝庭审录音录像或者审讯视频提供场所和便利，并配备律师阅卷所需的复印、扫描、电子数据播放、拷贝等设备。

人民法院应当设置律师更衣室、休息室或者休息区域，并配备必要的桌椅、饮水等设施。有条件的法院还可以设置律师参与诉讼专门通道和停车位。

依托广东法院网建立律师服务网络平台，向律师提供网上立案、阅卷、缴费、送达、查询等便捷服务。审判团队或者合议庭应设立办案专用电子邮箱，方便律师联系工作，对律师提出的案件审理进展等合理问题，应当及时回复。

第十条 完善保障律师诉讼权利的救济机制。律师认为人民法院及其工作人员违反有关保障律师执业权利的法律和规定，妨碍律师依法履职，侵犯律师执业权利的，可以向该院或者其上一级人民法院纪检监察部门投诉。人民法院纪检监察部门应当向律师和当事人公开投诉电话、电子邮箱及工作地址，并保持电话在上班时间畅通。

律师也可以通过 12368 司法服务热线投诉，司法服务热线工作人员接到投诉电话后应当做好电话记录，并在二十四小时内将投诉内容报告本院纪检监察部门。

人民法院纪检监察部门对律师的上述投诉应当及时调查，依法依规做出处理。经调查情况属实的，依法立即纠正，及时答复律师，做好说明解释工作，并将处理结果通报相关法院组织人事部门。对律师书面投诉的，应当将处理结果书面回复律师。

律师在参与诉讼活动中因违法被人民法院处罚，人民法院应当在决定处罚后二十四小时内通知该律师所在的律师事务所、律师协会及所属司法行政机关相关部门。处以司法拘留的，应当在执行拘留的二十四小时内通知该律师家属。

第十一条 充分发挥联席会议、快速联动、日常联络等机制作用。人民法院通过律师工作联席会议，与相关方面开展就保障律师诉讼权利工作进行沟通、协调和实务研究；通过维护律师执业权利快速联动处置机制，提高维护律师执业权利的及时性和有效性；通过法官协会和律师协会的日常联络机制，定期通报相关工作信息及律师执业权利受侵害或者律师执业行为违规、失当等情况，及时跟进有关事件进展，反馈处理结果。有效维护律师执业权利，规范律师执业行为。

第十二条 本细则由广东省高级人民法院负责解释，自发布之日起施行。

(四)非法证据排除以及人民法院"三项规程"

最高人民法院、最高人民检察院、公安部、国家安全部、司法部关于办理刑事案件严格排除非法证据若干问题的规定

(2017年6月27日　法发〔2017〕15号)

为准确惩罚犯罪,切实保障人权,规范司法行为,促进司法公正,根据《中华人民共和国刑事诉讼法》及有关司法解释等规定,结合司法实际,制定如下规定。

一、一般规定

第一条　严禁刑讯逼供和以威胁、引诱、欺骗以及其他非法方法收集证据,不得强迫任何人证实自己有罪。对一切案件的判处都要重证据,重调查研究,不轻信口供。

第二条　采取殴打、违法使用戒具等暴力方法或者变相肉刑的恶劣手段,使犯罪嫌疑人、被告人遭受难以忍受的痛苦而违背意愿作出的供述,应当予以排除。

第三条　采用以暴力或者严重损害本人及其近亲属合法权益等进行威胁的方法,使犯罪嫌疑人、被告人遭受难以忍受的痛苦而违背意愿作出的供述,应当予以排除。

第四条　采用非法拘禁等非法限制人身自由的方法收集的犯罪嫌疑人、被告人供述,应当予以排除。

第五条　采用刑讯逼供方法使犯罪嫌疑人、被告人作出供述,之后犯罪

嫌疑人、被告人受该刑讯逼供行为影响而作出的与该供述相同的重复性供述，应当一并排除，但下列情形除外：

（一）侦查期间，根据控告、举报或者自己发现等，侦查机关确认或者不能排除以非法方法收集证据而更换侦查人员，其他侦查人员再次讯问时告知诉讼权利和认罪的法律后果，犯罪嫌疑人自愿供述的；

（二）审查逮捕、审查起诉和审判期间，检察人员、审判人员讯问时告知诉讼权利和认罪的法律后果，犯罪嫌疑人、被告人自愿供述的。

第六条 采用暴力、威胁以及非法限制人身自由等非法方法收集的证人证言、被害人陈述，应当予以排除。

第七条 收集物证、书证不符合法定程序，可能严重影响司法公正的，应当予以补正或者作出合理解释；不能补正或者作出合理解释的，对有关证据应当予以排除。

二、侦查

第八条 侦查机关应当依照法定程序开展侦查，收集、调取能够证实犯罪嫌疑人有罪或者无罪、罪轻或者罪重的证据材料。

第九条 拘留、逮捕犯罪嫌疑人后，应当按照法律规定送看守所羁押。犯罪嫌疑人被送交看守所羁押后，讯问应当在看守所讯问室进行。因客观原因侦查机关在看守所讯问室以外的场所进行讯问的，应当作出合理解释。

第十条 侦查人员在讯问犯罪嫌疑人的时候，可以对讯问过程进行录音录像；对于可能判处无期徒刑、死刑的案件或者其他重大犯罪案件，应当对讯问过程进行录音录像。

侦查人员应当告知犯罪嫌疑人对讯问过程录音录像，并在讯问笔录中写明。

第十一条 对讯问过程录音录像，应当不间断进行，保持完整性，不得选择性地录制，不得剪接、删改。

第十二条 侦查人员讯问犯罪嫌疑人，应当依法制作讯问笔录。讯问笔录应当交犯罪嫌疑人核对，对于没有阅读能力的，应当向他宣读。对讯问笔录中有遗漏或者差错等情形,犯罪嫌疑人可以提出补充或者改正。

第十三条 看守所应当对提讯进行登记,写明提讯单位、人员、事由、起止时间以及犯罪嫌疑人姓名等情况。

看守所收押犯罪嫌疑人,应当进行身体检查。检查时,人民检察院驻看守所检察人员可以在场。检查发现犯罪嫌疑人有伤或者身体异常的,看守所应当拍照或者录像,分别由送押人员、犯罪嫌疑人说明原因,并在体检记录中写明,由送押人员、收押人员和犯罪嫌疑人签字确认。

第十四条 犯罪嫌疑人及其辩护人在侦查期间可以向人民检察院申请排除非法证据。对犯罪嫌疑人及其辩护人提供相关线索或者材料的,人民检察院应当调查核实。调查结论应当书面告知犯罪嫌疑人及其辩护人。对确有以非法方法收集证据情形的,人民检察院应当向侦查机关提出纠正意见。

侦查机关对审查认定的非法证据,应当予以排除,不得作为提请批准逮捕、移送审查起诉的根据。

对重大案件,人民检察院驻看守所检察人员应当在侦查终结前询问犯罪嫌疑人,核查是否存在刑讯逼供、非法取证情形,并同步录音录像。经核查,确有刑讯逼供、非法取证情形的,侦查机关应当及时排除非法证据,不得作为提请批准逮捕、移送审查起诉的根据。

第十五条 对侦查终结的案件,侦查机关应当全面审查证明证据收集合法性的证据材料,依法排除非法证据。排除非法证据后,证据不足的,不得移送审查起诉。

侦查机关发现办案人员非法取证的,应当依法作出处理,并可另行指派侦查人员重新调查取证。

三、审查逮捕、审查起诉

第十六条 审查逮捕、审查起诉期间讯问犯罪嫌疑人,应当告知其有权申请排除非法证据,并告知诉讼权利和认罪的法律后果。

第十七条 审查逮捕、审查起诉期间,犯罪嫌疑人及其辩护人申请排除非法证据,并提供相关线索或者材料的,人民检察院应当调查核实。调查结论应当书面告知犯罪嫌疑人及其辩护人。

人民检察院在审查起诉期间发现侦查人员以刑讯逼供等非法方法收集证据的，应当依法排除相关证据并提出纠正意见，必要时人民检察院可以自行调查取证。

人民检察院对审查认定的非法证据，应当予以排除，不得作为批准或者决定逮捕、提起公诉的根据。被排除的非法证据应当随案移送，并写明为依法排除的非法证据。

第十八条 人民检察院依法排除非法证据后，证据不足，不符合逮捕、起诉条件的，不得批准或者决定逮捕、提起公诉。

对于人民检察院排除有关证据导致对涉嫌的重要犯罪事实未予认定，从而作出不批准逮捕、不起诉决定，或者对涉嫌的部分重要犯罪事实决定不起诉的，公安机关、国家安全机关可要求复议、提请复核。

四、辩护

第十九条 犯罪嫌疑人、被告人申请提供法律援助的，应当按照有关规定指派法律援助律师。

法律援助值班律师可以为犯罪嫌疑人、被告人提供法律帮助，对刑讯逼供、非法取证情形代理申诉、控告。

第二十条 犯罪嫌疑人、被告人及其辩护人申请排除非法证据，应当提供涉嫌非法取证的人员、时间、地点、方式、内容等相关线索或者材料。

第二十一条 辩护律师自人民检察院对案件审查起诉之日起，可以查阅、摘抄、复制讯问笔录、提讯登记、采取强制措施或者侦查措施的法律文书等证据材料。其他辩护人经人民法院、人民检察院许可，也可以查阅、摘抄、复制上述证据材料。

第二十二条 犯罪嫌疑人、被告人及其辩护人向人民法院、人民检察院申请调取公安机关、国家安全机关、人民检察院收集但未提交的讯问录音录像、体检记录等证据材料，人民法院、人民检察院经审查认为犯罪嫌疑人、被告人及其辩护人申请调取的证据材料与证明证据收集的合法性有联系的，应当予以调取；认为与证明证据收集的合法性没有联系的，应当决定不予调取并向犯罪嫌疑人、被告人及其辩护人说明理由。

五、审判

第二十三条 人民法院向被告人及其辩护人送达起诉书副本时，应当告知其有权申请排除非法证据。

被告人及其辩护人申请排除非法证据，应当在开庭审理前提出，但在庭审期间发现相关线索或者材料等情形除外。人民法院应当在开庭审理前将申请书和相关线索或者材料的复制件送交人民检察院。

第二十四条 被告人及其辩护人在开庭审理前申请排除非法证据，未提供相关线索或者材料，不符合法律规定的申请条件的，人民法院对申请不予受理。

第二十五条 被告人及其辩护人在开庭审理前申请排除非法证据，按照法律规定提供相关线索或者材料的，人民法院应当召开庭前会议。人民检察院应当通过出示有关证据材料等方式，有针对性地对证据收集的合法性作出说明。人民法院可以核实情况，听取意见。

人民检察院可以决定撤回有关证据，撤回的证据，没有新的理由，不得在庭审中出示。

被告人及其辩护人可以撤回排除非法证据的申请。撤回申请后，没有新的线索或者材料，不得再次对有关证据提出排除申请。

第二十六条 公诉人、被告人及其辩护人在庭前会议中对证据收集是否合法未达成一致意见，人民法院对证据收集的合法性有疑问的，应当在庭审中进行调查；人民法院对证据收集的合法性没有疑问，且没有新的线索或者材料表明可能存在非法取证的，可以决定不再进行调查。

第二十七条 被告人及其辩护人申请人民法院通知侦查人员或者其他人员出庭，人民法院认为现有证据材料不能证明证据收集的合法性，确有必要通知上述人员出庭作证或者说明情况的，可以通知上述人员出庭。

第二十八条 公诉人宣读起诉书后，法庭应当宣布开庭审理前对证据收集合法性的审查及处理情况。

第二十九条 被告人及其辩护人在开庭审理前未申请排除非法证据，

在法庭审理过程中提出申请的,应当说明理由。

对前述情形,法庭经审查,对证据收集的合法性有疑问的,应当进行调查;没有疑问的,应当驳回申请。

法庭驳回排除非法证据申请后,被告人及其辩护人没有新的线索或者材料,以相同理由再次提出申请的,法庭不再审查。

第三十条 庭审期间,法庭决定对证据收集的合法性进行调查的,应当先行当庭调查。但为防止庭审过分迟延,也可以在法庭调查结束前进行调查。

第三十一条 公诉人对证据收集的合法性加以证明,可以出示讯问笔录、提讯登记、体检记录、采取强制措施或者侦查措施的法律文书、侦查终结前对讯问合法性的核查材料等证据材料,有针对性地播放讯问录音录像,提请法庭通知侦查人员或者其他人员出庭说明情况。

被告人及其辩护人可以出示相关线索或者材料,并申请法庭播放特定时段的讯问录音录像。

侦查人员或者其他人员出庭,应当向法庭说明证据收集过程,并就相关情况接受发问。对发问方式不当或者内容与证据收集的合法性无关的,法庭应当制止。

公诉人、被告人及其辩护人可以对证据收集的合法性进行质证、辩论。

第三十二条 法庭对控辩双方提供的证据有疑问的,可以宣布休庭,对证据进行调查核实。必要时,可以通知公诉人、辩护人到场。

第三十三条 法庭对证据收集的合法性进行调查后,应当当庭作出是否排除有关证据的决定。必要时,可以宣布休庭,由合议庭评议或者提交审判委员会讨论,再次开庭时宣布决定。

在法庭作出是否排除有关证据的决定前,不得对有关证据宣读、质证。

第三十四条 经法庭审理,确认存在本规定所规定的以非法方法收集证据情形的,对有关证据应当予以排除。法庭根据相关线索或者材料对证据收集的合法性有疑问,而人民检察院未提供证据或者提供的证据不能证明证据收集的合法性,不能排除存在本规定所规定的以非法方法收集证据情形的,对有关证据应当予以排除。

对依法予以排除的证据,不得宣读、质证,不得作为判决的根据。

第三十五条 人民法院排除非法证据后,案件事实清楚,证据确实、充分,依据法律认定被告人有罪的,应当作出有罪判决;证据不足,不能认定被告人有罪的,应当作出证据不足、指控的犯罪不能成立的无罪判决;案件部分事实清楚,证据确实、充分的,依法认定该部分事实。

第三十六条 人民法院对证据收集合法性的审查、调查结论,应当在裁判文书中写明,并说明理由。

第三十七条 人民法院对证人证言、被害人陈述等证据收集合法性的审查、调查,参照上述规定。

第三十八条 人民检察院、被告人及其法定代理人提出抗诉、上诉,对第一审人民法院有关证据收集合法性的审查、调查结论提出异议的,第二审人民法院应当审查。

被告人及其辩护人在第一审程序中未申请排除非法证据,在第二审程序中提出申请的,应当说明理由。第二审人民法院应当审查。

人民检察院在第一审程序中未出示证据证明证据收集的合法性,第一审人民法院依法排除有关证据的,人民检察院在第二审程序中不得出示之前未出示的证据,但在第一审程序后发现的除外。

第三十九条 第二审人民法院对证据收集合法性的调查,参照上述第一审程序的规定。

第四十条 第一审人民法院对被告人及其辩护人排除非法证据的申请未予审查,并以有关证据作为定案根据,可能影响公正审判的,第二审人民法院可以裁定撤销原判,发回原审人民法院重新审判。

第一审人民法院对依法应当排除的非法证据未予排除的,第二审人民法院可以依法排除非法证据。排除非法证据后,原判决认定事实和适用法律正确、量刑适当的,应当裁定驳回上诉或者抗诉,维持原判;原判决认定事实没有错误,但适用法律有错误,或者量刑不当的,应当改判;原判决事实不清楚或者证据不足的,可以裁定撤销原判,发回原审人民法院重新审判。

第四十一条 审判监督程序、死刑复核程序中对证据收集合法性的审查、调查,参照上述规定。

第四十二条 本规定自2017年6月27日起施行。

人民法院办理刑事案件排除非法证据规程（试行）

（2017 年 11 月 27 日　法发〔2017〕31 号）

为贯彻落实最高人民法院、最高人民检察院、公安部、国家安全部、司法部《关于推进以审判为中心的刑事诉讼制度改革的意见》和《关于办理刑事案件严格排除非法证据若干问题的规定》，规范非法证据排除程序，准确惩罚犯罪，切实保障人权，有效防范冤假错案，根据法律规定，结合司法实际，制定本规程。

第一条　采用下列非法方法收集的被告人供述，应当予以排除：

（一）采用殴打、违法使用戒具等暴力方法或者变相肉刑的恶劣手段，使被告人遭受难以忍受的痛苦而违背意愿作出的供述；

（二）采用以暴力或者严重损害本人及其近亲属合法权益等进行威胁的方法，使被告人遭受难以忍受的痛苦而违背意愿作出的供述；

（三）采用非法拘禁等非法限制人身自由的方法收集的被告人供述。

采用刑讯逼供方法使被告人作出供述，之后被告人受该刑讯逼供行为影响而作出的与该供述相同的重复性供述，应当一并排除，但下列情形除外：

（一）侦查期间，根据控告、举报或者自己发现等，侦查机关确认或者不能排除以非法方法收集证据而更换侦查人员，其他侦查人员再次讯问时告知诉讼权利和认罪的法律后果，被告人自愿供述的；

（二）审查逮捕、审查起诉和审判期间，检察人员、审判人员讯问时告知诉讼权利和认罪的法律后果，被告人自愿供述的。

第二条 采用暴力、威胁以及非法限制人身自由等非法方法收集的证人证言、被害人陈述,应当予以排除。

第三条 采用非法搜查、扣押等违反法定程序的方法收集物证、书证,可能严重影响司法公正的,应当予以补正或者作出合理解释;不能补正或者作出合理解释的,对有关证据应当予以排除。

第四条 依法予以排除的非法证据,不得宣读、质证,不得作为定案的根据。

第五条 被告人及其辩护人申请排除非法证据,应当提供相关线索或者材料。"线索"是指内容具体、指向明确的涉嫌非法取证的人员、时间、地点、方式等;"材料"是指能够反映非法取证的伤情照片、体检记录、医院病历、讯问笔录、讯问录音录像或者同监室人员的证言等。

被告人及其辩护人申请排除非法证据,应当向人民法院提交书面申请。被告人书写确有困难的,可以口头提出申请,但应当记录在案,并由被告人签名或者捺印。

第六条 证据收集合法性的举证责任由人民检察院承担。

人民检察院未提供证据,或者提供的证据不能证明证据收集的合法性,经过法庭审理,确认或者不能排除以非法方法收集证据情形的,对有关证据应当予以排除。

第七条 开庭审理前,承办法官应当阅卷,并对证据收集的合法性进行审查:

(一)被告人在侦查、审查起诉阶段是否提出排除非法证据申请;提出申请的,是否提供相关线索或者材料;

(二)侦查机关、人民检察院是否对证据收集的合法性进行调查核实;调查核实的,是否作出调查结论;

(三)对于重大案件,人民检察院驻看守所检察人员在侦查终结前是否核查讯问的合法性,是否对核查过程同步录音录像;进行核查的,是否作出核查结论;

(四)对于人民检察院在审查逮捕、审查起诉阶段排除的非法证据,是否随案移送并写明为依法排除的非法证据。

人民法院对证据收集的合法性进行审查后，认为需要补充证据材料的，应当通知人民检察院在三日内补送。

第八条 人民法院向被告人及其辩护人送达起诉书副本时，应当告知其有权在开庭审理前申请排除非法证据并同时提供相关线索或者材料。上述情况应当记录在案。

被告人申请排除非法证据，但没有辩护人的，人民法院应当通知法律援助机构指派律师为其提供辩护。

第九条 被告人及其辩护人申请排除非法证据，应当在开庭审理前提出，但在庭审期间发现相关线索或者材料等情形除外。

第十条 被告人及其辩护人申请排除非法证据，并提供相关线索或者材料的，人民法院应当召开庭前会议，并在召开庭前会议三日前将申请书和相关线索或者材料的复制件送交人民检察院。

被告人及其辩护人申请排除非法证据，未提供相关线索或者材料的，人民法院应当告知其补充提交。被告人及其辩护人未能补充的，人民法院对申请不予受理，并在开庭审理前告知被告人及其辩护人。上述情况应当记录在案。

第十一条 对于可能判处无期徒刑、死刑或者黑社会性质组织犯罪、严重毒品犯罪等重大案件，被告人在驻看守所检察人员对讯问的合法性进行核查询问时，明确表示侦查阶段没有刑讯逼供等非法取证情形，在审判阶段又提出排除非法证据申请的，应当说明理由。人民法院经审查对证据收集的合法性没有疑问的，可以驳回申请。

驻看守所检察人员在重大案件侦查终结前未对讯问的合法性进行核查询问，或者未对核查询问过程全程同步录音录像，被告人及其辩护人在审判阶段提出排除非法证据申请，提供相关线索或者材料，人民法院对证据收集的合法性有疑问的，应当依法进行调查。

第十二条 在庭前会议中，人民法院对证据收集的合法性进行审查的，一般按照以下步骤进行：

（一）被告人及其辩护人说明排除非法证据的申请及相关线索或者材料；

（二）公诉人提供证明证据收集合法性的证据材料；

（三）控辩双方对证据收集的合法性发表意见；

（四）控辩双方对证据收集的合法性未达成一致意见的，审判人员归纳争议焦点。

第十三条 在庭前会议中，人民检察院应当通过出示有关证据材料等方式，有针对性地对证据收集的合法性作出说明。人民法院可以对有关材料进行核实，经控辩双方申请，可以有针对性地播放讯问录音录像。

第十四条 在庭前会议中，人民检察院可以撤回有关证据。撤回的证据，没有新的理由，不得在庭审中出示。

被告人及其辩护人可以撤回排除非法证据的申请。撤回申请后，没有新的线索或者材料，不得再次对有关证据提出排除申请。

第十五条 控辩双方在庭前会议中对证据收集的合法性达成一致意见的，法庭应当在庭审中向控辩双方核实并当庭予以确认。对于一方在庭审中反悔的，除有正当理由外，法庭一般不再进行审查。

控辩双方在庭前会议中对证据收集的合法性未达成一致意见，人民法院应当在庭审中进行调查，但公诉人提供的相关证据材料确实、充分，能够排除非法取证情形，且没有新的线索或者材料表明可能存在非法取证的，庭审调查举证、质证可以简化。

第十六条 审判人员应当在庭前会议报告中说明证据收集合法性的审查情况，主要包括控辩双方的争议焦点以及就相关事项达成的一致意见等内容。

第十七条 被告人及其辩护人在开庭审理前未申请排除非法证据，在庭审过程中提出申请的，应当说明理由。人民法院经审查，对证据收集的合法性有疑问的，应当进行调查；没有疑问的，应当驳回申请。

人民法院驳回排除非法证据的申请后，被告人及其辩护人没有新的线索或者材料，以相同理由再次提出申请的，人民法院不再审查。

第十八条 人民法院决定对证据收集的合法性进行法庭调查的，应当先行当庭调查。对于被申请排除的证据和其他犯罪事实没有关联等情形，为防止庭审过分迟延，可以先调查其他犯罪事实，再对证据收集的合法性进行调查。

在对证据收集合法性的法庭调查程序结束前，不得对有关证据宣读、质证。

第十九条 法庭决定对证据收集的合法性进行调查的，一般按照以下步骤进行：

（一）召开庭前会议的案件，法庭应当在宣读起诉书后，宣布庭前会议中对证据收集合法性的审查情况，以及控辩双方的争议焦点；

（二）被告人及其辩护人说明排除非法证据的申请及相关线索或者材料；

（三）公诉人出示证明证据收集合法性的证据材料，被告人及其辩护人可以对相关证据进行质证，经审判长准许，公诉人、辩护人可以向出庭的侦查人员或者其他人员发问；

（四）控辩双方对证据收集的合法性进行辩论。

第二十条 公诉人对证据收集的合法性加以证明，可以出示讯问笔录、提讯登记、体检记录、采取强制措施或者侦查措施的法律文书、侦查终结前对讯问合法性的核查材料等证据材料，也可以针对被告人及其辩护人提出异议的讯问时段播放讯问录音录像，提请法庭通知侦查人员或者其他人员出庭说明情况。不得以侦查人员签名并加盖公章的说明材料替代侦查人员出庭。

庭审中，公诉人当庭不能举证或者为提供新的证据需要补充侦查，建议延期审理的，法庭可以同意。

第二十一条 被告人及其辩护人可以出示相关线索或者材料，并申请法庭播放特定讯问时段的讯问录音录像。

被告人及其辩护人向人民法院申请调取侦查机关、人民检察院收集但未提交的讯问录音录像、体检记录等证据材料，人民法院经审查认为该证据材料与证据收集的合法性有关的，应当予以调取；认为与证据收集的合法性无关的，应当决定不予调取，并向被告人及其辩护人说明理由。

被告人及其辩护人申请人民法院通知侦查人员或者其他人员出庭说明情况，人民法院认为确有必要的，可以通知上述人员出庭。

第二十二条 法庭对证据收集的合法性进行调查的，应当重视对讯问录音录像的审查，重点审查以下内容：

（一）讯问录音录像是否依法制作。对于可能判处无期徒刑、死刑的案件或者其他重大犯罪案件，是否对讯问过程进行录音录像；

（二）讯问录音录像是否完整。是否对每一次讯问过程录音录像，录音录像是否全程不间断进行，是否有选择性录制、剪接、删改等情形；

（三）讯问录音录像是否同步制作。录音录像是否自讯问开始时制作，至犯罪嫌疑人核对讯问笔录、签字确认后结束；讯问笔录记载的起止时间是否与讯问录音录像反映的起止时间一致；

（四）讯问录音录像与讯问笔录的内容是否存在差异。对与定罪量刑有关的内容，讯问笔录记载的内容与讯问录音录像是否存在实质性差异，存在实质性差异的，以讯问录音录像为准。

第二十三条 侦查人员或者其他人员出庭的，应当向法庭说明证据收集过程，并就相关情况接受发问。对发问方式不当或者内容与证据收集的合法性无关的，法庭应当制止。

经人民法院通知，侦查人员不出庭说明情况，不能排除以非法方法收集证据情形的，对有关证据应当予以排除。

第二十四条 人民法院对控辩双方提供的证据来源、内容等有疑问的，可以告知控辩双方补充证据或者作出说明；必要时，可以宣布休庭，对证据进行调查核实。法庭调查核实证据，可以通知控辩双方到场，并将核实过程记录在案。

对于控辩双方补充的和法庭庭外调查核实取得的证据，未经当庭出示、质证等法庭调查程序查证属实，不得作为证明证据收集合法性的根据。

第二十五条 人民法院对证据收集的合法性进行调查后，应当当庭作出是否排除有关证据的决定。必要时,可以宣布休庭,由合议庭评议或者提交审判委员会讨论,再次开庭时宣布决定。

第二十六条 经法庭审理,具有下列情形之一的,对有关证据应当予以排除:

(一)确认以非法方法收集证据的;

(二)应当对讯问过程录音录像的案件没有提供讯问录音录像,或者讯问录音录像存在选择性录制、剪接、删改等情形,现有证据不能排除以非法方法收集证据的;

(三)侦查机关除紧急情况外没有在规定的办案场所讯问,现有证据不能排除以非法方法收集证据的;

(四)驻看守所检察人员在重大案件侦查终结前未对讯问合法性进行核查,或者未对核查过程同步录音录像,或者录音录像存在选择性录制、剪接、删改等情形,现有证据不能排除以非法方法收集证据的;

(五)其他不能排除存在以非法方法收集证据的。

第二十七条 人民法院对证人证言、被害人陈述、物证、书证等证据收集合法性的审查、调查程序,参照上述规定。

第二十八条 人民法院对证据收集合法性的审查、调查结论,应当在裁判文书中写明,并说明理由。

第二十九条 人民检察院、被告人及其法定代理人提出抗诉、上诉,对第一审人民法院有关证据收集合法性的审查、调查结论提出异议的,第二审人民法院应当审查。

第三十条 被告人及其辩护人在第一审程序中未提出排除非法证据的申请,在第二审程序中提出申请,有下列情形之一的,第二审人民法院应当审查:

(一)第一审人民法院没有依法告知被告人申请排除非法证据的权利的;

(二)被告人及其辩护人在第一审庭审后发现涉嫌非法取证的相关线索或者材料的。

第三十一条 人民检察院应当在第一审程序中全面出示证明证据收集合法性的证据材料。

人民检察院在第一审程序中未出示证明证据收集合法性的证据，第一审人民法院依法排除有关证据的，人民检察院在第二审程序中不得出示之前未出示的证据，但在第一审程序后发现的除外。

第三十二条 第二审人民法院对证据收集合法性的调查，参照上述第一审程序的规定。

第三十三条 第一审人民法院对被告人及其辩护人排除非法证据的申请未予审查，并以有关证据作为定案的根据，可能影响公正审判的，第二审人民法院应当裁定撤销原判，发回原审人民法院重新审判。

第三十四条 第一审人民法院对依法应当排除的非法证据未予排除的，第二审人民法院可以依法排除相关证据。排除非法证据后，应当按照下列情形分别作出处理：

（一）原判决认定事实和适用法律正确、量刑适当的，应当裁定驳回上诉或者抗诉，维持原判；

（二）原判决认定事实没有错误，但适用法律有错误，或者量刑不当的，应当改判；

（三）原判决事实不清或者证据不足的，可以在查清事实后改判；也可以裁定撤销原判，发回原审人民法院重新审判。

第三十五条 审判监督程序、死刑复核程序中对证据收集合法性的审查、调查，参照上述规定。

第三十六条 本规程自2018年1月1日起试行。

人民法院办理刑事案件庭前会议规程(试行)

(2017 年 11 月 27 日 法发〔2017〕31 号)

为贯彻落实最高人民法院、最高人民检察院、公安部、国家安全部、司法部《关于推进以审判为中心的刑事诉讼制度改革的意见》,完善庭前会议程序,确保法庭集中持续审理,提高庭审质量和效率,根据法律规定,结合司法实际,制定本规程。

第一条 人民法院适用普通程序审理刑事案件,对于证据材料较多、案情疑难复杂、社会影响重大或者控辩双方对事实证据存在较大争议等情形的,可以决定在开庭审理前召开庭前会议。

控辩双方可以申请人民法院召开庭前会议。申请召开庭前会议的,应当说明需要处理的事项。人民法院经审查认为有必要的,应当决定召开庭前会议;决定不召开庭前会议的,应当告知申请人。

被告人及其辩护人在开庭审理前申请排除非法证据,并依照法律规定提供相关线索或者材料的,人民法院应当召开庭前会议。

第二条 庭前会议中,人民法院可以就与审判相关的问题了解情况,听取意见,依法处理回避、出庭证人名单、非法证据排除等可能导致庭审中断的事项,组织控辩双方展示证据,归纳争议焦点,开展附带民事调解。

第三条 庭前会议由承办法官主持,其他合议庭成员也可以主持或者参加庭前会议。根据案件情况,承办法官可以指导法官助理主持庭前会议。

公诉人、辩护人应当参加庭前会议。根据案件情况,被告人可以参加庭前会议;被告人申请参加庭前会议或者申请排除非法证据等情形的,人民法院应当通知被告人到场;有多名被告人的案件,主持人可以根据案件情况确定参加庭前会议的被告人。

被告人申请排除非法证据,但没有辩护人的,人民法院应当通知法律援助机构指派律师为被告人提供帮助。

庭前会议中进行附带民事调解的,人民法院应当通知附带民事诉讼当事人到场。

第四条 被告人不参加庭前会议的,辩护人应当在召开庭前会议前就庭前会议处理事项听取被告人意见。

第五条 庭前会议一般不公开进行。

根据案件情况,庭前会议可以采用视频会议等方式进行。

第六条 根据案件情况,庭前会议可以在开庭审理前多次召开;休庭后,可以在再次开庭前召开庭前会议。

第七条 庭前会议应当在法庭或者其他办案场所召开。被羁押的被告人参加的,可以在看守所办案场所召开。

被告人参加庭前会议,应当有法警在场。

第八条 人民法院应当根据案件情况,综合控辩双方意见,确定庭前会议需要处理的事项,并在召开庭前会议三日前,将会议的时间、地点、人员和事项等通知参会人员。通知情况应当记录在案。

被告人及其辩护人在开庭审理前申请排除非法证据的,人民法院应当在召开庭前会议三日前,将申请书及相关线索或者材料的复制件送交人民检察院。

第九条 庭前会议开始后,主持人应当核实参会人员情况,宣布庭前会议需要处理的事项。有多名被告人参加庭前会议,涉及事实证据问题的,应当组织各被告人分别参加,防止串供。

第十条 庭前会议中,主持人可以就下列事项向控辩双方了解情况,听取意见:

(一)是否对案件管辖有异议;

(二)是否申请有关人员回避;

(三)是否申请不公开审理;

（四）是否申请排除非法证据；

（五）是否申请提供新的证据材料；

（六）是否申请重新鉴定或者勘验；

（七）是否申请调取在侦查、审查起诉期间公安机关、人民检察院收集但未随案移送的证明被告人无罪或者罪轻的证据材料；

（八）是否申请向证人或有关单位、个人收集、调取证据材料；

（九）是否申请证人、鉴定人、侦查人员、有专门知识的人出庭，是否对出庭人员名单有异议；

（十）与审判相关的其他问题。

对于前款规定中可能导致庭审中断的事项，人民法院应当依法作出处理，在开庭审理前告知处理决定，并说明理由。控辩双方没有新的理由，在庭审中再次提出有关申请或者异议的，法庭应当依法予以驳回。

第十一条 被告人及其辩护人对案件管辖提出异议，应当说明理由。人民法院经审查认为异议成立的，应当依法将案件退回人民检察院或者移送有管辖权的人民法院；认为本院不宜行使管辖权的，可以请求上一级人民法院处理。人民法院经审查认为异议不成立的，应当依法驳回异议。

第十二条 被告人及其辩护人申请审判人员、书记员、翻译人员、鉴定人回避，应当说明理由。人民法院经审查认为申请成立的，应当依法决定有关人员回避；认为申请不成立的，应当依法驳回申请。

被告人及其辩护人申请回避被驳回的，可以在接到决定时申请复议一次。对于不属于刑事诉讼法第二十八条、第二十九条规定情形的，回避申请被驳回后，不得申请复议。

被告人及其辩护人申请检察人员回避的，人民法院应当通知人民检察院。

第十三条 被告人及其辩护人申请不公开审理，人民法院经审查认为案件涉及国家秘密或者个人隐私的，应当准许；认为案件涉及商业秘密的，可以准许。

第十四条 被告人及其辩护人在开庭审理前申请排除非法证据，并依照法律规定提供相关线索或者材料的,人民检察院应当在庭前会议中通过出示有关证据材料等方式,有针对性地对证据收集的合法性作出说明。人民法院可以对有关证据材料进行核实;经控辩双方申请,可以有针对性地播放讯问录音录像。

人民检察院可以撤回有关证据,撤回的证据,没有新的理由,不得在庭审中出示。被告人及其辩护人可以撤回排除非法证据的申请,撤回申请后,没有新的线索或者材料,不得再次对有关证据提出排除申请。

控辩双方在庭前会议中对证据收集的合法性未达成一致意见,人民法院应当开展庭审调查,但公诉人提供的相关证据材料确实、充分,能够排除非法取证情形,且没有新的线索或者材料表明可能存在非法取证的,庭审调查举证、质证可以简化。

第十五条 控辩双方申请重新鉴定或者勘验,应当说明理由。人民法院经审查认为理由成立,有关证据材料可能影响定罪量刑且不能补正的,应当准许。

第十六条 被告人及其辩护人书面申请调取公安机关、人民检察院在侦查、审查起诉期间收集但未随案移送的证明被告人无罪或者罪轻的证据材料,并提供相关线索或者材料的,人民法院应当调取,并通知人民检察院在收到调取决定书后三日内移交。

被告人及其辩护人申请向证人或有关单位、个人收集、调取证据材料,应当说明理由。人民法院经审查认为有关证据材料可能影响定罪量刑的,应当准许;认为有关证据材料与案件无关或者明显重复、没有必要的,可以不予准许。

第十七条 控辩双方申请证人、鉴定人、侦查人员、有专门知识的人出庭,应当说明理由。人民法院经审查认为理由成立的,应当通知有关人员出庭。

控辩双方对出庭证人、鉴定人、侦查人员、有专门知识的人的名单有异议,人民法院经审查认为异议成立的,应当依法作出处理;认为异议不成立的,应当依法驳回。

人民法院通知证人、鉴定人、侦查人员、有专门知识的人等出庭后，应当告知控辩双方协助有关人员到庭。

第十八条 召开庭前会议前，人民检察院应当将全部证据材料移送人民法院。被告人及其辩护人应当将收集的有关被告人不在犯罪现场、未达到刑事责任年龄、属于依法不负刑事责任的精神病人等证明被告人无罪或者依法不负刑事责任的全部证据材料提交人民法院。

人民法院收到控辩双方移送或者提交的证据材料后，应当通知对方查阅、摘抄、复制。

第十九条 庭前会议中，对于控辩双方决定在庭审中出示的证据，人民法院可以组织展示有关证据，听取控辩双方对在案证据的意见，梳理存在争议的证据。

对于控辩双方在庭前会议中没有争议的证据材料，庭审时举证、质证可以简化。

人民法院组织展示证据的，一般应当通知被告人到场，听取被告人意见；被告人不到场的，辩护人应当在召开庭前会议前听取被告人意见。

第二十条 人民法院可以在庭前会议中归纳控辩双方的争议焦点。对控辩双方没有争议或者达成一致意见的事项，可以在庭审中简化审理。

人民法院可以组织控辩双方协商确定庭审的举证顺序、方式等事项，明确法庭调查的方式和重点。协商不成的事项，由人民法院确定。

第二十一条 对于被告人在庭前会议前不认罪，在庭前会议中又认罪的案件，人民法院核实被告人认罪的自愿性和真实性后，可以依法适用速裁程序或者简易程序审理。

第二十二条 人民法院在庭前会议中听取控辩双方对案件事实证据的意见后，对于明显事实不清、证据不足的案件，可以建议人民检察院补充材料或者撤回起诉。建议撤回起诉的案件，人民检察院不同意的，人民法院开庭审理后，没有新的事实和理由，一般不准许撤回起诉。

第二十三条 庭前会议情况应当制作笔录，由参会人员核对后签名。

庭前会议结束后应当制作庭前会议报告，说明庭前会议的基本情况、与审判相关的问题的处理结果、控辩双方的争议焦点以及就相关事项达成的一致意见等。

第二十四条 对于召开庭前会议的案件，在宣读起诉书后，法庭应当宣布庭前会议报告的主要内容；有多起犯罪事实的案件，可以在有关犯罪事实的法庭调查开始前，分别宣布庭前会议报告的相关内容；对庭前会议处理管辖异议、申请回避、申请不公开审理等事项的，法庭可以在告知当事人诉讼权利后宣布庭前会议报告的相关内容。

第二十五条 宣布庭前会议报告后，对于庭前会议中达成一致意见的事项，法庭向控辩双方核实后当庭予以确认；对于未达成一致意见的事项，法庭可以归纳控辩双方争议焦点，听取控辩双方意见，依法作出处理。

控辩双方在庭前会议中就有关事项达成一致意见，在庭审中反悔的，除有正当理由外，法庭一般不再进行处理。

第二十六条 第二审人民法院召开庭前会议的，参照上述规定。

第二十七条 本规程自 2018 年 1 月 1 日起试行。

人民法院办理刑事案件第一审普通程序法庭调查规程（试行）

（2017年11月27日　法发〔2017〕31号）

为贯彻落实《最高人民法院、最高人民检察院、公安部、国家安全部、司法部关于推进以审判为中心的刑事诉讼制度改革的意见》，规范法庭调查程序、提高庭审质量和效率，确保诉讼证据出示在法庭，案件事实查明在法庭、诉辩意见发表在法庭、裁判结果形成在法庭，根据法律规定，结合司法实际，制定本规程。

一、一般规定

第一条　法庭应当坚持证据裁判原则，认定案件事实，必须以证据为根据。

法庭调查应当以证据调查为中心，证据未经当庭出示、辨认、质证等法庭调查程序查证属实，不得作为定案的根据。

第二条　法庭应当坚持居中裁判原则，不偏不倚地审判案件，保障控辩双方诉讼地位平等。

公诉案件中，人民检察院承担被告人有罪的举证责任，被告人不承担证明自己无罪的责任。人民检察院应当随案移送并当庭出示被告人有罪或无罪、罪轻或罪重的所有证据，以及证明取证合法性的证据材料，不得隐匿证据或者人为取舍证据。

第三条　法庭应当坚持集中审理原则，规范庭审准备程序，避免庭审出现不必要的延迟和中断。

承办法官应当在开庭前阅卷，拟定法庭审理提纲，并向合议庭成员通报开庭准备情况。召开庭前会议的,可以依法处理可能导致庭审中断的程序性事项,组织控辩双方展示证据,归纳控辩双方争议焦点。

第四条 法庭应当坚持诉权保障原则,依法解决控辩双方争议,保障被告人及其辩护人的诉讼权利。

为依法维护被告人质证权,准确查明案件事实,必要时应当通知证人、被害人、鉴定人、侦查人员或者有关人员出庭。

第五条 法庭应当坚持程序公正原则,严格执行法定的审判程序,通过法庭审理的程序公正实现案件裁判的实体公正。

被告人不认罪的案件,对与定罪和量刑有关的事实、证据应当分别进行调查。被告人当庭认罪的案件,法庭调查可以主要围绕量刑和其他有争议的问题进行。

二、开庭讯问、发问程序

第六条 对于召开庭前会议的案件,在法庭调查开始前,法庭应当宣布庭前会议报告的主要内容。对于庭前会议中达成一致意见的事项,法庭向控辩双方核实后当庭予以确认;对于未达成一致意见的事项,法庭可以归纳争议焦点,听取控辩双方意见,并依法作出处理。

有多起犯罪事实的案件,可以在有关犯罪事实的法庭调查开始前,分别宣布庭前会议报告的相关内容。

第七条 公诉人宣读起诉书后,审判长应当询问被告人对起诉指控的犯罪事实是否有异议,并听取其供述和辩解。经审判长准许,公诉人可以就起诉书指控的犯罪事实讯问被告人,也可以先出示有关证据,再就有关犯罪事实讯问被告人。

经审判长准许,被害人及其法定代理人、诉讼代理人可以就公诉人讯问的犯罪事实补充发问;附带民事诉讼原告人及其法定代理人、诉讼代理人可以就附带民事部分的事实向被告人发问;被告人及其法定代理人、诉讼代理人可以在控诉一方就某一问题讯问完毕后向被告人发问,有多名被告人的案件,辩护人对被告人的发问,应当在审判长主持下,先由被告人本人的辩护人进行,再由其他被告人的辩护人进行。

第八条 有多名被告人的案件，讯问各名被告人应当分别进行。

同案被告人供述之间存在实质性差异的，法庭可以传唤有关被告人到庭对质。审判长可以分别讯问被告人，就供述的实质性差异进行调查核实。经审判长准许，控辩双方可以向被告人讯问、发问。审判长认为有必要的，可以准许被告人之间相互发问。

第九条 申请参加庭审的被害人众多，且案件不属于附带民事诉讼范围的，被害人可以推选若干代表人参加庭审；推选不出代表人的，人民法院可以指定若干代表人。

对被告人发问完毕后，其他证据出示前，在审判长主持下，被害人可以就起诉书指控的犯罪事实作出陈述。经审判长准许，控辩双方可以在被害人陈述后向被害人发问。

第十条 为核实被告人是否自愿认罪，解决案件事实证据存在的疑问，审判人员可以讯问被告人，也可以向被害人、附带民事诉讼原告人发问。

第十一条 被告人庭前不认罪，当庭又认罪的，法庭核实被告人认罪的自愿性和真实性后，可以重点围绕量刑事实、证据进行调查。

被告人认罪后又当庭反悔的，法庭应当调查核实反悔的理由，并对与定罪和量刑有关的事实、证据进行全面调查。

三、出庭作证程序

第十二条 控辩双方可以申请法庭通知证人、鉴定人、侦查人员和有专门知识的人等出庭。

被害人及其法定代理人、诉讼代理人，附带民事诉讼原告人及其诉讼代理人也可以提出上述申请。

第十三条 控辩双方对证人证言、被害人陈述有异议，申请证人、被害人出庭，人民法院经审查认为证人证言、被害人陈述对案件定罪量刑有重大影响的，应当通知证人、被害人出庭。

控辩双方对鉴定意见有异议，申请鉴定人或者有专门知识的人出庭，人民法院经审查认为有必要的，应当通知鉴定人或者有专门知识的人出庭。

控辩双方对侦破经过、证据来源、证据真实性或者证据收集合法性等有异议,申请侦查人员或者有关人员出庭,人民法院经审查认为有必要的,应当通知侦查人员或者有关人员出庭。

人民法院通知证人、被害人、鉴定人、侦查人员、有专门知识的人等出庭后,控辩双方负责协助对本方诉讼主张有利的有关人员到庭。

第十四条 对于应当出庭作证的证人,在庭审期间因身患严重疾病、行动极为不便或者身处国外短期无法回国等客观原因确实无法出庭的,可以通过视频等方式远程作证。

前款规定适用于被害人、鉴定人、侦查人员。

第十五条 人民法院通知出庭的证人,无正当理由拒不出庭的,经院长同意,可以强制其出庭,但是被告人的配偶、父母、子女除外。

强制证人出庭的,应当由院长签发强制证人出庭令,并由法警执行。必要时,可以商请公安机关协助执行。

第十六条 证人、鉴定人、被害人因出庭作证,本人或者其近亲属的人身安全面临危险的,人民法院应当采取不公开其真实姓名、住址和工作单位等个人信息,或者不暴露其外貌、真实声音等保护措施。

决定对出庭作证的证人、鉴定人、被害人采取不公开个人信息的保护措施的,审判人员应当在开庭前核实其身份,对证人、鉴定人如实作证的保证书不得公开,在判决书、裁定书等法律文书中可以使用化名等代替其个人信息。

审判期间,证人、鉴定人、被害人提出保护请求的,人民法院应当立即审查,确有必要的,当及时决定采取相应的保护措施。必要时,可以商请公安机关采取专门性保护措施。

第十七条 证人出庭作证所支出的交通、住宿、就餐等合理费用,列入证人出庭作证补助专项经费,在出庭作证后由人民法院依照规定程序发放。

第十八条 证人、鉴定人出庭,法庭应当当庭核实其身份、与当事人以及本案的关系,审查证人、鉴定人的作证能力、专业资质,并告知其有关作证的权利义务和法律责任。

证人、鉴定人作证前,应当保证向法庭如实提供证言、说明鉴定意见,并在保证书上签名。

第十九条 证人出庭后，先由对本诉讼主张有利的控辩一方发问；发问完毕后，经审判长准许，对方也可以发问。

控辩双方发问完毕后，可以归纳本方对证人证言的质证意见。控辩双方如有新的问题，经审判长准许，可以再行发问。

审判人员认为必要时，可以询问证人。经审判长准许，被告人可以向证人发问。

第二十条 向证人发问应当遵循以下原则：

（一）发问内容应当与案件事实有关；

（二）不得采用诱导方式发问；

（三）不得威胁或者误导证人；

（四）不得损害证人人格尊严；

（五）不得泄露证人个人隐私。

第二十一条 控辩一方发问方式不当或者内容与案件事实无关，违反有关发问规则的，对方可以提出异议。对方当庭提出异议的，发问方应当说明发问理由，审判长判明情况予以支持或者驳回；对方未当庭提出异议的，审判长也可以根据情况予以制止。

第二十二条 控辩双方可以通过提问的方式向证人询问与案件事实有关的问题，也可以让证人向法庭自由陈述其所亲自感知的案件事实。

审判长认为证人当庭陈述的内容与案件事实无关或者明显重复的，可以进行必要的提示。

第二十三条 有多名证人的案件，向证人发问应当分别进行。

证人出庭作证前，应当在法庭指定的地点等候，不得谈论案情。证人出庭作证后，审判长应当通知法警引导其退庭。证人不得旁听对案件的审理。

被害人不参加法庭审理，仅出庭陈述案件事实的，参照适用前款规定。

第二十四条 证人证言之间存在实质性差异的，法庭可以传唤有关证人到庭对质。

审判长可以分别询问证人，就证言的实质性差异进行调查核实。经审判长准许，控辩双方可以向证人发问。审判长认为有必要的，可以准许证人之间相互发问。

第二十五条 证人出庭作证的，其庭前证言一般不再出示、宣读，但以下情形除外：

（一）证人出庭作证时遗忘或者遗漏庭前证言的关键内容，需要向证人作出必要提示的；

（二）证人的当庭证言与庭前证言存在矛盾，需要证人作出合理解释的。

为核实证据来源、证据真实性等问题，或者唤起证人记忆，经审判长准许，控辩双方可以在询问证人时向其出示物证、书证等证据。

第二十六条 控辩双方可以申请法庭通知有专门知识的人出庭，协助本方就鉴定意见进行质证。有专门知识的人可以向鉴定人发问，或者对案件中的专业性问题提出意见。

申请有专门知识的人出庭，应当提供人员名单，并不得超过二人。有多种类鉴定意见的，可以相应增加人数。

必要时，法庭可以依职权通知有专门知识的人出庭。

第二十七条 对被告人、被害人、鉴定人、侦查人员、有专门知识的人的讯问、发问，参照适用证人的有关规定。

作出同一份鉴定意见的多名鉴定人或者多名有专门知识的人可以同时出庭，不受分别发问规则的限制。

四、物证、书证等证据的举证、质证程序

第二十八条 审判长应当驾驭庭审过程，组织控辩双方举证、质证，全面调查核实案件中可以影响定罪量刑的事实证据问题，准确查明案件事实。

起诉书指控的被告人的犯罪事实为两起以上的，法庭调查一般应当分别进行。

第二十九条 开庭讯问、发问程序结束后，公诉人先行举证。公诉人举证完毕后，被告人及其辩护人可以举证，公诉人出示某一证据后，经审判长准许，被告人及其辩护人可以出示证据予以反驳。

控辩一方举证后，对方可以发表质证意见。必要时，控辩双方可以对争议的证据进行多次质证。

被告人及其辩护人认为公诉人出示的有关证据对本方诉讼主张有利的，可以在发表质证意见时予以认可，或者在发表辩护意见时直接使用有关证据。

第三十条 对于控辩双方随案移送或者庭前提交，但没有当庭出示的证据，审判长可以进行必要的提示；对于其中可能影响定罪量刑的关键证据，审判长应当要求控辩双方出示。

对于案件中可能影响定罪量刑的事实、证据存在疑问，控辩双方没有提及的，审判长应当引导控辩双方发表质证意见，并依法调查核实。

第三十一条 法庭应当重视对证据收集合法性的审查，对证据收集的合法性有疑问的，应当调查核实证明取证合法性的证据材料。

对于被告人及其辩护人申请排除非法证据，依法提供有关线索或者材料，法庭对证据收集的合法性有疑问，决定进行调查的，应当先行当庭调查。

第三十二条 对于可能影响定罪量刑的关键证据和控辩双方存在争议的证据，一般应当单独举证、质证。

对于控辩双方无异议的非关键性证据，可以仅就证据的名称及其证明的事项作出说明。

第三十三条 对于物证、书证、视听资料、电子数据等证据应当出示原物、原件。取得原物、原件确有困难的，可以出示照片、录像、副本、复制件等足以反映原物、原件外形和特征以及真实内容的材料，并说明理由。

对于鉴定意见和勘验、检查、辨认、侦查实验等笔录，应当出示原件。

第三十四条 控辩双方出示证据，应当重点围绕与案件事实相关内容或者控辩双方存在争议的内容进行。

出示证据时，可以借助多媒体设备等方式出示、播放或者演示证据内容。

第三十五条 控辩双方对证人证言、被害人陈述、鉴定意见无异议，上述人员不需要出庭的，以及上述人员因客观原因无法出庭且无法通过视频等方式作证的，可以出示、宣读庭前收集的书面证据材料或者庭前制定的作证过程录音录像。

被告人当庭供述与庭前供述的实质性内容一致的，可以不再出示庭前供述；当庭供述与庭前供述存在实质性差异的，可以出示、宣读庭前供述中存在实质性差异的内容。

第三十六条 采用技术侦查措施收集的证据，应当当庭出示。当庭出示、辨认、质证可能危及有关人员的人身安全，或者可能产生其他严重后果的，应当采取不暴露有关人员身份、不公开技术侦查措施和方法等保护措施。

法庭决定在庭外对技术侦查证据进行核实的，可以召集公诉人和辩护律师到场。在场人员应当在保密承诺书上签名，并履行保密义务。

第三十七条 法庭对证据有疑问的，可以告知控辩双方补充证据或者作出说明；必要时可以在其他证据调查完毕后宣布休庭，对证据进行调查核实。

对于控辩双方补充和法庭庭外调查核实取得的证据，应当经过庭审质证才能作为定案的根据。但是，对于不影响定罪量刑的非关键性证据和有利于被告人的量刑证据，经庭外征求意见，控辩双方没有异议的除外。

根据案情审理需要，法庭可以组织控辩双方到现场核实情况，并将核实过程记录在案。

第三十八条 控辩一方申请出示庭前未移送或提交人民法院的证据，对方提出异议的，申请方应当说明理由，审判长经审查认为理由成立并确有出示必要的，应当准许。

对方提出需要对新的证据作质证准备的，法庭应当宣布休庭，并确定准备的时间。

第三十九条 法庭审理过程中，控辩双方申请通知新的证人到庭，调取新的证据，申请重新鉴定或者勘验的，应当提供证人的基本信息、证据的存放地点，说明拟证明的案件事实，要求重新鉴定或者勘验的理由，法庭认为有必要的，应当同意，并宣布延期审理；不同意的，应当说明理由并继续审理。

第四十条 公开审理案件时,控辩双方提出涉及国家秘密、商业秘密或者个人隐私的证据的,法庭应当制止。有关证据确与本案有关的,可以根据具体情况,决定将案件转为不公开审理,或者对相关证据的法庭调查不公开进行。

第四十一条 审判期间,公诉人发现案件需要补充侦查,建议延期审理的,法庭应当同意,但建议延期审理不得超过两次。

人民检察院将补充收集的证据移送人民法院的,人民法院应当通知辩护人、诉讼代理人查阅、摘抄、复制。辩护方提出需要对补充收集的证据作辩护准备的,法庭可以确定准备辩护的时间。

补充侦查期限届满后,经人民法院通知,人民检察院未将案件移送人民法院,且未说明原因的,人民法院可以决定按人民检察院撤诉处理。

第四十二条 人民法院向人民检察院调取需要调查核实的证据材料,或者根据被告人及其辩护人的申请,向人民检察院调取在侦查、审查起诉期间收集的有关被告人无罪或者罪轻的证据材料,应当通知人民检察院在收到调取证据材料决定书后三日内移交。

第四十三条 法庭除应当审查被告人是否具有法定量刑情节外,还应当根据案件情况审查以下影响量刑的情节:

(一)案件起因;

(二)被害人有无过错及过错程度,是否对矛盾激化负有责任及责任大小;

(三)被告人的近亲属是否协助抓获被告人;

(四)被告人平时表现,有无悔罪态度;

(五)退赃、退赔及赔偿情况;

(六)被告人是否取得被害人或者其近亲属谅解;

(七)影响量刑的其他情节。

第四十四条 审判期间,被告人提出有自首、坦白、立功等法庭量刑情节,或者人民法院发现被告人可能有自首、坦白、立功等法定量刑情节,而人民检察院移送的案卷中没有相关证据材料的,应当通知人民检察院移送。

审判期间，被告人提出新的立功情节，并提供相关线索或者材料的，人民法院可以建议人民检察院补充侦查。

第四十五条 被告人当庭不认罪或者辩护人作无罪辩护的，法庭对与量刑有关的事实、证据进行调查时，被告人及其辩护人可以当庭发表质证意见，出示证明被告人罪轻的证据。必要时，审判长可以告知被告人及其辩护人，参加量刑事实、证据的调查并不影响无罪辩护。

五、认证规则

第四十六条 对于控辩双方提出的事实证据争议，法庭应当当庭进行审查，经审查后当庭作出处理的，应当一并说明理由；需要庭后评议作出处理的，应当在裁判文书中说明理由。

第四十七条 法庭经审查认定的非法证据，应当依法予以排除，不得出示、质证。

第四十八条 对于经过控辩双方质证的证据，法庭应当结合控辩双方质证意见，从证据与待证事实的关联程度、证据之间的印证关系、证据自身的真实性程度等方面，综合判断证据能否作为定案的根据。

证据与待证事实不存在关联，或者证据自身存在无法解释的疑问，或者证据与待证事实以及其他证据存在无法排除的矛盾的，不得作为定案的根据。

第四十九条 通过勘验、检查、搜查等方式搜集的物证、书证等证据，未通过辨认、鉴定等方式确定其与案件事实的关联的，不得作为定案的根据。

法庭对鉴定意见有疑问的，可以重新鉴定。

第五十条 收集证据的程序、方式不符合法律规定，严重影响证据真实性的，人民法院应当建议人民检察院予以补正或者作出合理解释；不能补正或者作出合理解释的，有关证据不能作为定案的根据。

第五十一条 证人没有出庭作证，其庭前证言真实性无法确认的，不得作为定案的根据。

证人当庭作出的证言与其庭前证言矛盾，证人能够作出合理解释，并与相关证据印证的，应当采信其庭审证言；不能作出合理解释，而其庭前证言与相关证据印证的,可以采信其庭前证言。

第五十二条 经人民法院通知,鉴定人拒不出庭作证的,鉴定意见不得作为定案的根据。

有专门知识的人当庭对鉴定意见提出质疑,鉴定人能够作出合理解释,并与相关证据印证的,可以采信鉴定意见;不能作出合理解释,无法确认鉴定意见可靠性的,有关鉴定意见不能作为定案的根据。

第五十三条 被告人的当庭供述与庭前供述、自书材料存在矛盾,被告人能够作出合理解释,并与相关证据印证的,应当采信其当庭供述;不能作出合理解释,而其庭前供述、自书材料与相关证据印证的,可以采信其庭前供述、自书材料。

第五十四条 法庭在庭审过程中审查认定或者排除的证据,应当当庭说明理由;庭后评议认定或者排除的证据,应当在裁判文书中说明理由。

第五十五条 法庭认定被告人有罪,必须达到犯罪事实清楚,证据确实、充分,对于定罪事实应当综合全案证据排除合理怀疑。定罪证据不足的案件,不能认定被告人有罪,应当作出证据不足、指控的犯罪不能成立的无罪判决。定罪证据确实、充分,量刑证据存疑的,应当作出有利于被告人的认定。

第五十六条 本程序自发布之日起试行。

二、理解与适用

黑社会性质组织犯罪涉案财物处置的若干问题

朱和庆*

涉案财物的处置，是刑事诉讼中公、检、法等机关的重要职责之一，既攸关当事人及案外利害关系人的合法权益和切身利益，也是刑事诉讼顺利进行的必然要求。涉案财物处置不当，不仅难以起到有效打击犯罪，剥夺犯罪分子再犯能力的积极作用，甚至有可能发生公权力侵吞公民合法财产的风险，偏离法治轨道，激化社会矛盾。黑社会性质组织犯罪涉案财物处置是当前刑事审判中最为棘手、争议最大的难题之一。黑社会性质犯罪形态的特殊性及涉案财物的复杂性，致使审判实践中对黑社会性质组织犯罪涉案财物处置仍面临各种困惑和难题。针对当前审判实践中黑社会性质组织犯罪涉案财物处置存在的突出问题，笔者提出几点完善建议。

一、划分组织成员正常消费与利用犯罪收益笼络组织成员间的界限

2009 年《最高人民法院、最高人民检察院、公安部办理黑社会性质组织犯罪案件座谈会纪要》（以下简称《纪要》）规定，“为组织成员及其家属提供工资、奖励、福利、生活费用”属于“用于违法犯罪活动或者维系犯罪组织的生存、发展”，该部分财产属于“涉黑财产”，应当予以追缴、没收。笔者认为，在具体个案中，不宜简单认为犯罪组织成员之间有集体消费行为，即属于黑社会性质组织利用犯罪所得经济利益笼络组织成员，支持犯罪组织活动。例如，实践中常见的黑社会性质组织实施具体犯罪后，组织成员之间会有一些消费行为，如吃喝玩乐、吃年夜饭等，区别的关键在于是否具有利用组织

* 作者单位：最高人民法院。

成员的兴趣爱好发展壮大犯罪组织的目的。如果犯罪组织利用其成员的爱好组织吃喝赌博等消费行为,以煽动成员实施犯罪活动,即可将集体消费行为认定为笼络组织成员,支持犯罪组织活动,否则,只能将其视为一般集体消费行为,不应视为支持犯罪组织活动。

二、区分公司、企业正常的经营活动与公司、企业支持犯罪组织活动

传统的黑社会性质组织大多内部结构较为严密,一般有三级或三级以上的垂直权力结构,且上级对下级拥有绝对的控制权,内部大多存在一些亚文化规范,并有较为严格的组织纪律。但目前的部分案例显示,黑社会性质组织出现了隐蔽性的趋势,有的还以合法公司、企业作为涉黑组织的幌子。组织者、领导者不是依靠所谓的成文或者不成文的帮规、组织纪律、活动规约或者依靠明显的暴力手段,而是通过向组织成员发放“工资”“过节费”,或者让一些骨干成员参与经营活动分得红利,以及利用公司企业经营管理活动中的层级关系来管理组织成员,控制组织成员为其效力。这一发展趋势决定了在以公司、企业为依托的黑社会性质犯罪案件中,公司、企业为员工发放工资、福利、“过节费”等行为可能具有双重属性,有的属于公司正常经营行为,有的则属于以发放工资、福利等形式掩盖用于维系犯罪组织生存、发展的实质。笔者认为,对本部分涉案财物应作具体分析,不宜一概认定为对犯罪组织的支持。只有员工为公司、企业利益利用职务行为组织实施违法犯罪活动,才可以将公司、企业为组织成员发放工资、福利等行为视为对犯罪组织的支持。如果员工不是为公司、企业利益,也没有利用职务行为,则不能将公司、企业为员工发放工资、福利等行为作为对犯罪组织的支持。

三、组织成员合法财产中用于支持黑社会组织生存、发展的财产部分

《纪要》规定,无论黑社会性质组织及其成员的财产是通过非法手段聚敛,还是通过合法的方式获取,只要将其中部分或全部用于违法犯罪活动或者维系犯罪组织的生存、发展,即属于“涉黑财产”,应依法予以追缴、没收。笔者认为,用合法经济利益支持犯罪组织活动虽有利于黑社会性质组织发展壮大,但不能将合法财产源头的所有资金或合法企业的所有经济利益都视为对犯罪组织活动的支持,认定为“涉黑财产”,否则,会导致“一黑俱黑”。

以合法经济利益支持违法犯罪活动,应以出资额为限来认定对犯罪组织的支持。行为人出资多少取决于出资状况,在没有充分证据证明行为人还将继续出资前,只能以现有证据足以证实的实际出资额来认定对犯罪组织的支持。若将行为人所有资产一并视为是对犯罪组织的支持,必将导致组织成员的合法财产难以得到有效保护,“涉黑财产”泛化的消极后果。当组织成员的部分合法财产用于支持犯罪组织活动时,应将该部分财产认定为“涉黑财产”,不能将没有用于支持犯罪组织活动的其他合法部分的财产认定为“涉黑财产”。

四、加大财产刑适用力度铲除黑社会性质犯罪组织的经济基础

黑社会性质组织的发展过程就是一个“以黑促商,以商养黑”的循环过程,他们一方面通过各种非法手段聚敛钱财并将这种财产用于支撑其违法犯罪活动,另一方面又倚仗其经济实力,腐蚀、拉拢政府官员,向具有潜在商业价值的领域渗透,并将非法收入转为合法收入,通过合法经营来维护自己的既得经济利益,获取更大的社会财富。为从根本上铲除黑社会性质组织再犯罪的经济基础,刑法修正案(八)增加规定了财产刑,即对组织、领导者“并处没收财产”,对积极参加者“可以并处罚金或者没收财产”,对其他参加者“可以并处罚金”。这就为铲除黑社会性质犯罪组织的经济基础提供了法律武器。笔者认为,加大财产刑适用力度时需注意两个问题。

一是关于组织者、领导者能否判处没收全部财产的问题。一种意见认为,组织者、领导者的法定刑为“七年以上有期徒刑,并处没收财产”,也就是说,其法定最高刑为十五年有期徒刑,而没收个人全部财产实践中一般只适用死刑(含死缓)、无期徒刑。在判处组织者、领导者有期徒刑的情况下,不适宜判处没收个人全部财产;另一种意见认为,可以并处没收个人全部财产。笔者赞同后一种意见。首先,没收财产既包括没收个人部分财产,也包括没收个人全部财产,刑法对组织者、领导者仅规定“并处没收财产”,换言之,并没有禁止没收个人全部财产情况下,判决没收全部财产符合法律规定;其次,所谓判处死刑(含死缓)、无期徒刑时没收全部财产,判处有期徒刑时没收部分财产,只是实践中较为普遍做法,并不是刑法明确规定。实践中亦有判处死刑(含死缓)、无期徒刑没收部分财产的做法;最后,判处没收全部财产有利于彻底摧毁黑社会性质组织的经济基础,防止黑社会性质组织死灰复燃。此外,从审判实践看,已有多个典型的黑社会性质组织犯罪案件,对组织者、领导者判处没收全部财产。

二是应注重财产刑的执行。审判实践中,法院判处组织成员财产刑,特别是并处罚金的,面临难以执行到位的尴尬。笔者认为,应将财产刑的执行情况与罪犯的主刑执行相结合,对于财产刑没有执行或执行不好的罪犯,在对其减刑、假释时应从严掌握。

五、探索完善案外利害关系人异议的处理程序

为充分保障涉案财物案外利害关系人的合法权益,刑事诉讼法及中共中央办公厅、国务院办公厅于2015年1月印发的《关于进一步规范刑事诉讼涉案财物处置工作的意见》(以下简称"两办"《意见》)均对案外利害关系人异议的处理程序作了规定。其中,"两办"《意见》明确规定:"善意第三人等案外人与涉案财物处理存在利害关系的,公安机关、国家安全机关、人民检察院应当告知其相关诉讼权利,人民法院应当通知其参加诉讼并听取其意见。被告人、自诉人、附带民事诉讼的原告和被告人对涉案财物处理决定不服的,可以就财物处理部分提出上诉,被害人或者其他利害关系人可以请求人民检察院抗诉。"实践中面临的突出问题是,若在刑事审判中一并处理案外利害关系人的异议,鉴于黑社会性质组织犯罪案件涉案财产数额大,种类多,往往会导致案件审理期限无限拖延,不利于提高审判效率,且案外利害关系人参与刑事诉讼的地位不明确,进入诉讼后的各项权利如何行使也缺乏相关规定。笔者认为,依据程序性参与原则及为保障程序公正和实体公正,应当将利害关系人作为当事人对待,享有当事人的各项诉讼权利。即公安、检察机关应当事先告知利害关系人相关诉讼权利,法院应当通知利害关系人参加诉讼。在庭审中,控辩双方和利害关系人可以围绕有争议的涉案财物处理问题举证、质证和辩论。被害人或者其他利害关系人对涉案财物处理决定不服的,依据"两办"《意见》的规定,被害人或者其他利害关系人可以请求人民检察院抗诉。从以审判为中心的诉讼制度改革视角看,此情形下，应当赋予被害人或者其他利害关系人就涉案财物处理部分提出上诉的权利。

六、裁判文书关于涉案财物处置部分的表述应明确、具体

关于涉案财物的处置，刑事诉讼法司法解释第三百六十五条规定："对查封、扣押、冻结的财物及其孳息，应当在判决书中写明名称、金额、数量、存放地点及其处理方式等。涉案财物较多，不宜在判决主文中详细列明的，可以附清单。涉案财物未随案移送的，应当在判决书中写明，并写明由查封、扣押、冻结机关负责处理。"这就意味着法院对随案移送的财物应当作出明确的处理决定，对于法庭查明涉案财物确属于利害关系人所有的，应在判决书主文写明将涉案财物发还利害关系人；对于涉案财物未随案移送的，则由查封、扣押、冻结机关负责处理，该规定变相弱化了刑事诉讼法第二百三十四条第三款"人民法院作出的判决，应当对查封、扣押、冻结的财物及其孳息作出处理"的硬性规定。

有学者指出，"这实际上暗示表明，公安机关可以不移送非作为证据使用的涉案财物，对这些财物，公安机关有权作实质性的处置，只需将执行回执送交人民法院。"笔者认为，该学者分析了两者之间的内在关系，但鉴于当前涉案财务处置问题的复杂性，最高人民法院作出了更便于司法操作的切实有效执行的上述规定；对于侦查机关扣押的部分涉案财产未在审判阶段移送法院，导致法庭对该部分财产的来源、权属、性质等难以查清的，法院不宜作出处理，更不宜在裁判文书主文概括表述为"对犯罪组织聚敛的财产及其收益，以及供其犯罪适用的本人财物，予以追缴和没收"，笔者认为，在判决书中应明确表述由查封、扣押、冻结机关负责处理。判决生效后，侦查机关要求法院对该部分财产予以处置的，法院不再受理。

《关于刑事裁判涉财产部分执行的若干规定》的理解与适用

刘贵祥　闫　燕*

2014年10月30日,最高人民法院公布了《关于刑事裁判涉财产部分执行的若干规定》(以下简称《规定》)。这部司法解释的实施,对于规范刑事裁判涉财产部分的执行,维护刑罚的严肃性和当事人合法权益,将发挥重要的作用。现结合起草制定《规定》的有关情况,就《规定》的出台背景、把握原则以及主要内容介绍如下。

一、关于《规定》的出台背景和把握原则

刑事裁判涉财产部分长期未能得到有效执行,主要原因在于法律无明确规定、规定过于原则、标准难以把握,准用民事执行的相关规定无法解决实践中的所有问题。法律规定的欠缺和相对薄弱,严重制约了人民法院执行工作的开展与实施,对于执行实践中存在的突出问题,迫切需要作出司法解释予以规范。在此背景形势下,最高人民法院执行局在深入调研的基础上起草了《规定》初稿。经过广泛征求意见,慎重研究,反复修改,最高人民法院审判委员会讨论通过了《规定》。

《规定》的起草着重把握以下原则:一是确保相关规定符合立法精神,并充分考虑与其他司法解释和规范性文件的相互衔接;二是弥补现有规定以及单纯适用民事执行规定的不足;三是遵循刑事裁判涉财产部分执行的规律特点,确保规定符合执行工作实际;四是仅就现已达成共识的问题予以规

* 作者单位:最高人民法院执行局。

定，而对于争议较大、把握不准的问题，留待将来再作进一步规范。

二、关于刑事裁判涉财产部分的执行事项

关于罚金、没收财产的执行，现行司法解释已经明确由人民法院执行机构负责执行。但刑法第六十四条规定的非刑罚类强制措施的执行，法律无明确规定，致使长期以来司法机关之间以及人民法院各部门之间执行主体不明，权限不清，该类判决结果无法得到实际落实。2011 年《最高人民法院关于执行权合理配置和科学运行的若干意见》第十八条规定："具有执行内容的财产刑和非刑罚制裁措施的执行由执行局负责。"在此原则性规定的基础上，《规定》进一步明确以下执行事项：

1. 关于赃款赃物的继续追缴。对于判决继续追缴的执行主体，由于法律无明确规定，长期存在争议。一种观点认为，追缴是侦查机关的职责，判决后应由侦查机关继续执行；侦查机关享有刑事侦查权，可以采取多种措施、手段，而人民法院执行机构对案件执行的措施、手段有限，难以承担继续追缴任务。另一种观点认为，司法机关均有继续追缴的责任和义务，在侦查机关已经侦查终结的情况下，承担继续追缴任务不具现实性，适宜由人民法院执行机构负责执行。此外，中共中央办公厅、国务院办公厅印发的《关于进一步规范刑事诉讼涉案财物处置工作的指导意见》规定，"未查控在案的违法所得，应由人民法院判决继续追缴或责令退赔，并由人民法院负责执行，人民检察院、公安机关等相关部门予以配合"。目前该指导意见正在征求意见，未最终确定。从维护判决严肃性的大局出发，同时兼顾追缴执行主体问题意见分歧较大，避免《规定》与该指导意见内容冲突，《规定》第一条第一款第五项规定了"其他应当由人民法院执行的相关事项"，个别具备继续追缴条件的案件，可以引用此项规定执行追缴。

2. 关于责令退赔。"退赔"，是指当犯罪分子因挥霍或者其他原因无法追回违法所得财物的情形下，要求其按照相应的折算价格进行退赔。因此，责令退赔中的赔偿与财产刑均是执行被执行人的个人财产，两者执行并无实质性区别，并且与民事赔偿的执行相类似，应当由执行机构负责执行。其中"退"的部分，应当以赃款赃物的追缴为前提，与处置赃款赃物重合，应适用《规定》第一条第一款第三项的规定。

3. 关于涉案财物的没收。对于随案移送的赃款赃物或者价值较大的供犯罪所用本人财物的没收，如走私船只、运输车辆等需要变现处置的，应当由执行机构负责执行。对于查控在案的违禁品或价值不大的作案工具，一般是由侦查机关直接销毁，其中作为证据使用而随案移送的，在案件审结后，亦由刑事审判部门移交有关部门销毁处理，无需移送执行，故未将违禁品的没收列入《规定》的执行事项中。

4. 刑事附带民事诉讼案件是在刑事诉讼程序中解决民事赔偿问题，本质上应归类于民事案件，适用民事执行的相关规定，民事诉讼法和相关民事执行规定已将其纳入其中，故《规定》未将其列入刑事裁判涉财产部分的执行范围。

三、关于刑事裁判涉财产部分适用委托执行的情形

《最高人民法院关于适用〈中华人民共和国刑事诉讼法〉的解释》（以下简称《刑诉法解释》）第四百四十二条规定，“被执行人或者被执行财产在外地的，可以委托当地人民法院执行”。但《最高人民法院关于财产刑执行问题的若干规定》第一条规定，“被执行的财产在异地的，第一审人民法院可以委托财产所在地的同级人民法院代为执行”。《最高人民法院关于委托执行若干问题的规定》也以财产所在地作为委托执行的条件，未包括被执行人在外地的情形。刑事案件被执行人在外地的，大多是指在外地服刑的情况，执行法院通过被执行人有助于了解其财产状况，但是通常情况下，被执行人被羁押之后，其财产已由家庭成员所控制，财产是否被转移或者隐匿，被执行人本人并不知晓，委托执行与被执行人的服刑地无必然联系。为协调不同司法解释的内容，《规定》明确，“第一审人民法院可以委托财产所在地的同级人民法院执行”。

四、关于刑事裁判涉财产部分的执行期限

2000 年《最高人民法院关于严格执行案件审理期限制度的若干规定》第五条规定，“刑事案件没收财产刑应当即时执行。刑事案件罚金刑，应当在判决、裁定发生法律效力后三个月内执行完毕，至迟不超过六个月”。2006

年《最高人民法院关于人民法院办理执行案件若干期限的规定》第一条规定，“被执行人有财产可供执行的案件，一般应当在立案之日起6个月内执结；非诉执行案件一般应当在立案之日起3个月内执结”。第十四条规定：“法律或司法解释对办理期限有明确规定的，按照法律或司法解释规定执行。”为解决以上规定存在的矛盾和冲突，考虑到刑事财产执行的复杂性，参照民事执行期限的规定，《规定》明确了6个月的合理期限。

五、关于审判中对于可能判处财产刑、责令退赔的被告人的财产进行查控与控制

为防止被告人财产的转移、隐匿，保障判决后的顺利执行，有必要设立执行的前置程序。

1. 刑事诉讼法第一百九十三条规定，“法庭审理过程中，对与定罪量刑有关的事实、证据都应当进行调查、辩论”。被告人的财产状况以及履行财产义务的态度，是财产刑量刑需要考量的因素之一，应当属于法庭审理、调查的范围。

2. 为确保判决后的顺利执行，民事诉讼法规定了财产保全制度。关于刑事案件审判中的财产保全问题，《刑诉法解释》第一百五十二条、第二百八十五条分别规定了刑事附带民事案件、单位犯罪案件的诉讼保全制度。《最高人民法院关于适用财产刑若干问题的规定》第九条规定：“人民法院认为依法应当判处被告人财产刑的，可以在案件审理过程中，决定扣押或者冻结被告人的财产。”但在审判实践中，该项规定未能有效落实。由此，《规定》对该项规定的内容予以重申，并明确将财产保全适用的范围扩大至“责令退赔”的案件。

3. 为防止财产查控违反比例原则，《规定》明确，查封、扣押或者冻结被告人的“相应”财产，即查控的财产与被告人应当或可能履行义务的价值基本相当。

六、关于不同司法机关对同一案件的查封、扣押、冻结的效力衔接问题

在侦查机关查封、扣押、冻结期限届满前，案件进入执行程序，此时人民法院能否直接处置侦查机关查封的财产、是否需要侦查机关出具解除查封的手续，一直存在疑问和障碍。实践中，金融机构或者房地产管理部门等协助执行单位，往往将公、检、法不同司法机关对同一刑事案件涉案财产的查封、续行查封，视为轮候查封或者重新查封，从而影响原查封顺位的效力。在侦查机关查封、其他案件执行法院轮候查封的情况下，如果将刑事案件执行法院的续行查封视为新的查封，将导致该查封被轮候在其他法院的查封之后，影响刑事案件的执行。对于人民法院直接处置侦查机关查封的财产，有关单位不予协助执行，而是要求侦查机关出具相关手续。执行中，案外人对侦查机关的查封、扣押、冻结提出异议，应由哪个司法机关进行审查亦无明确规定。为解决以上问题，《规定》明确了不同司法机关对同一案件的查封、扣押、冻结，续行查封、扣押、冻结的效力前后衔接。由此，人民法院执行中可以直接裁定处置侦查机关查封的财产，无需侦查机关出具解除手续；人民法院续行查封、扣押、冻结的顺位与侦查机关查封、扣押、冻结的顺位相同；执行中案外人对侦查机关的查封、扣押、冻结提出异议的，应当由执行机构审查处理。

七、关于刑事裁判涉财产部分法律文书的规范制作

判决是执行的基础，作为刑罚执行依据的裁判文书，判项内容必须明确、具体，满足可执行性的要求。审判实践中存在执行依据不规范的种种情况，如判决没收部分财产的判项过于笼统、简略，未列明应当没收的特定财产或者金额；查扣物品未在判项中具体列明；判处违法所得继续追缴而无具体的财产范围；判处罚金未明确一次缴纳还是分期缴纳以及最后的缴纳期限等，使案件进入执行程序后难以执行，也容易导致执行的随意性，进而引发相关权利人的异议。鉴于此，《规定》对刑事裁判文书的制作提出了具体的规范要求。

八、关于刑事裁判涉财产部分案件的移送立案与立案审查

刑事裁判涉财产部分案件如何启动执行程序，现有司法解释的规定过于原则，有必要建立人民法院移送立案与立案审查的规范机制。

1. 关于执行的启动方式，实务中存在争议：一种观点认为，有被害人的刑事案件，应当采取当事人主义，依当事人的申请启动执行程序；无被害人的刑事案件为国家债权，人民法院应当依职权移送执行。另一种观点认为，列入《规定》执行范围的案件，人民法院应当一律移送执行。我们认为，刑事案件为司法机关代表国家行使侦查、起诉、审判和执行的法定职权，法律未赋予被害人申请执行的权利，执行的启动不以当事人的申请为必要条件，人民法院应当依职权移送立案执行。

2. 关于移送的期限，下级法院普遍建议规定 30 日或更长的移送期限。根据刑事诉讼法第二百五十三条的规定，罪犯被交付执行刑罚的期限应当在判决生效后 10 日以内。该期限的规定，既包括主刑人身自由刑的交付执行，也包括附加刑财产刑的移送执行。第一审人民法院刑事审判部门应当在本院作出的刑事判决生效或者收到上级人民法院生效的刑事裁判后 10 日内将执行事项移送立案部门审查立案。

3. 关于罚金刑的移送执行期限，刑法第五十三条规定，“罚金在判决指定的期限内一次或者分期缴纳。期满不缴纳的，强制缴纳”。《最高人民法院关于适用财产刑若干问题的规定》第五条规定，“‘判决指定的期限’应为从判决发生法律效力第二日起最长不超过三个月”。故如果刑事裁判指定的履行期限尚未到期，刑事审判部门应当在指定的履行期限届满后将案件移送执行，还是在判决生效后先移送执行，由执行机构在履行期限届满后再予执行，研究中有不同观点。我们认为，刑事裁判生效后，通常判决指定罚金的履行期限并未届满，此时强制执行的条件尚未成就，对被执行人强制缴纳无执行依据，刑事审判部门应当在刑事裁判指定的履行期限届满后移送执行。

4. 对于移送执行的案件，规定了移送立案所附材料及《移送执行表》的内容要求，要求刑事审判部门将移送执行的主要内容予以列明，尽可能提供被执行人更多的相关信息，便于执行机构高效执行。

5. 关于立案期限的规定，参照《最高人民法院关于人民法院执行工作若干问题的规定（试行）》第十八条第二款民事案件执行立案期限“七日”的规定，无论移送执行，还是申请执行，均应适用同一立案期限，亦规定为“七日”。

九、关于执行法院要求刑罚执行机关及社区矫正机构协助执行的事项

1. 修改后的民事诉讼法第二百四十二条的规定，已将有义务协助执行的单位从原来的“银行、信用合作社和其他有储蓄业务的单位”，扩大到不特定的“有关单位”。作为刑罚执行机关的监狱、社区矫正机构，负有对被执行人实时监管的职责，掌握被执行人服刑期间个人消费等情况，对于协助人民法院执行有着不可推卸的责任，属于应当协助人民法院执行的“有关单位”。

2. 人民法院执行机构可以要求监狱、社区矫正机构调查被执行人的财产状况，视执行需要，也可以要求协助采取查封、扣押、冻结、划拨等执行措施，促使被执行人在有执行能力的情况下及时履行财产义务。

3. 被执行人在服刑期间能够主动履行财产义务的，应视为认罪悔罪表现，予以鼓励，人民法院执行机构可以向刑罚执行机关发函说明有关情况，建议在报请减刑、假释时从宽掌握。

十、关于执行没收财产应遵循的基本原则

执行没收财产，应当遵循以下原则：

1. 没收财产，应当执行被执行人个人合法所有的财产，不得没收属于被执行人家属所有或者应有的财产。被执行人在共有财产中的应有份额，应当依据有关民事法律的规定确定。

2. 没收财产，应当执行刑事裁判生效时被执行人已有的财产，对被执行人的现有财产实行一次性没收，不得将被执行人服刑期间或是刑满释放后所取得的财产予以没收，否则不利于被执行人刑满释放后复归社会，重新生活。

3. 关于合法财产的判断，只要刑事裁判没有认定为违法所得的财产，原则上都应当推定为合法财产。执行机构应当严格依照生效刑事裁判所认定的事实和判项内容予以执行。

4. 在被执行人已经死亡的情况下，没收财产是否应当继续执行，实践中存在困惑。我们认为，财产刑一经确定，国家与被执行人之间就形成了一种惩罚与被惩罚的关系，同时也形成了债权债务关系，不能因为被执行人的死亡而使其逃脱刑事裁判确认的财产刑。《刑诉法解释》第四百四十四条规定,“被执行人死亡或者被执行死刑,且无财产可供执行的,”应当裁定终结执行。因此,判处没收财产的刑事裁判生效后被执行人死亡的,在被执行人有财产可供执行的情况下,应当继续执行。

5. 刑法第五十九条规定,“没收全部财产的,应当对犯罪分子个人及其扶养的家属保留必需的生活费用”,这是我国刑罚人道主义的体现。为贯彻“生道执行”的司法理念,《规定》明确,单处罚金的执行亦应对被执行人及其扶养的家属保留必需的生活费用。

6. 如何确定“必需的生活费用”标准,实践中是个难题。参照《最高人民法院关于人民法院民事执行中查封、扣押、冻结财产的规定》第七条关于“保障被执行人及其所扶养家属最低生活标准所必需的居住房屋和普通生活必需品”的规定,认为应当参照“当地居民最低生活费标准”掌握。同时进一步明确,“应当参照被扶养人住所地政府公布的上年度当地居民最低生活费标准”掌握,以便于适用。讨论中还涉及保留必需的生活费用的年限以及是否保留被执行人生活必需品等问题,因情况较为复杂,具体适用的标准难以统一,故未进一步细化规定,可由执行机构视具体案情灵活掌握,待总结经验后再作规范。

十一、关于执行程序中赃款赃物转化形态后的追缴原则

刑法第六十四条对于违法所得的追缴和发还被害人仅作了原则性规定,执行中标准难以把握,《规定》进一步明确了以下内容:

一是根据刑法第六十四条的规定,对赃款赃物及其收益,人民法院应当一并追缴。此为刑事追缴的基本原则。其中,“收益”包括赃款赃物的自然孳息、法定孳息以及将赃款赃物置业、投资所获取的租金、股金分红等物质利益。

二是被执行人将赃款赃物单独投资或者置业,在赃款赃物已经转化形态的情况下,不能仅将投资或置业的赃款赃物本金追缴,应当对因此形成的财产及其收益予以追缴。

三是被执行人将赃款赃物与本人其他合法财产共同投资或者置业,不能仅将投资或置业的赃款赃物本金追缴,也不能对所投资或置业形成的资产直接追缴,应当对因此形成的财产中与赃款赃物所对应的份额及其收益予以缴追。

四是对于赃款赃物的收益部分,适当发还被害人具有一定合理性。由于刑事财产执行适用民事执行的迟延履行责任无法律依据,同时,刑法第六十四条规定的退赔,是在违法所得的财物无法追回的情况下,责令犯罪人对被害人原有财物的等价赔偿,而不包括其他损失的赔偿,执行中应当按照审判中的标准予以处理,即依据刑事裁判认定的被害人实际损失予以返还或赔偿。赃款赃物产生的收益则上缴国库。

十二、关于执行刑事追赃中对民事善意取得制度的适用

如何掌握刑事追赃与保护善意第三人利益之间的平衡,一直是执行中的难点问题。

1. 执行刑事追赃中适用善意取得制度。赃款系种类物,赃款的追缴适用善意取得制度,凡被犯罪人非法处分的赃款,善意第三人都能取得所有权,司法机关不得追缴。赃物系特定物,赃物的追缴能否适用善意取得制度,理论界和实务中尚有不同认识。《规定》明确赃物的追缴适用善意取得制度,是基于以下方面的考虑:(1)作为赃物原所有人的被害人与善意第三人为平等的民事主体,应当平等保护,在赃物已被善意第三人合法占有的情况下将赃物追回,对善意第三人显失公平;(2)从物权法规定看,善意取得问题集中规定在第九章“所有权取得的特别规定”中,该章第一百零六条首先对善意取得制度作出了一般性规定,之后分别在第一百零七条、第一百一十四条对遗失物和漂流物、埋藏物、隐藏物的善意取得问题作出了特别规定,并未就犯罪所得财物的善意取得问题作出特别规定或者除外规定;(3)2011年《最高人民法院、最高人民检察院关于办理诈骗刑事案件具体应用法律若干问题的解释》第十条的规定已将物权法善意取得的一般规定引入诈骗犯罪赃款赃物追缴程序中,鉴于此,其他犯罪赃款赃物的追缴亦应适用善意取得制度;(4)执行实践中,在赃物已被转让、多次转让或者设置权利负担的情况下,采取“一追到底”的追缴原则不具现实性;(5)规定“第三人善意取得涉案财物的,执行程序中不予追缴”有利于维护既定的社会关系,促进社会稳定。

2. 物权法第一百零七条明确了关于遗失物的善意取得的特殊规定，赋予作为原权利人的遗失人一定期限内的回赎权。该特殊权利是否适用于刑事案件赃物的原权利人，尚存争议。鉴于该问题在理论和实践中都存在较大分歧，在赃物几经转手的情况下又涉及诸多实体问题的判断，基于审执分离的基本原理，不宜在执行中直接解决。鉴于此，《规定》明确，第三人善意取得涉案财物的，执行程序中不予追缴。如果作为原所有人的被害人对该涉案财物主张权利的，可通过诉讼程序予以解决。

十三、关于刑事财产变现处置的特殊方式

针对刑事案件财产变现处置难度大的特点，《规定》作出了不同于民事执行的特殊规定：一是原则上遵循《最高人民法院关于人民法院民事执行中拍卖、变卖财产的规定》进行评估、拍卖；二是在拍卖未能成交的情况下，因执行财物的变价款直接涉及债权人的利益，应当充分尊重权利人的意愿，由权利人自行决定是否以最后一次拍卖保留价接收执行财物；三是在权利人不同意接收的情况下，为尽快变现，发挥物的效用，同时避免增加财物的保管成本，可不拘于民事执行拍卖程序的一般规定，实行无底价拍卖，直至最终拍卖成交为止；四是在评估、拍卖中所产生的执行费用，应当从变价款中扣除，同时，为避免给国家或者当事人造成无谓的经济损失，执行中应当避免无益拍卖。

关于《规定》中的“有关财政机关”，鉴于中共中央办公厅、国务院办公厅印发的《关于进一步规范刑事诉讼涉案财物处置工作的指导意见》对于各级司法机关追缴的违法所得、执行的财产上缴哪一级的国库，将要作出统一的规定，目前该指导意见正在征求意见，尚未最终确定，为避免《规定》与该指导意见内容冲突，对“有关财政机关”暂不具体明确。

十四、关于被执行人同时承担多项清偿义务时的执行顺位

1. 刑法、刑事诉讼法及相关司法解释均已明确规定，民事赔偿、民事债务的执行优先于财产刑的执行。相关规定体现了在民事责任、刑事责任出现竞合时，民事责任优先的原则。对于民事债务、民事赔偿或刑事赔偿，实践中也需要进一步确定其顺位。

一是人身损害赔偿中的医疗费用。该费用是用于被害人抢救、治疗而支出的费用，相对于精神损害赔偿以及惩罚性赔偿所占比例为极少部分，为体现对被害人生命权、健康权的特别保护，按照权利实现的紧急程度和必要程度，应当优先支付。

二是抵押权优先问题。债权人对执行标的享有抵押权的，对其抵押权应优先予以保护，但是，其优先受偿权不得优先于医疗费用的支付。

三是刑事退赔。由于刑事案件的被害人对于遭受犯罪侵害的事实无法预测和避免，被害人对被非法占有、处置的财产主张权利只能通过追缴或者退赔予以解决，在赃款赃物追缴不能的情况下，被执行人在赃款赃物等值范围内予以赔偿，该赔偿优先于其他民事债务具有合理性。

四是刑事附带民事诉讼案件与其他民事案件并无实质性区别，应为同一执行顺位。

2. 关于罚金与没收部分财产的执行顺位，根据刑法第六十九条的规定，附加刑种类不同的，应当分别执行。依据有关司法解释的规定，罚金和没收全部财产的合并执行，只执行没收全部财产刑。对于判处罚金和没收部分财产的情况，如果先执行没收部分财产，后执行罚金，将会导致轻罪刑罚的执行反而更重，重罪重罚难以体现。从量刑与执行的平衡考虑，在被执行人有限的财产范围内，先执行罚金刑，后执行没收部分财产刑更能体现公平原则，如果现有财产能够满足罚金刑的执行，也避免了在被执行人刑满释放后对其罚金的随时追缴。

3. 对于人身损害赔偿和其他民事债务，权利人要求从执行财产中受偿的，参照民事执行参与分配的有关规定，应当要求取得生效裁判作为执行依据。实践中民事债务经常由被执行人的亲属提出主张，执行机构对债务的真实合法性难以判断，由执行机构作出判断也与其职责不符。故未经生效法律文书确认的债权主张，执行机构不予支持。参照民事执行的有关规定，权利人主张抵押权优先的可以除外。

十五、关于刑事裁判涉财产部分执行中对案外人异议的特殊审查程序

实践中，对当事人和利害关系人提出的执行异议，适用民事诉讼法第二百二十五条的规定通过异议、复议程序审查处理并无争议。但对刑事案件案外人异议如何审查处理，一直是执行中的难点、重点问题。实践中做法不一，有的执行法院参照民事诉讼法第二百二十五条规定通过异议、复议程序审查处理；有的执行法院直接依照执行监督程序审查处理；许多执行法院以没有法定的救济途径为由对案外人异议不予审查处理。

在民事执行中，如果案外人对执行标的提出异议的，应当适用民事诉讼法第二百二十七条的规定，先由执行机构审查并作出裁定，申请执行人或案外人对裁定不服的，可以向执行法院提起债权人异议之诉或者案外人异议之诉。因此，异议之诉必须有申请执行人作为原告或者被告参加诉讼。由于大多刑事财产执行案件无申请执行人，如果进入异议之诉，也缺乏相应的诉讼当事人。虽然在理论上可由检察机关或财政部门代表国家作为申请执行人，但在目前尚无明确立法规定的情况下，最高人民法院的司法解释难以作出相应规定。而对该问题适用民事诉讼法第二百二十五条的规定，不需要区分有无被害人，可一律通过异议、复议程序审查处理，程序简便、统一。鉴于此，《规定》对刑事裁判涉财产部分执行案件中的案外人异议，设计了不同于民事执行案件的处理程序，是在现行法律框架之下相对较为合理的选择。

为确保程序公正，为各方当事人提供充分的程序保障，《规定》要求，人民法院审查案外人异议、复议，应当公开听证。

十六、关于当事人、案外人就赃款赃物认定问题提出异议的审查处理程序

对于生效刑事裁判内容的审查，参照民事诉讼法第二百二十七条规定的对原生效裁判所确定的执行标的提出异议的处理程序，人民法院执行机构应当告知异议申请人通过审判监督程序解决。但是，在异议仅涉及某项涉案财物的处置是否妥当的情况下，一概启动再审程序，则过于耗费司法资源。执行机构经初步审查，根据不同情况可以采取以下处理方式：(1)异议不成立的，裁定驳回申请，案件继续执行。(2)可以通过裁定补正的，将异议材料移送刑事审判部门处理。刑事审判部门视案件情况采取裁定驳回、裁定补正或提请院长决定启动审判监督程序予以处理。(3)无法通过裁定补正的,应当告知异议人通过审判监督程序处理。

被害人或案外人异议,涉及执行财产的权属争议,存在刑事裁判认定事实错误的可能性,参照民事执行案外人异议审查的相关规定,在异议审查期间,执行机构应暂缓对涉案财产的处置。

《关于办理刑事案件严格排除非法证据若干问题的规定》的理解与适用

戴长林　刘静坤　朱晶晶*

党的十八届三中全会明确提出，严禁刑讯逼供、体罚虐待，严格实行非法证据排除规则；四中全会进一步要求，健全落实非法证据排除等法律原则的法律制度，加强对刑讯逼供和非法取证的源头预防。这是党中央在全面推进依法治国、加快建设社会主义法治国家背景下作出的重大司法改革部署。这项改革事关依法惩罚犯罪、切实保障人权，是保证司法公正、提高司法公信力的重要举措，对证据制度乃至刑事诉讼制度改革具有深远影响。2017 年 4 月 18 日，中央全面深化改革领导小组第 34 次会议审议通过《关于办理刑事案件严格排除非法证据若干问题的规定》（以下简称《严格排除非法证据规定》），最高人民法院、最高人民检察院、公安部、国家安全部、司法部共同会签并正式下发执行。为便于司法实践中正确理解和把握，现就《严格排除非法证据规定》的制定背景、重要意义、基本原则和主要内容逐一作出说明。

一、制定背景

习近平总书记指出："司法是维护社会公平正义的最后一道防线。如果司法这道防线缺乏公信力，社会公正就会受到普遍质疑，社会和谐稳定就难以保障。"有鉴于此，近年来中央持续深入推进司法改革，始终紧扣影响司法公正的关键环节，努力建立公正高效权威的社会主义司法制度。严格实行

---

* 作者单位：最高人民法院。

非法证据排除规则，是其中一项非常重要的举措。《严格排除非法证据规定》的制定，主要是基于以下考虑：

一是严格防范刑事冤假错案的需要。证据是认定案件事实的基础，是保证办案质量的关键。近年来发现并纠正的呼格吉勒图等冤假错案，都是在证据和事实认定方面出现错误，都与刑讯逼供、非法取证紧密相关。《严格排除非法证据规定》结合司法实践，特别是重大冤错案件反映的突出问题，明确非法证据的认定标准，完善非法证据的排除程序，对侦查、审查逮捕和审查起诉、辩护、审判等工作分别提出更高的标准、更严的要求，有助于办案机关以及办案人员进一步树立规则意识、证据意识、程序意识，避免因错误采信虚假供述等证据导致事实认定错误，有效防范冤假错案的发生。

二是健全非法证据排除规则的需要。根据中央司法改革部署，2010 年“两高三部”联合出台《关于办理刑事案件排除非法证据若干问题的规定》（以下简称《非法证据排除规定》），标志着我国正式确立非法证据排除规则。2012 年刑事诉讼法修改，吸纳了《非法证据排除规定》的主要内容，在立法层面上确立非法证据排除规则。应当说，非法证据排除规则的确立，对遏制刑讯逼供和非法取证发挥了积极作用，但由于法律规定较为原则，政法各部门对相关的规定的理解和认识有较大分歧，司法实践中仍然存在非法证据启动难、证明难、认定难、排除难等问题，严重影响法律实施效果。《严格排除非法证据规定》紧扣司法实际，注重规定内容的针对性、有效性、可操作性，既便于司法实践操作，又将相关规定上升到工作机制层面，确保政法各部门在司法实践中一体遵循、严格执行。

三是推进刑事司法理念创新和制度创新的需要。新时期新阶段司法改革的过程，本质上是司法理念和司法制度的创新过程。《严格排除非法证据规定》以维护司法公正为着眼点，全面深入推进司法理念创新和制度创新，既着眼于落实已有法律规定，又积极促成政法各部门对法律适用方面的争议问题达成共识；既着眼于强化巩固科学的司法理念，又立足于建立健全符合司法规律的法律制度。《严格排除非法证据规定》在摒弃传统的“重打击、轻保护”“重实体、轻程序”“重口供、轻证据”等思想观念基础上，以科学的司法理念为引领，建立健全事实认定符合客观真相、办案结果符合实体公正、办案过程符合程序公正的法律制度，为办理刑事案件提供更加明确规范的根据指引。

二、重要意义

十八届三中全会、四中全会决定从加强人权司法保障、保证公正司法的高度，要求严格实行非法证据排除规则，健全落实非法证据排除的法律制度，这表明中央对非法证据排除规则的定位更加科学、合理，凸显出非法证据排除规则的重要价值。政法各部门要充分认识到非法证据排除规则的重要意义，在司法实践中切实予以贯彻落实，确保改革取得预期效果。

一是对维护司法公正具有重大推进作用。公正是法治的生命线。司法公正对社会公正具有重要引领作用，司法不公对社会公正具有致命破坏作用。证据制度不发达，证据的收集、审查、运用缺乏必要的规则指引，刑讯逼供等非法取证情形缺乏相应的程序性后果，势必导致冤假错案风险增加，司法公正难以得到制度保障。严格实行非法证据排除规则，依法排除非法证据，避免将非法证据作为定案的根据，能够有效防止刑讯逼供等非法取证情形的发生，切实维护刑事案件的实体公正。

二是对加强人权司法保障具有重大推进作用。2004 年，我国将“国家尊重和保障人权”明确写入宪法，这对刑事诉讼制度具有重大而深远的影响。随着社会经济文化的发展，人权保障和正当程序等现代法治理念逐步深入人心，刑事诉讼不能再将查明事实真相作为唯一目的，而是要综合考量诉讼程序自身的正当性、公民权利的法律保障等内容，在更高层次上实现惩治犯罪与保障人权相统一。严格实行非法证据排除规则，既有助于规范办案人员的取证行为，促使侦查机关转变办案方式，提高执法办案法治化、文明化、规范化水平，也有助于维护公民的基本权利，保障无罪的人不受刑事追究。

三是对以审判为中心的刑事诉讼制度改革具有重大推进作用。十八届四中全会提出，推进以审判为中心的诉讼制度改革，确保侦查、审查起诉的案件事实证据经得起法律的检验，保证庭审在查明事实、认定证据、保护诉权、公正裁判中发挥决定性作用。严格实行非法证据排除规则，可以促进控、辩、审三方职能优化，对解决庭审虚化等问题具有积极作用，是推进以审判为中心的刑事诉讼制度改革特别是推荐庭审实质化的关键切入点。具言之，非法证据排除规则有助于进一步彰显程序性裁判的重要性，促使被告方更加重视程序性辩护；有助于进一步规范控诉职能，促使控诉方强化对证据合法性的审查和证明；有助于督促控辩双方在庭审中对证据合法性问题展开充分辩论，使庭审真正发挥查明事实、认定证据、保护诉权、公正裁判的决定性作用。

三、基本原则

《严格排除非法证据规定》既是落实中央改革精神和要求的重要措施，也是当前和今后较长一段时期指导刑事证据制度改革和刑事审判实践的关键性文件。为强化《严格排除非法证据规定》的指导性和可操作性，在制定过程中主要遵循以下原则：

一是坚持问题导向。《严格排除非法证据规定》实施以来，在提高办案质量、统一执法理念、规范司法行为、确保司法公正等方面取得了一定成效。但实践中还存在一些问题，主要是：对何种取证方式属于非法取证标准不一；对非法取证基础上形成的重复性供述是否排除规定不明；法庭审理时对取证合法性存在争议的证据一律先行当庭调查，造成部分案件庭审过分迟延；公诉机关对取证合法性的证明方式相对单一，证明力不强，等等。《严格排除非法证据规定》针对司法实践中包括冤假错案纠正反映出来的突出问题，从是提醒规则和程序性规则两方面入手加以完善，为进一步严格实行非法证据排除规则提供更加明确的遵循依据。

二是区分不同情形作出规定。《严格排除非法证据规定》既立足中国国情和司法实际，又坚持有所发展有所进步，区分不同情形作出具体规定，体现改革的科学性和合理性。《严格排除非法证据规定》针对言词证据和实物证据的不同特征为非法取证立标准，明确对非法言词证据实行绝对排除原则，对非法实物证据实行裁量排除；以源头治理为重点，进一步明确侦查机关、检察机关和人民法院在各自诉讼阶段对非法取证的审查方式和职责。

三是以法律为依据注重制度衔接。《严格排除非法证据规定》在总结实践经验和调研成果的基础上，以刑事诉讼法的相关规定为依据，与相关司法解释、《非法证据排除规定》、《关于推进以审判为中心的刑事诉讼制度改革的意见》（以下简称中央《改革意见》）以及侦查机关、检察机关的相关制度规定，在内容和制度设计上保持有效衔接。

四是注重循序渐进抓关键问题。非法证据排除制度改革，涉及刑事诉讼各个阶段和侦查、起诉、审判、辩护等各项诉讼职能，有些改革举措还触及深层次的司法体制机制问题。经过政法各部门认真研究，对严格排除非法证据涉及的一系列重要问题，在制度设计上形成共识，并且通过改革深入推进不断加以完善。

四、主要内容

《严格排除非法证据规定》分五个部分，共计 42 条，包括一般规定、侦查、审查逮捕和审查起诉、辩护和审判等内容，以预防和排除非法证据为着眼点，细化非法证据的范围和认定标准，明确刑事诉讼各个阶段排除非法证据的职责和操作程序，基本涵盖非法证据排除制度中亟待改革完善的突出问题。具体如下：

（一）一般规定

对被告人供述合法性的认定是目前非法证据排除规则的核心问题。

2012 年刑事诉讼法将采用刑讯逼供等非法方法收集的供述界定为应当排除的非法证据，但如何界定“刑讯逼供”，如何理解“等非法方法”的范围，采用威胁、引诱、欺骗等非法方法收集的供述是否应当排除等，在规范层面尚不明确，实践中也存在不同认识。《严格排除非法证据规定》第一部分“一般规定”立足刑事诉讼法的原则和规定，结合改革要求和司法实践需要，对上述问题作出了具体规定。

1. 严禁非法取证，坚持证据裁判原则。为加强对刑讯逼供、非法取证的源头预防，《严格排除非法证据规定》第 1 条重申刑事诉讼法规定，明确了侦查机关取证行为的法律边界：

“严禁刑讯逼供和以威胁、引诱、欺骗以及其他非法方法收集证据，不得强迫任何人证实自己有罪。”严禁非法取证，关键在于完善侦查讯问制度。

中央《改革意见》第5条规定："严格按照有关规定要求，在规范的讯问场所讯问犯罪嫌疑人。严格依照法律规定对对讯问过程全程同步录音录像，逐步实行对所有案件的讯问过程全程同步录音录像。"侦查人员要自觉遵守"两个严格"的取证程序，严禁刑讯逼供、体罚虐待，切实落实不得强迫任何人证实自己有罪的法律要求。

2. 明确刑讯逼供的范围并作出列举式规定。

从条文内容看，2010年《非法证据排除规定》和刑事诉讼法均未明确刑讯逼供的具体内涵。《人民检察院刑事诉讼规则（试行）》（以下简称《检察院规则》）第65条对刑讯逼供作出如下界定："刑讯逼供是指使用肉刑或者变相使用肉刑，使犯罪嫌疑人在肉体或者精神上遭受剧烈疼痛或者痛苦以逼取供述的行为。"

《严格排除非法证据规定》第2条进一步规定："采取殴打、违法使用戒具等暴力方法或者变相肉刑的恶劣手段，使犯罪嫌疑人、被告人遭受难以忍受的痛苦而违背意愿作出的供述，应当予以排除。"

正确理解本条规定，主要有以下要求：

一要准确认定变相肉刑的范围。

在起草《严格排除非法证据规定》过程中，围绕是否对变相肉刑的方法作出列举式规定，存在不同的意见。一种意见认为，为加强人权司法保障，解决实践中变相肉刑认定难的问题，应当通过列举诸如冻、饿、晒、烤、疲劳讯问等手段对变相肉刑作出规定。另一种意见认为，不宜对变相肉刑作出列举式规定，理由是：

冻、饿、晒、烤、疲劳讯问等手段与变相肉刑不能划等号，判断是否属于刑讯逼供应当考虑诸多因素，而且冻、饿、晒、烤、疲劳讯问的程度在实践中难以量化，无法操作。《严格排除非法证据规定》最终采纳了第二种意见。但这样规定，并不意味着采用冻、饿、晒、烤或疲劳讯问等方法收集的证据具有合法性，而是为人民法院认定非法证据留下了合理的裁量空间。对于司法实践中侦查人员故意冻、饿、晒、烤或疲劳讯问等情形，人民法院可根据具体情节、是否对被告人在肉体上造成难以忍受的痛苦，或者对被告人身体造成的损伤和严重后果等因素判断是否构成非法证据。

二要准确把握对刑讯逼供等非法方法的程度要求。

《严格排除非法证据规定》明确了对刑讯逼供等非法方法的程度要求，并非采用殴打、违法使用戒具等方法收集的供述都要予以排除，只有使犯罪嫌疑人、被告人遭受难以忍受的痛苦而违背意愿作出的供述，也就是非法方法与取得供述存在因果关系的情形，才予以排除。实践中，要根据案件情况和在案证据正确区分非法取证与不文明司法的行为，避免将所有采用此类方法收集的证据一律作为非法证据予以排除，实现惩罚犯罪与保障人权的有机统一。

3. 明确规定采用威胁方法取得的供述应当予以排除。

2012 年刑事诉讼法明确规定，严禁刑讯逼供和以威胁、引诱、欺骗以及其他非法的方法收集证据，但与此同时，关于非法供述证据的界定沿用了《非法证据排除规定》的表述，即“采用刑讯逼供等非法方法收集的犯罪嫌疑人、被告人供述，应当予以排除”，并未提及“威胁、引诱、欺骗”方法。这导致实践中对采用威胁、引诱、欺骗方法取得的证据是否应当排除存在较大的争议。

一种意见认为，刑事诉讼法采用的是“宽禁止、严排除”的立法模式，虽然原则上禁止采用“威胁、引诱、欺骗”的非法方法，但并未将采用此类非法方法取得的证据明确纳入排除规则的范畴。

另一种意见认为，在法律已有明确禁止性规定的前提下，依法排除采用威胁、引诱、欺骗方法取得的证据，既有规范依据，也有利于保障人权，并不存在法律上的障碍。

《严格排除非法证据规定》第 3 条规定：“采用以暴力或者严重损害本人及其近亲属合法权益等进行威胁的方法，使犯罪嫌疑人、被告人遭受难以忍受的痛苦而违背意愿作出的供述，应当予以排除”从规范层面上明确了采用威胁方法取得的供述应当予以排除。正确理解本条规定，主要有以下要求：

一要准确把握威胁的认定标准。

尽管与刑讯逼供相比，威胁没有直接对人的身体实施暴力行为，但因涉及对自由意志权这一基本人权的侵犯,故在侵犯人权的程度上接近刑讯逼供,两者均属强迫方法。如果威胁达到了使犯罪嫌疑人、被告人遭受难以忍受的精神痛苦而违背意愿作出供述的程度,就应当对采用此类威胁方法取得供述实行强制排除。

侦查实践中为了通过讯问获取供述,侦查人员在选择讯问方法时,往往会试图给犯罪嫌疑人施加一定的心理压力,从这个角度讲,威胁与合法侦查策略之间存在一定的交叉。为了有效划分二者之间的法律界限,有必要区分一般意义上的威胁和排除规则意义上的威胁。在日常生活中,只要以不利的后果作为要挟,都属于威胁。但排除规则意义上的威胁,与供述的自愿性紧密相关,主要是指对犯罪嫌疑人采用威逼胁迫的手段迫使其违背意愿作出供述。对于讯问过程中一般性的威吓、呵斥,由于程度轻微,不足以迫使犯罪嫌疑人违背意愿供述,虽然属于不规范的讯问,但并不构成排除规则意义上的威胁。《严格排除非法证据规定》立足司法实际,对威胁方法作出了具体限定,即以暴力或者严重损害本人及其近亲属合法权益等进行威胁。司法实践中,常见的威胁方式有恐吓犯罪嫌疑人将对其使用暴力,揭露个人隐私,对其近亲属采取强制措施,对其配偶、子女追究相应责任,等等。

二要准确把握以引诱、欺骗等方法收集供述的合法性。

从刑事诉讼法规定看,威胁、引诱、欺骗是与刑讯逼供并列的非法方法,并且威胁、引诱、欺骗三种非法方法之间也是并列关系。实际上,刑讯逼供、威胁、引诱、欺骗四种方法之间在违法和侵权的程度上是存在一定差异的。刑讯逼供方法直接侵犯犯罪嫌疑人的人身权和意志自由权,对基本人权的侵犯程度最高;威胁方法虽未直接侵犯犯罪嫌疑人的身体,但对犯罪嫌疑人的精神实施强迫,侵犯了意志自由权,侵权程度仅次于刑讯逼供;引诱、欺骗方法并未对犯罪嫌疑人的身体或者精神实施强迫,未直接侵犯人身权和意志自由权,但可能会影响司法公正。

对于采用引诱、欺骗方法取得的供述是否应当作为非法证据予以排除,在起草《严格排除非法证据规定》过程中,也存在不同意见。一种意见认为,不应当排除采用引诱、欺骗方法取得的供述。主要理由是:法律并未将采用引诱、欺骗方法取得的供述纳入应当排除的非法证据范围，而且引诱、欺骗与讯问技巧难以截然区分，对引诱、欺骗取得的供述是否应当排除，关键看是否系虚假供述。

另一种意见认为，应当对采用引诱、欺骗方法收集的供述予以排除。主要理由是：

第一，既然刑事诉讼法严禁引诱、欺骗，采用此类方法收集的供述就应当排除，否则，这种缺乏制裁后果的规定在实践中难以落实，有损法律的权威。同时，采用此类方法收集供述，极易导致冤假错案的发生。

第二，通过总结实践经验，对引诱、欺骗方法的范围作出合理限定，能够与合法讯问策略区分开来。办案人员在办案过程中采用以非法利益进行引诱的方法（例如，对犯罪嫌疑人称，只要认罪就可以为其提供毒品）或者以严重违背社会公德的方式进行欺骗的方法（例如，对犯罪嫌疑人谎称其老母遭遇车祸，只有认罪才能见面），显然不符合公正司法的要求，不仅无法对社会公正起到引领作用，反而可能会产生破坏作用。

第三，从国外法律对引诱、欺骗方法的禁止性规定看，主要是防止滥用此类方法导致宗教伦理、社会公德、司法制度的公信等受到负面影响，一旦出现此种负面影响，司法公正也就无从谈起。《严格排除非法证据规定》综合考虑各种因素，未对这一问题作出明确规定，但司法实践中，如果侦查人员采用以非法利益进行引诱的方法或者以严重违背社会公德的方式进行欺骗的方法收集犯罪嫌疑人、被告人供述，可能严重影响司法公正的，对有关供述应当予以排除。

4. 明确规定采用非法限制人身自由方法取得的供述应当予以排除。

刑事诉讼法在列举“刑讯逼供、威胁、引诱、欺骗”等非法方法的基础上，还规定了兜底性的“其他非法方法”。基于非法证据的界定，关于其他非法方法的认定，应当以侵犯宪法权利或者重要的诉讼权利为前提。司法实践中，有的办案单位违反法定程序非法拘禁犯罪嫌疑人，或者在强制措施超过法定期限后仍非法羁押犯罪嫌疑人，应视为刑事诉讼法规定的“其他非法方法”。立足司法实际，《严格排除非法证据规定》第 4 条规定：“采用非法拘禁等非法限制人身自由的方法收集的犯罪嫌疑人、被告人供述,应当予以排除。”十八届四中全会要求,完善对限制人身自由司法措施和侦查手段的司法监督,因此将采用非法限制人身自由的方法取得的供述纳入排除范围,与四中全会决定的精神也是契合的。

5. 确立重复性供述的排除规则。

根据刑事诉讼法规定,采用刑讯逼供等非法方法收集的犯罪嫌疑人、被告人供述,应当予以排除,但对于后续重复性供述是否排除,即先前的供述系采用刑讯逼供等非法方法收集,但后续讯问并未采用刑讯逼供等非法方法,由此取得的重复性供述是否应当予以排除,法律并没有作出明确规定。《严格排除非法证据规定》第 5 条规定:“采用刑讯逼供方法使犯罪嫌疑人、被告人作出供述,之后犯罪嫌疑人、被告人受该刑讯逼供行为影响而作出的与该供述相同的重复性供述,应当一并排除”同时还设定了两种例外情形。正确理解本条规定,主要有以下要求:

一要明确重复性排除规则的适用范围。《严格排除非法证据规定》之所以限定为“采用刑讯逼供方法”,而未简单规定“采用刑讯逼供等非法方法”,主要是考虑此类方法直接针对犯罪嫌疑人的肉体施加强制,足以影响后续供述的自愿性,相比之下,其他非法方法对犯罪嫌疑人后续供述的自愿性影响要小一些。司法实践中,要准确把握这一基本要求。

二要准确把握重复性排除规则的例外情形。《严格排除非法证据规定》对重复性供述排除规则设定了两种例外情形。考虑司法实际需要,重复性供述一概予以排除,不利于实现惩罚犯罪与保障人权的平衡,故有必要规定例外情形。《严格排除非法证据规定》对重复性供述排除规则设定了两种例外情形:一是(侦查阶段)主体变更的例外。侦查机关排除非法证据后,如果继续讯问取得的重复性供述仍不能作为证据使用,将影响侦查机关排除非法证据的积极性。有鉴于此,侦查期间,根据控告、举报或者主动发现等,侦查机关确认或者不能排除以非法方法收集证据而更换侦查人员,其他侦查人员再次讯问时告知诉讼权利和认罪的法律后果,犯罪嫌疑人自愿供述的,之后收集的重复性供述可以作为证据使用。二是诉讼阶段变更的例外。随着诉讼程序的推进，由检察人员、审判人员在后续的诉讼阶段进行讯问，一般可以中断侦查阶段非法取证方法的影响。有鉴于此，审查逮捕、审查起诉和审判期间，检察人员、审判人员讯问时告知诉讼权利和认罪的法律后果，犯罪嫌疑人、被告人自愿供述的，有关供述可以作为证据使用。

6. 明确证人证言和被害人陈述的排除规则。

从诉讼证明的角度看，在一些案件特别是犯罪嫌疑人不认罪的案件中，证人证言、被害人陈述对认定案件事实具有关键性作用。有的案件，如果证人、被害人不配合，侦查人员可能会采取非法方法收集证人证言、被害人陈述。对证人、被害人非法取证，不仅严重损害司法的公正性和公信力，而且通过非法取证所刻意制造的虚假印证，法院在审判过程中难以有效识别，极易导致冤假错案。

2012 年刑事诉讼法明确规定，采用暴力、威胁等非法手段取得的证人证言、被害人陈述，应当予以排除。除了暴力、威胁方法外，实践中还存在非法限制证人、被害人人身自由等非法方法，鉴于此，《严格实行非法证据排除规则》第 6 条规定："采用暴力、威胁以及非法限制人身自由等非法方法收集的证人证言、被害人陈述，应当予以排除。"对此类严重侵犯证人、被害人权利的非法证据，应当实行强制排除。

7. 明确实物证据的排除规则。

为了遏制非法搜查、扣押等非法取证行为，有效保障公民宪法权利，《非法证据排除规定》设立了非法实物证据的排除规则，刑事诉讼法基本上沿用了相关规定，只是具体表述略有调整。《严格排除非法证据规定》第 7 条进一步规定："收集物证、书证不符合法定程序，可能严重影响司法公正的，应当予以补正或者作出合理解释；不能补正或者作出合理解释的，对有关证据应当予以排除。"正确理解这一规定，主要有以下要求：

一要准确把握非法实物证据的认定标准。

基于对公民住宅权、隐私权等的法律保护，许多国家的刑事诉讼法将非法实物证据主要限定为采用非法搜查、扣押等措施取得的实物证据。《严格排除非法证据规定》规范的非法实物证据也主要是针对侦查机关采取非法搜查、扣押等措施收集的实物证据。所谓非法搜查、扣押，主要是指未经依法批准或授权而滥用搜查、扣押措施。《严格排除非法证据规定》之所以对非法收集的实物证据实行裁量排除，主要理由是：通过非法搜查、扣押收集物证、书证的行为，尽管侵犯了公民的宪法权利，但毕竟与刑讯逼供等非法方法存在较大差异，此类非法收集实物证据的行为，一般不会改变实物证据的属性和状态，因此，从兼顾实体公正和程序公正的角度，不宜对非法实物证据实行强制排除。司法实践中，人民法院可以综合考虑收集物证、书证违反程序以及所造成后果的严重程度等情况，决定是否排除非法实物证据。如果侦查人员在制止犯罪、抓捕犯罪嫌疑人、避免证据灭失等紧急情况下，未经依法批准，采用搜查、扣押等措施收集物证、书证，在作出补正或合理解释后，有关实物证据可以作为证据使用。

二要准确把握非法证据和瑕疵证据的区别。

瑕疵证据通常是指形式要件存在瑕疵（或者缺陷）的证据，比如收集调取的物证、书证，在相关笔录上没有侦查人员签名的；笔录填写的询问时间、讯问人有误或者存在矛盾的，等等。如果其瑕疵证据能够得到补正或者作出合理解释，具备了证据形式要件，可以作为诉讼证据使用；但如果瑕疵证据无法补正或者作出合理解释，就将因此而丧失证据能力，不得作为诉讼证据使用。

需要指出的是，非法证据和瑕疵证据都有特定的含义，虽然两者都涉及证据的合法性问题，但存在重大差异，不能混淆。具体区别如下：

第一，违法的程度存在实质差异。非法证据通常是指通过违反法定程序并且侵犯宪法权利或者重要诉讼权利的方式取得的证据，并非所有违反法律规定收集的证据都是非法证据。瑕疵证据虽然也涉及违反取证程序的情形，但此类违法属于轻微违法，并未侵犯宪法权利。这是非法证据与瑕疵证据最本质的区别。

第二，法庭的认定方式存在差异。非法证据排除规则涉及的是取证合法性问题，法庭对证据收集合法性的调查，要启动专门的调查程序。司法实践中，有些办案人员未能认识到非法证据和瑕疵证据的区别，或者将非法证据视为瑕疵证据,不予排除,或者将瑕疵证据视为非法证据,直接予以排除,这两种做法都是错误的。

(二)侦查

确立侦查取证的程序规范,是依法认定非法证据、落实非法证据排除规则的内在要求。同时,非法证据排除规则的目的并不单纯在于排除非法证据,更重要的是推动完善侦查取证程序,从源头上防范刑讯逼供和非法取证行为发生。《严格排除非法证据规定》第二部分"侦查"立足法律和相关规定,侧重实践中刑讯逼供等非法取证情形易发的环节,有针对性地明确了侦查取证的程序规范。

1. 侦查机关应当依法全面取证。

为提高办案人员的证据意识和程序意识,最大限度地减少关键证据没有收集或者没有依法收集等情形,《严格排除非法证据规定》第 8 条对取证程序作出总的原则性要求:"侦查机关应当依照法定程序开展侦查,收集、调取能够证实犯罪嫌疑人有罪或者无罪、罪轻或者罪重的证据材料。"侦查人员要严格按照法律规范的要求收集证据,既要重视收集被告人有罪、罪重的证据,也要重视收集被告人无罪、罪轻的证据;既要重视收集言词证据,也要重视实物证据的收集和运用;既要重视收集证明犯罪事实的证据材料,也要重视收集能够证明取证合法合规的证据材料,比如讯问笔录、讯问录音录像、提讯登记、体检记录、采取强制措施或者侦查措施的法律文书等,尽可能地减少证据合法性、真实性方面的争议。

2. 严格规范讯问地点。

关于讯问地点,刑事诉讼法明确了羁押讯问的要求,即犯罪嫌疑人被送交看守所羁押后,侦查人员对其讯问,应当在看守所内进行。在此基础上,中央政法委《关于切实防止冤假错案的规定》第 1 条明确要求:"讯问犯罪嫌疑人、被告人除情况紧急必须现场讯问外,应当在规定的办案场所进行。侦查机关不得以起赃、辨认为由将犯罪嫌疑人提出看守所外进行讯问。"基于上述规定,《严格排除非法证据规定》第 9 条对讯问地点作出了严格规范:"拘留、逮捕犯罪嫌疑人后,应当按照法律规定送看守所羁押。犯罪嫌疑人被送交看守所羁押后,讯问应当在看守所讯问室进行。因客观原因侦查机关在看守所讯问室以外的场所进行讯问的,应当作出合理解释。”正确理解本条规定,主要有以下要求:

一是关于羁押前的讯问地点。

拘留、逮捕犯罪嫌疑人后,应当按照法律规定尽快送看守所羁押,除情况紧急必须现场讯问外,讯问应当在规定的办案场所进行。因客观原因侦查机关在看守所讯问室以外的场所进行讯问的,应当作出合理解释。这里提到的客观原因,因犯罪嫌疑人身患严重疾病或者抓捕过程中受伤,需要进行紧急治疗,无法送看守所羁押,但又需要立即进行讯问等情形。

二是关于羁押期间的讯问地点。

犯罪嫌疑人被送交看守所羁押后,讯问应当在看守所内进行,不得将犯罪嫌疑人提押到看守所外讯问。在现有的看守所管理制度下,看守所讯问室内的讯问相对更加规范,能够有效保证羁押讯问的合法性。司法实践中,有的案件出于侦查需要将犯罪嫌疑人提押到看守所外起赃,辨认,为防止在此期间有刑讯逼供等非法取证情形,要确保提押仅限于起赃、辨认等目的,严格禁止将犯罪嫌疑人提到看守所外讯问,必要时应当全程同步录音录像,保证起赃、辨认过程的合法性和客观性。

3. 完善侦查讯问录音录像制度。

与讯问笔录相比,讯问录音录像具有客观性、直观性、同步性等特点,能够直接反映出讯问过程是否合法,这也是立法上和实践中格外重视讯问录音录像规范的重要原因。刑事诉讼法和《人民检察院刑事诉讼规则(试行)》、《公安机关办理刑事案件程序规定》规定了讯问录音录像的规范要求,特别是2014年《公安机关讯问犯罪嫌疑人录音录像工作规定》对公安机关讯问录音录像的案件范围和具体程序作出了系统、全面的规定。由于相关的规范性文件均为部门性规范,为保证政法各部门统一适用,《严格排除非法证据规定》第10条、第11条重申了相关文件中的核心条款,对讯问录音录像的制作提出了具体要求。

一要明确讯问录音录像的案件范围。《严格排除非法证据规定》第10

条第1款规定:“侦查人员在讯问犯罪嫌疑人的时候,可以对讯问过程进行录音录像;对于可能判处无期徒刑、死刑的案件或者其他重大犯罪案件,应当对讯问过程进行录音录像。”这里规定的“可能判处无期徒刑、死刑”是指案件交付审判适用的法定刑或者量刑档次包含无期徒刑、死刑的案件;“其他重大犯罪案件”是指致人重伤、死亡的严重危害公共安全犯罪案件、严重侵犯公民人身权利犯罪案件,以及黑社会性质组织犯罪、严重毒品犯罪等重大故意犯罪案件;另外,根据《人民检察院刑事诉讼规则(试行)》第201条的规定:人民检察院立案侦查职务犯罪案件,在每次讯问犯罪嫌疑人的时候,应当对讯问过程实行全程录音、录像。侦查人员应当告知犯罪嫌疑人对讯问过程录音录像,并在讯问笔录中写明。

二要明确讯问录音录像的制作要求。为严格落实法律规定的讯问录音录像制度,防止因讯问录音录像制作不规范导致不必要的争议,《严格排除非法证据规定》第11条规定:“对讯问过程录音录像,应当不间断进行,保持完整性,不得选择性地录制,不得剪接、删改。”

讯问录音录像应当自讯问开始时开始,至犯罪嫌疑人核对讯问笔录、签字确认后结束。因技术故障等原因无法对讯问过程录音录像的,应当立即中止讯问,侦查人员应当告知犯罪嫌疑人中止讯问的原因,并在讯问笔录中写明,由犯罪嫌疑人签字确认。中止讯问情形消失后继续讯问的,应当对讯问过程录音录像。讯问后才发现因技术故障等原因未能录音录像,未在笔录中写明并由犯罪嫌疑人签字确认的,侦查人员应当作出书面说明,技术人员应当对技术故障等原因与修复过程作出书面说明。

三要正确处理讯问笔录和录音录像存在差异的情形。有的案件,被告人对公诉机关当庭出示的讯问笔录提出异议,经与讯问录音录像进行比对,发现对与犯罪构成要件以及定罪量刑相关的内容,讯问笔录记载的情况与讯问录音录像存在重大实质性差异。此种情况下,究竟是以讯问笔录为准还是以讯问录音录像为准,在实践中存在不同认识。我们认为,鉴于讯问录音录像更能客观地反映讯问和供述的内容,讯问笔录与讯问录音录像的内容有重大差异的,应当以讯问录音录像记录的内容为准。

4. 完善讯问笔录的制作。

司法实践中,讯问笔录是固定被告人供述最主要也是最常见的证据,通过讯问笔录显示的讯问时间、地点、提问内容、笔录篇幅等情况,可以对讯问过程的合法性进行审查。《严格排除非法证据规定》第 12 条规定:"侦查人员讯问犯罪嫌疑人,应当依法制作讯问笔录。讯问笔录应当交犯罪嫌疑人核对,对于没有阅读能力的,应当向他宣读。对讯问笔录中有遗漏或者差错等情形,犯罪嫌疑人可以提出补充或者改正。"这是对制作讯问笔录提出的基本要求,侦查机关还应当按照刑事诉讼法及公检法配套规定的要求,严格规范讯问笔录的制作。在制作讯问笔录时,侦查人员可以对犯罪嫌疑人的供述进行概括,但涉及本人及同案人犯罪的时间、地点、作案手段、作案工具、作案过程、主观心态、被害人情况等案件关键事实和证据,讯问笔录记载的内容要更为全面、客观,与犯罪嫌疑人供述一致。对于同步制作讯问录音录像的案件,讯问笔录记载的起止时间应当与讯问录音录像资料反映的起止时间一致,同时侦查人员应当结合讯问录音录像对讯问笔录进行核对,对讯问笔录中影响定罪量刑的实质内容有遗漏或者差错等情形,应当依法补正。

5. 严格规范看守所的提讯登记和收押体检制度。

看守所的提讯登记和体检记录等证据材料能够直接反映提押、讯问和采取有关措施的法律手续是否完备,尤其是体检记录能够直接反映犯罪嫌疑人身体是否有伤或者存在异常,与证据收集的合法性紧密相关。为及时发现并有效防范刑讯逼供行为,《严格排除非法证据规定》第 13 条分两款对提讯登记和收押体检制度作了严格规范:

一要严格执行提讯登记制度。看守所应当对提讯进行登记,写明提讯单位、人员、事由、起止时间以及犯罪嫌疑人姓名等情况。这有助于避免提讯时间、地点、事由等不符合法律规定,在供述合法性存在争议时也能够据此核实提讯的细节。

二要严格执行收押体检制度。看守所收押犯罪嫌疑人,应当进行身体检查。检查时,人民检察院驻看守所检察人员可以在场。检查发现犯罪嫌疑人有伤或者身体异常的,看守所应当拍照或者录像,分别由送押人员、犯罪嫌疑人说明原因,并在体检记录中写明,由送押人员、收押人员和犯罪嫌疑人签字确认。

6. 严格执行重大案件侦查终结前对讯问合法性进行核查制度。

为实现对非法证据“早发现、早应对、早排除”,中央《改革意见》提出探索建立重大案件侦查终结前对讯问合法性进行核查制度。《严格排除非法证据规定》第 14 条第 3 款重申中央《改革意见》要求,规定:“对重大案件,人民检察院驻看守所检察人员应当在侦查终结前询问犯罪嫌疑人,核查是否存在刑讯逼供、非法取证情形,并同步录音录像。经核查,确有刑讯逼供、非法取证情形的,侦查机关应当及时排除非法证据,不得作为提请批准逮捕、移送审查起诉的根据。”由驻所检察人员对讯问合法性进行核查,具有亲历性、便利性和相对中立性的优势,有利于将监督关口前移,解决刑讯逼供发现滞后、调查取证困难、证据易于灭失等问题。

7. 侦查阶段排除非法证据的程序。

刑事诉讼法规定,在侦查阶段发现有非法证据的,应当依法予以排除,但并未规定排除非法证据的具体程序。为落实法律规定,《严格排除非法证据规定》第 14 条、第 15 条明确了侦查阶段排除非法证据的基本程序:

一是人民检察院依申请排除。《严格排除非法证据规定》第 14 条第 1 款规定,犯罪嫌疑人及其辩护人在侦查期间可以向人民检察院申请排除非法证据。对犯罪嫌疑人及其辩护人提供相关线索或者材料的,人民检察院应当调查核实,并将调查结论书面告知犯罪嫌疑人及其辩护人。对确有以非法证据收集证据情形的,人民检察院应当向侦查机关提出纠正意见。第 2 款规定,侦查机关对人民检察院审查认定的非法证据,应当予以排除,不得作为提请逮捕、移送审查起诉的根据。

二是侦查机关依职权排除。《严格排除非法证据规定》第 15 条规定:“对侦查终结的案件,侦查机关应当全面审查证明证据合法性的证据材料,依法排除非法证据。排除非法证据后,证据不足的,不得移送审查起诉。侦查机关发现办案人员非法取证的,应当依法作出处理,并可另行指派侦查人员重新调查取证。”对办案人员非法取证的情形，更换侦查人员重新调查取证，不仅符合法律精神和规范要求，也可以避免在后续诉讼阶段产生证据合法性争议。

（三）审查逮捕、审查起诉

审查逮捕、审查起诉是刑事诉讼的关键环节，前者决定是否对犯罪嫌疑人采取审前羁押措施，后者决定是否将案件移送法院审判，这两个阶段都涉及证据合法性的审查判断问题。为确保人民检察院充分履行法律监督职责，及时保障犯罪嫌疑人的合法权益，《严格排除非法证据规定》第三部分“审查逮捕、审查起诉”设置了审查逮捕、审查起诉阶段排除非法证据的基本程序。

1.讯问时的权利告知。

《严格排除非法证据规定》第16条规定：“审查逮捕、审查起诉期间讯问犯罪嫌疑人，应当告知其有权申请排除非法证据，并告知诉讼权利和认罪的法律后果。”讯问犯罪嫌疑人时告知诉讼权利，既是法律的内在要求，也能促使犯罪嫌疑人尽早提出排除非法证据申请，进而尽早解决证据合法性争议。需要指出的是：《严格排除非法证据规定》第5条第2款设立了重复性供述排除规则的例外情形，其中一个重要的例外就是诉讼阶段变更的例外，即审查逮捕、审查起诉期间，检察人员讯问时告知诉讼权利和认罪的法律后果，犯罪嫌疑人自愿供述的，之后收集的重复性供述可以作为证据使用。为与该规定相衔接，审查逮捕、审查起诉期间检察人员讯问犯罪嫌疑人，应当告知相关诉讼权利和认罪的法律后果，确保犯罪嫌疑人供述的自愿性。

2.依申请或者依职权排除。

与侦查阶段排除非法证据的模式类似，人民检察院在审查逮捕、审查起诉阶段排除非法证据，也分为依申请排除和依职权排除两种模式。《严格排除非法证据规定》第17条第1款规定，审查逮捕、审查起诉期间，犯罪嫌疑人及其辩护人申请排除非法证据，并提供相关线索或者材料的，人民检察院应当调查核实。调查结论应当书面告知犯罪嫌疑人及其辩护人。第2款规定，人民检察院在审查起诉期间发现侦查人员以刑讯逼供等非法方法收集证据的，应当依法排除相关证据并提出纠正意见，必要时人民检察院可以自行调查取证。这里需要明确两个问题：

第一，依申请排除非法证据的主体。刑事诉讼法没有明确规定具体由人民检察院哪个部门负责这一工作。对此，《人民检察院刑事诉讼规则（试行）》第69条规定，“对于非法证据的调查核实……在审查起诉阶段由公诉部门负责。”

第二，人民检察院对非法证据调查核实的方式。在调查核实过程中，人民检察院可以讯问犯罪嫌疑人，询问办案人员，询问在场人员及证人，听取辩护律师意见，调取讯问笔录、讯问录音、录像，调取、查询犯罪嫌疑人出入看守所的身体检查记录及相关材料，以及进行伤情、病情检查或者鉴定，等等。

3. 对非法证据的处理。

《严格排除非法证据规定》第17条第3款规定，人民检察院对审查认定的非法证据，应当予以排除，不得作为批准或者决定逮捕、提起公诉的根据。被排除的非法证据应当随案移送，并写明为依法排除的非法证据。这里所谓的“审查认定的非法证据”，并不限定于“确有以非法方法收集证据的情形”，而是应当与刑事诉讼法第58条作相同理解，即，人民检察院经审查确认或者不能排除以非法方法收集证据情形的，对有关证据应当予以排除。

4. 排除非法证据后对案件的处理。

《严格排除非法证据规定》第18条第1款规定：“人民检察院依法排除非法证据后，证据不足，不符合逮捕、起诉条件的，不得批准或者决定逮捕、提起公诉。”实践中，一些案件的关键证据属非法证据，除该证据外可能缺乏必要证据证明犯罪事实，为确保案件质量，人民检察院既要严格依法排除非法证据，又要在排除非法证据后严格把握案件证明标准，不得将定罪证据存在疑问、证据不足的案件提起公诉。

（四）辩护

非法证据排除涉及专门的法律问题，适用专门的法律程序，对被告人方的要求相对较高。犯罪嫌疑人、被告人通常只有在辩护律师的帮助下，才能有效地利用非法证据排除规则维护自身的诉讼权利。为依法保障被告人的辩护权,确保被告人方有效取得相关线索或者材料,依法申请排除非法证据,《严格排除非法证据规定》第四部分"辩护"规定了被告方申请排除非法证据时享有的相关权利。

1. 犯罪嫌疑人、被告人有申请法律援助的权利。

《严格排除非法证据规定》第 19 条规定:"犯罪嫌疑人、被告人申请提供法律援助的,应当按照有关规定指派法律援助律师。法律援助值班律师可以为犯罪嫌疑人、被告人提供法律帮助,对刑讯逼供、非法取证情形代理申诉、控告。"法律援助值班律师制度是中央《改革意见》针对刑事辩护率低、辩护质量不高等问题,提出的重大改革举措,其中第 20 条第 1 款规定:法律援助机构在看守所、人民法院派驻值班律师,为犯罪嫌疑人、被告人提供及时有效的法律帮助。

目前,司法部正会同最高人民法院、最高人民检察院、公安部、国家安全部起草《关于开展法律援助值班律师工作的意见》,就法律援助值班律师的基本职责、运行模式、工作管理和保障等问题作出具体规定,为犯罪嫌疑人、被告人提供及时有效的法律帮助。

2. 犯罪嫌疑人、被告人申请排除非法证据的,应当提供相关线索或者材料。

《严格排除非法证据规定》第 20 条规定:"犯罪嫌疑人、被告人及其辩护人申请排除非法证据,应当提供涉嫌非法取证的人员、时间、地点、方式、内容等相关线索或者材料。"该规定从兼顾惩罚犯罪和诉讼效率等角度考虑,要求犯罪嫌疑人、被告人在申请排除非法证据的同时,提供可能存在刑讯逼供或者其他非法取证行为的材料或者线索,这样可以防止申请权的滥用,避免造成司法资源的浪费。

关于相关"线索或者材料",要有具体的指向性,有据可查。如果被告人仅仅泛泛地辩称自己遭到刑讯逼供,而提不出任何涉嫌对其刑讯的人员、时间、地点、方式等细节信息,就未能完成初步的举证责任。相关"线索"是指涉嫌非法取证的人员、时间、地点、方式等线索;相关"材料"是指能够反映非法取证的伤情照片、体检记录、医院病历、讯问笔录、讯问录音录像或者同监室人员的证言等材料。需要强调的是:尽管要求被告人方提出排除非法证据申请时应当提供相关线索或者材料,但这只是初步的举证责任,只要使人民法院对证据收集的合法性产生疑问即可,不能让被告人方承担侦查人员取证合法性事项的证明责任。

3. 被告人方的相关诉讼权利。

为确保犯罪嫌疑人、被告人充分利用非法证据排除规则维护自身的合法权益,《严格排除非法证据规定》第 21 条、第 22 条明确了被告方的相关诉讼权利。

一是查阅、摘抄、复制证据材料的权利。为了强化对辩护人阅卷权的制度保障,《严格排除非法证据规定》第 21 条规定:"辩护律师自人民检察院对案件审查起诉之日起,可以查阅、摘抄、复制讯问笔录、提讯登记、采取强制措施或者侦查措施的法律文书等证据材料。其他辩护人经人民法院、人民检察院许可,也可以查阅、摘抄、复制上述证据材料。"从诉讼证明的角度看,讯问笔录、提讯登记、采取强制措施或者侦查措施的法律文书等证据材料,既是证明取证合法性的根据,有的也是证明案件事实的根据,应当允许辩护人查阅、摘抄、复制。

二是申请调取相关证据材料的权利。有的案件中,侦查机关没有将相关证据材料随案移送,辩护人无法通过阅卷等常规途径获取相关证据材料,调查取证又面临实际困难,为保障犯罪嫌疑人、被告人的辩护权,《严格排除非法证据规定》第 22 条规定:"犯罪嫌疑人、被告人及其辩护人向人民法院、人民检察院申请调取公安机关、国家安全机关、人民检察院收集但未提交的讯问录音录像、体检记录等证据材料,人民法院、人民检察院经审查认为犯罪嫌疑人、被告人及其辩护人申请调取的证据材料与证明证据收集合法性有联系的,应当予以调取;认为与证明证据收集的合法性没有联系的,应当决定不予调取并向犯罪嫌疑人、被告人及其辩护人说明理由。"赋予辩护人申请人民法院、人民检察院调取相关证据的权利,有助于解决目前非法证据排除过程中困扰辩护方的取证难题,确保控辩平等对抗。

（五）审判

非法证据排除规则的确立，对审判程序产生了深远的影响。一些案件，证据收集合法性争议成为庭审程序中控辩双方的主要争议。证据收集合法性争议，作为证据质证的先决性问题，需要通过专门程序进行调查并作出处理，这需要传统的庭审程序做出相应的调整。《严格排除非法证据规定》第五部分“审判”规定了审判阶段排除非法证据的具体程序。

1. 程序启动。

2012 年《刑事诉讼法》第 56 条规定：“法庭审理过程中，审判人员认为可能存在本法第五十四条规定的以非法方法收集证据情形的，应当对证据收集的合法性进行法庭调查。当事人及其辩护人、诉讼代理人有权申请人民法院对以非法方法收集的证据依法予以排除。”可以看出，我国实行依职权和依申请排除非法证据并行的模式。从司法实践来看，主要是由被告人及其辩护人申请排除非法证据。《严格排除非法证据规定》第 23 条、第 24 条规定了被告人及其辩护人相应的权利和义务。

一是关于权利告知。非法证据排除规则涉及较为复杂的程序问题，为确保被告人知晓申请排除非法证据的权利，法院有必要在开庭前尽早提示被告人及其辩护人有权申请排除非法证据。《严格排除非法证据规定》第 23 条第 1 款规定：“人民法院向被告人及其辩护人送达起诉书副本时，应当告知其有权申请排除非法证据。”

二是关于申请时限。为避免被告人及其辩护人在庭审过程中突然提出排除非法证据申请而导致庭审中断，有必要督促其在庭前程序中尽早提出申请，以便检察机关做好相应的准备工作，更好地履行证明责任。《严格排除非法证据规定》第 23 条第 2 款规定：“被告人及其辩护人申请排除非法证据，应当在开庭审理前提出，但在庭审期间发现相关线索或者材料等情形除外。人民法院应当在开庭审理前将申请书和相关线索或者材料的复制件送交人民检察院。”

三是关于对申请的审查。为与第 20 条内容相衔接，《严格排除非法证据规定》第 24 条规定了法庭对被告人及其辩护人所提申请的审查方式：“被告人及其辩护人在开庭审理前申请排除非法证据，未提供相关线索或者材料，不符合法律规定的申请条件的，人民法院对申请不予受理。”

需要指出的是：

如果被告人及其辩护人在被驳回申请后收集到新的线索或者材料，则可以再次提出申请，这样既为被告人方提供必要的程序救济，充分维护被告人的诉讼权利，也有助于确保程序公正和裁判结果的可接受性。

2. 庭前会议对证据收集合法性争议的处理。

刑事诉讼法设立庭前会议程序，为庭前初步处理非法证据排除问题提供了重要平台。人民法院对证据收集合法性争议，可以召开庭前会议了解情况、听取意见。为避免因被告方当庭突然提出排除非法证据申请导致庭审中断，影响审判顺利进行，《严格排除非法证据规定》第25条、第26条规定了庭前会议对证据收集合法性争议的处理机制。

一是明确应当召开庭前会议的情形。2012年《最高人民法院关于适用〈中华人民共和国刑事诉讼法〉的解释》（以下简称《法院解释》）第99条规定：“开庭审理前，当事人及其辩护人、诉讼代理人申请排除非法证据，人民法院经审查，对证据收集的合法性有疑问的，应当依照刑事诉讼法第一百八十二条第二款的规定召开庭前会议，就非法证据排除等问题了解情况，听取意见。”

我们认为，庭前会议制度的确立，为证据收集合法性争议的处理提供了更加广阔的空间，也为防止证据收集合法性争议全部进入法庭审理提供了有效缓冲的环节，意义重大。为充分保障被告人的合法权益，应当在司法解释基础上进一步明确庭前会议的适用范围。有鉴于此，《严格排除非法证据规定》第25条第1款规定：“被告人及其辩护人在开庭审理前申请排除非法证据，按照法律规定提供相关线索或材料的，人民法院应当召开庭前会议。”

也就是说，只要被告人及其辩护人能够按照法律规定提供相关线索或材料的，召开庭前会议就是一个必经的程序。

二是明确庭前会议的证明方式。为充分发挥庭前会议程序在解决证据收集合法性争议方面的预期功能，需要促使控辩双方就争议问题充分交换意见，积极进行协商。有鉴于此，《严格排除非法证据规定》第25条第1款规定："人民检察院应当通过出示有关证据材料等方式，有针对性地对证据收集的合法性作出说明。人民法院可以核实情况，听取意见。"将法律规定的"了解情况"调整为"核实情况"，强调法院有效梳理争点，明确争议。法院在充分听取控辩双方意见的基础上，应当引导控辩双方明确争点，必要时可以核实有关争议问题。人民法院召开庭前会议后，发现控辩双方的争议焦点有待进一步明确，或者出现新的争议，人民检察院需要补充收集证据的，也可以再次甚至多次召开庭前会议。

三是明确控辩双方撤回证据或者申请的情形。为强化庭前会议的有效性，避免控辩双方随意反悔，《严格排除非法证据规定》第25条第2款、第3款规定："人民检察院可以决定撤回有关证据，撤回的证据，没有新的理由，不得在庭审中出示。被告人及其辩护人可以撤回排除非法证据的申请。撤回申请后，没有新的线索或者材料，不得再次对有关证据提出排除申请。"

也就是说，如果人民检察院认为确认或者不能排除以非法方法收集证据的情形，可以决定撤回有关证据，不作为指控犯罪的根据。人民检察院决定撤回的证据，没有新的理由，不得在庭审中出示。同理，如果被告人方认为人民检察院出示的证据材料足以证实证据收集的合法性，也可以决定撤回申请。被告人方撤回申请后，没有新的线索或者材料，不得再次对有关证据提出非法证据申请。需要强调的是：如果被告人未参加庭前会议，辩护人需有被告人明确授权，否则不得随意撤回申请。

四是明确庭前会议对证据合法性争议的处理。为实现法庭集中高效审理，《最高人民法院关于全面推进以审判为中心的刑事诉讼制度改革的实施意见》第9条对庭前会议中控辩双方达成的合意决定赋予约束力，规定："控辩双方在庭前会议中就相关事项达成一致意见，又在庭审中提出异议的，应当说明理由。"

但如果双方未能达成一致意见的，是否一律进入法庭调查程序？

我们认为：被告人及其辩护人在开庭审理前申请排除非法证据，按照法律规定提供相关线索或材料的，人民法院全部应当召开庭前会议，但如果经庭前会议审查后，对证据收集合法性已经没有疑问却仍然要求都要进入法庭调查程序，不仅浪费司法资源，还将架空庭前会议制度。

有鉴于此，《严格排除非法证据规定》第 26 条规定："公诉人、被告人及其辩护人在庭前会议中对证据收集是否合法未达成一致意见，人民法院对证据收集的合法性有疑问的，应当在庭审中进行调查；人民法院对证据收集的合法性没有疑问的，且没有新的线索或材料表明可能存在非法取证的，可以决定不再进行调查。"

3. 庭审阶段对证据收集合法性争议的处理。

在目前的审判制度下，庭前会议对非法证据排除问题的处理，更多的是为庭审做好准备，庭审仍然是解决证据收集合法性争议的关键环节。如何设计庭审阶段证据收集合法性的调查程序，是非法证据排除程序的核心问题。《严格排除非法证据规定》第 27 条至第 37 条明确了庭审阶段对证据收集合法性争议的调查和处理程序。

一是庭前会议与庭审的衔接。为提高法庭审理的效率和针对性，《严格排除非法证据规定》第 28 条规定："公诉人宣读起诉书后，法庭应当宣布开庭审理前对证据收集合法性的审查及处理情况。"根据该规定，法庭在法庭调查开始前，就要宣布庭前程序对证据收集合法性的审查和处理情况，并根据案件具体情况决定如何开展后续的庭审。

二是对于当庭提出的排除非法证据申请的审查及处理。尽管基于诉讼效率的考虑，应当要求被告人及其辩护人在开庭审理前申请排除非法证据，以确保庭审顺利进行，但始终不能降低对被告人诉讼权利的法律保护。因此，只要被告人不是故意规避有关规定，而是因为各种主客观原因未能在开庭前提出申请，就应当允许。《严格排除非法证据规定》第 29 条规定："被告人及其辩护人在开庭审理前未申请排除非法证据，在法庭审理过程中提出申请的，应当说明理由。对前述情形，法庭经审查，对证据收集的合法性有疑问的，应当进行调查；没有疑问的，应当驳回申请。法庭当庭驳回申请后，被告人及其辩护人没有新的线索或者材料，以相同理由再次提出申请的，法庭不再调查。"

三是以先行调查为原则，以法庭调查结束前调查为例外。2010 年《非法证据排除规定》第 5 条第 1 款规定："被告人及其辩护人在开庭审理前或者庭审中，提出被告人审判前供述是非法取得的，法庭在公诉人宣读起诉书之后，应当先行当庭调查。"《法院解释》在《非法证据排除规定》基础上，规定了"先行调查与法庭调查结束前一并调查相结合"的庭审调查规则。上述规定在当时有一定的积极意义，法庭可以较为灵活地调整庭审流程，避免因纠缠于证据收集合法性问题而影响庭审的顺利进行。但实践中，有的法院对被告人方提出的排除非法证据申请，通常不先行调查，而都留待法庭调查结束前一并调查，最后对该问题不作裁判、不置可否。这种做法极易架空非法证据排除规则。

有鉴于此，《严格排除非法证据规定》第 30 条规定："庭审期间，法庭决定对证据收集的合法性进行调查的，应当先行调查。但为防止庭审过分迟延，也可以在法庭调查结束前进行调查。"具言之，对被告人及其辩护人在开庭审理前提出排除非法证据申请的情形，如控辩双方在庭前会议中未能达成一致意见，法庭就应当先行调查。但对于多名被告人及其辩护人申请排除非法证据，或者案件中有其他犯罪事实与被申请排除的证据没有关联等情形，为防止庭审过分迟延，可以在法庭调查结束前进行调查。在对证据收集合法性的法庭调查程序结束前，不得对有关证据出示、宣读。

四是证据收集合法性的证明责任和证明方式。根据刑事诉讼法的规定，人民检察院承担证明被告人有罪的举证责任。基于该要求，人民检察院除了要证明指控的犯罪构成要件事实成立之外，也要证明其用于证明犯罪构成要件事实成立的证据具有合法性。在诉讼过程中，被告人方对相关证据的合法性提出质疑，实质上是对控诉方主张该证据具有合法性之一事实的否认控诉方需要承担提供证据责任并承担举证不能的不利后果。《严格排除非法证据规定》第 31 条规定："公诉人对证据收集的合法性加以证明，可以出示讯问笔录、提讯登记、体检记录、采取强制措施或者侦查措施的法律文书、侦查终结前对讯问合法性的核查材料等证据材料，有针对性地播放讯问录音录像，提请法庭通知侦查人员或者其他人员出庭说明情况。"

根据这一规定，公诉人对证据收集的合法性主要有以下几种证明方式：

第一，出示讯问笔录、提讯登记、体检记录、批准采取强制措施或者侦查措施的法律文书等证据材料。此类证据能够直接反映提押、讯问和采取有关强制措施的法律手段是否完备，与证据收集的合法性紧密相关。需要说明的是，这里规定的“出示讯问笔录”，与法庭在证据调查阶段“对讯问笔录宣读、质证”存在本质区别。这里规定的“出示讯问笔录”，关注的是供述的证据能力问题，因供述的合法性尚存争议，故此时不能宣读讯问笔录的具体内容，只是通过出示讯问笔录，基于讯问笔录显示的时间、地点、提问内容、笔录篇幅等事项，审查讯问过程的合法性。相比之下，“对讯问笔录宣读、质证”关注的是供述的证明力问题，即在确认讯问笔录具有证据能力的前提下，通过当庭宣读、质证，决定能否将之作为定案的根据。

第二，出示侦查终结前对讯问合法性的核查材料。对讯问合法性的核查笔录和同步录音录像可以直接反映被告人是否提出过刑讯逼供或者非法取证问题，对确认证据收集合法性具有重要作用。与侦查讯问笔录和讯问录音录像的出示不同，公诉人出示对讯问合法性的核查材料时，可以宣读核查材料的内容或者播放核查录音录像，被告人可以进行质证、辩论。对于被告人提出排除非法证据申请的重大案件，法庭要着重审查检察人员在侦查终结前是否对讯问合法性进行核查，是否对核查过程同步录音录像，录音录像是否存在剪接、删改等情形。

第三，有针对性地播放讯问录音录像。在被告人供述的合法性尚存争议的情况下，与不能宣读讯问笔录同理，也不能全部播放讯问录音录像。所谓“有针对性地播放”，应当是指针对被告人及其辩护人提出异议的时段，没有必要全部播放；对被告人及其辩护人没有提出异议的时段，没有必要全部播放。实践中，被告人及其辩护人对某次讯问笔录的合法性提出异议，要求公诉人当庭播放特定时段的讯问录音录像，但公诉人拒不播放该段讯问录音录像，或者播放被告人方未提出异议的其他时段的讯问录音录像，这种做法不符合法律和司法解释要求。

第四，可以提请法庭通知收集证据的侦查人员或者其他人员出庭说明情况,不得以侦查人员签名并加盖公章的说明材料替代侦查人员出庭。侦查人员或者其他人员出庭,应当向法庭说明证据收集过程,并就相关情况接收发问。对发问方式不当或者内容与证据收集的合法性无关的,法庭应当予以制止。经人民法院通知,侦查人不出庭说明情况,不能排除以非法方法收集证据情形的,对有关证据应当予以排除。以上规定既有助于严格实行非法证据排除规则,也有助于督促办案机关注意收集证明取证合法性的证据材料,减少不必要的证据合法性争议。

五是控辩双方围绕证据收集合法性的质证、辩论。公诉人、被告人及其辩护人可以对证据收集的合法性进行质证、辩论。为保障被告人及其辩护人的质证权,《严格排除非法证据规定》第 27 条规定:"被告人及其辩护人申请人民法院通知侦查人员或者讯问时在场的其他人员出庭,人民法院认为现有证据材料不能证明证据收集的合法性,确有必要通知上述人员出庭作证或者说明情况的,可以通知上述人员出庭。"第 31 条第 2 款规定:"被告人及其辩护人可以出示相关线索或者材料,并申请法庭播放特定时段的讯问录音录像。"在法庭审理中,公诉人、被告人及其辩护人可以对证据收集的合法性进行质证、辩论。如果法庭对控辩双方提供的证据有疑问的,可以宣布休庭,对证据进行调查核实,必要时可以通知公诉人、辩护人到场。

六是法庭对证据收集合法性争议的裁判方式。对于被告方提出的排除非法证据申请,法庭启动专门的调查程序后,就涉及对证据收集合法性争议的最终处理。为规范对证据收集合法性争议的处理程序,《严格排除非法证据规定》第 33 条规定:"法庭对证据收集的合法性进行调查后,应当当庭作出是否排除有关证据的决定。必要时,可以宣布休庭,由合议庭评议或者提交审判委员会讨论,再次开庭时宣布决定。在法庭作出是否排除有关证据的决定前,不得对有关证据宣读、质证。"正确理解本条规定,主要有以下要求:

第一,法庭对证据收集的合法性进行调查后,原则上应当当庭作出决定。这是因为,只有首先解决证据合法性争议,才能确定有关证据能否作为诉讼证据使用。实践中,一些法院不愿或者不敢当庭对证据收集合法性争议作出决定,是导致非法证据排除规则未能真正落实的重要原因。

第二,特殊情形下可以休庭后作出决定。有的案件,由于案情疑难、重大、复杂,加之争议证据又是案件的关键证据,合议庭短时间难以达成一致意见,或者合议庭认为难以作出决定的,可以宣布休庭,由合议庭进行评议或者提交审判委员会讨论,再次开庭时宣布决定。通过这种原则与例外相结合的处理方式,既能确保按照法律规定和诉讼原理对证据收集的合法性争议当庭作出处理,又能确保特殊案件的处理符合司法实际的需要。

第三,无论是当庭还是休庭后作出决定,在法庭作出相关决定之前不得对有关证据宣读、质证。

第四,关于法庭作出决定的方式。鉴于刑事诉讼法未对排除非法证据申请的处理结果单独规定救济途径,因此,法庭对证据收集的合法性进行调查后,可以采用口头决定方式当庭作出处理,并将相关情况记录在案。当事人对法庭有关该问题的处理结果不服,可以在上诉程序中一并提出。

七是证据收集合法性的证明标准。证据收集合法性事实是犯罪构成事实附带的事实,与犯罪构成要件事实的证明存在紧密关联。因此,证据收集合法性事实的证明标准与犯罪构成事实的证明标准在本质上应当是一致的。《严格排除非法证据规定》第 34 条规定:"经法庭审理,确认存在本规定所规定的以非法方法收集证据情形的,对有关证据应当予以排除。法庭根据相关线索或者证据对证据收集的合法性有疑问,而人民检察院未提供证据或者提供的证据不能证明证据收集的合法性,不能排除存在本规定所规定的以非法方法收集证据情形的,对有关证据应当予以排除。对依法予以排除的证据,不得宣读、质证,不得作为判决的根据。"

根据本条规定,法庭对非法证据的认定,可以分为两种情形:

第一,确认以非法方法收集证据的情形。如果被告人及其辩护人提出排除非法证据的申请后,提供了明确的证据材料,能够证明办案人员对其实施了刑讯逼供等非法取证行为,例如,被告人提供了讯问后遭到刑讯逼供形成的血衣,并且体表存在明显的身体损伤,相关证人亦证实办案人员有刑讯逼供行为,此时就能够确认以非法方法收集证据。

第二，不能排除以非法方法收集证据的情形。这一证明标准是从人民检察院对证据收集合法性负有举证责任出发作出的规定。实际上，“不能排除以非法方法收集证据”，是对证据收集合法性事实适用“证据确实、充分”证明标准的内在要求。如果被告人及其辩护人向人民法院提出排除非法证据的申请，法院经审查发现人民检察院未能对证据收集的合法性提供证据，或者提供的证据未能达到确实、充分的证据标准，就属于“不能排除以非法方法收集证据”的情形。

八是排除非法证据后案件的处理方式。《严格排除非法证据规定》第35条规定：“人民法院排除非法证据后，案件事实清楚，证据确实、充分，依据法律认定被告人有罪的，应当作出有罪判决；证据不足，不能认定被告人有罪的，应当作出证据不足、指控的犯罪不能成立的无罪判决；案件部分事实清楚，证据确实、充分的，依法认定该部分事实。”

需要明确：非法证据排除规则解决的是特定证据的证据能力问题，排除非法证据并不意味着案件一定要宣告无罪，案件最终如何处理还要取决于其他证据情况。实践中，被告人及其辩护人通常是对案件中部分证据的合法性提出争议，即使认定有关证据是非法证据，仍然要看其他在案证据是否足以认定犯罪事实。

九是对证据收集合法性裁决的裁判说理。证据收集合法性问题，既是庭审中控辩双方关注和争议的焦点，也是法庭认定证据、查明事实的基础。法庭对排除非法证据申请的审查情况，以及启动证据收集合法性调查程序后的处理结果，应当在裁判文书中写明审查、调查结论并说明理由。这既是裁判说理的内在要求，也是控辩双方了解裁判理由并据此决定是否提出抗诉、上诉的根据。同时，通过不断积累有关证据收集合法性问题的案例，也有助于各地法院互相借鉴经验，充分发挥普通案例的参考功能。有鉴于此，《严格排除非法证据规定》第36条规定：“人民法院对证据收集的合法性的审查、调查结论，应当在裁判文书中写明，并说明理由。”

需要说明的是：人民法院对证人证言、被害人陈述等证据收集合法性的审查、调查，参照上述规定进行。

4. 控辩双方对证据收集合法性裁判的救济程序。对于控辩双方对证据收集合法性裁判不服的情形,2012 年刑事诉讼法并未规定专门的救济程序,《法院解释》对此作出了原则性规定,要求二审法院对证据收集合法性争议进行审查并依法作出相应处理。《严格排除非法证据规定》第 38 条至第 40 条立足司法实践,对相关问题作出具体规定。

一是明确控辩双方对一审有关证据收集合法性的处理结果不服的救济程序。辩护双方对证据收集合法性裁判不服,不能单独就此提出上诉、抗诉,但可在上诉、抗诉中对一审有关证据收集的合法性的审查、调查结论提出异议,二审法院应当进行审查。

二是明确被告人二审期间首次提出排除非法证据申请的处理方式。被告人及其辩护人首次申请排除非法证据,应当说明其未在一审提出申请的理由,二审法院应当进行审查。如果被告人及其辩护人在审判前及一审过程中没有提出排除非法证据的申请,通常就表明其对证据收集合法性没有异议,但考虑到中国目前的刑事案件辩护率较低,一些被告人缺乏律师帮助,未能及时行使排除非法证据的申请权,或者被告人及其辩护人在第一审庭审后才发现涉嫌非法取证的相关线索或者材料等情形,基于对被告人辩护权的程序保障,允许其在二审期间申请排除非法证据,但应当要求其提供正当的理由。

三是明确人民检察院对证据收集合法性的举证时限。对于被告人及其辩护人在一审程序中申请排除非法证据的情形,人民检察院应当积极举证证明取证合法性,有效消除证据收集合法性争议。为避免因人民检察院怠于举证而引发不必要的争议,如果人民检察院在一审程序中未出示证明证据收集合法性的证据,一审法院依法排除有关证据的,人民检察院在二审期间不得出示之前未出示的证据,但一审后发现的除外。

四是明确二审程序中对证据收集合法性的调查及处理。有的案件,被告人及其辩护人在一审期间提出排除非法证据申请,但一审法院没有对申请进行审查,并以有关证据作为定案证据,对此种情形应当如何处理,在实践中存在不同认识。《严格非法证据排除规定》第 40 条第 1 款明确规定:

“第一审人民法院对被告人及其辩护人排除非法证据的申请没有审查，并以有关证据作为定案根据，可能影响公正审判的，第二审人民法院可以裁定撤销原判，发回原审人民法院重新审判。”

对于第一审人民法院对依法应当排除的非法证据未予排除的，第二审人民法院可以依法排除相关证据。排除非法证据后，应当按照下列情形分别作出处理：

（1）原判决认定事实和适用法律正确、量刑适当的，应当裁定驳回上诉或者抗诉，维持原判；（2）原判决认定事实没有错误，但适用法律有错误，或者量刑不当的，应当改判；（3）原判决事实不清楚或者证据不足的，可以裁定撤销原判，发回原审人民法院重新审判。

需要明确的是，审判监督程序、死刑复核程序中对证据收集合法性的审查、调查，参照上述规定。

《人民法院办理刑事案件排除非法证据规程(试行)》的理解与适用

戴长林　朱晶晶*

为认真贯彻党的十八届三中、四中全会改革要求,严格落实中央深改组审议通过的《关于推进以审判为中心的刑事诉讼制度改革的意见》、《关于办理刑事案件严格排除非法证据若干问题的规定》(以下简称《严格排除非法证据规定》)等文件,最高人民法院制定《人民法院办理刑事案件排除非法证据规程(试行)》(以下简称《非法证据排除规程》)。《非法证据排除规程》共计36条,重申中央改革文件对非法证据范围的规定,重点针对非法证据排除程序适用中存在的启动难、证明难、认定难、排除难等问题,进一步明确人民法院审查和排除非法证据的具体规则和流程,有助于审判人员进一步树立规则意识、证据意识、程序意识,有效防范冤假错案发生。

一、明确非法证据的认定标准和排除方式

1.明确被告人供述的排除规则。对被告人供述合法性的认定是目前非法证据排除规则的核心问题。《非法证据排除规程》重申中央改革文件对非法证据范围的规定,明确规定采用刑讯逼供、威胁、非法限制人身自由等方法收集的供述应当予以排除。同时,《非法证据排除规程》重点强调了重复性供述排除规则及两种例外情形:采用刑讯逼供方法使被告人作出供述,之后被告人受该刑讯逼供行为影响而作出的与该供述相同的重复性供述,应当一并排除,但下列情形除外:(1)侦查期间,根据控告、举报或者主动发现

---

* 作者单位:最高人民法院。

等,侦查机关确认或者不能排除以非法方法收集证据而更换侦查人员,其他侦查人员再次讯问时告知诉讼权利和认罪的法律后果,被告人自愿供述的;(2)审查逮捕、审查起诉和审判期间,检察人员、审判人员讯问时告知诉讼权利和认罪的法律后果,被告人自愿供述的。

2. 明确证人证言和被害人陈述的排除规则。采取暴力、威胁以及非法限制人身自由等方法收集证人证言、被害人陈述,不仅严重损害司法的公正性和公信力,而且通过非法取证所刻意制造的虚假印证,极易导致冤假错案。《非法证据排除规程》明确,采用暴力、威胁以及非法限制人身自由等非法方法收集的证人证言、被害人陈述,应当予以排除。

3. 明确实物证据的排除规则。为有效保护公民住宅权、隐私权等宪法权利,《非法证据排除规程》重申《严格排除非法证据规定》相关规定,确立了非法实物证据的排除规则,并将非法实物证据进一步限定为采用非法搜查、扣押等措施取得的实物证据,即:采用非法搜查、扣押等违反法定程序的方法收集物证、书证,可能严重影响司法公正的,应当予以补正或者作出合理解释;不能补正或者作出合理解释的,对有关证据应当予以排除。所谓"非法搜查、扣押",主要是指未经依法批准或授权而滥用搜查、扣押措施。

司法实践中,要正确区分非法证据和瑕疵证据。刑事诉讼法规定的非法证据有特定的含义,只有通过违反法定程序并且严重侵犯人权(或者严重影响司法公正)的非法方法收集的证据,才属于"非法证据";瑕疵证据虽然也涉及违反取证程序的情形,但一般是指收集证据的时间、地点、签名等技术性违法,并不侵犯被告人基本权利,例如,询问证人的地点不符合规定的,收集调取的物证、书证,在勘查笔录、提取笔录上没有侦查人员等相关人员签名的,等等,这些并非非法证据排除制度意义上的"非法证据"。实践中,多地法院将非法证据与瑕疵证据相混淆,不当地扩大了非法证据的范围,冲淡了非法证据排除制度的功能和价值,应当引起重视。

二、庭前会议对证据收集合法性争议的处理

1. 庭前全面阅卷。为全面掌握案件情况,确保法庭集中审理,承办法官在开庭审理前应当阅卷,并对证据收集的合法性进行审查:(1)被告人在侦查、审查起诉阶段是否提出排除非法证据申请；提出申请的，是否提供相关线索或者材料。(2)侦查机关、人民检察院是否对证据收集的合法性进行调查核实；调查核实的，是否作出调查结论。(3)对于重大案件，人民检察院驻看守所检察人员在侦查终结前是否核查讯问的合法性，是否对核查过程同步录音录像；进行核查的，是否作出核查结论。(4)对于人民检察院在审查逮捕、审查起诉阶段排除的非法证据，是否随案移送并写明为依法排除的非法证据。对证据收集的合法性进行审查后，人民法院认为需要补充证据材料的，应当通知人民检察院在三日内补送。

2. 权利告知。人民法院向被告人及其辩护人送达起诉书副本时，应当告知其有权在开庭审理前申请排除非法证据并同时提供相关线索或者材料。上述情况应当记录在案。在开庭审理前告知被告人有权申请排除非法证据，可以有效防止被告人到庭审阶段才提出相关申请，保证庭审的集中性和有序性。同时，为确保被告方有效取得相关线索或者材料，依法申请排除非法证据，被告人申请排除非法证据，但没有辩护人的，人民法院应当通知法律援助机构指派律师为其提供辩护。

3. 关于申请的提出及对申请的审查。为防止被告人滥用申请权，避免造成司法资源的浪费，《非法证据排除规程》对被告人提出申请的条件、形式及时限等问题进行了规范。

(1)申请的条件。被告人及其辩护人申请排除非法证据，应当提供相关线索或者材料。“线索”是指内容具体、指向明确的涉嫌非法取证的人员、时间、地点、方式等；“材料”是指能够反映非法取证的伤情照片、体检记录、医院病历、讯问笔录、讯问录音录像或者同监室人员的证言等。如果被告人仅仅泛泛地辩称自己遭到刑讯逼供，而提不出任何涉嫌对其刑讯的人员、时间、地点、方式等细节信息，就未能完成初步的举证责任。(2)申请的形式。被告人及其辩护人申请排除非法证据，应当向人民法院提交书面申请。被告人书写确有困难的，可以口头提出申请，但应当记录在案，并由被告人签名或者捺印。(3)申请的时限。被告人及其辩护人申请排除非法证据，应当在开庭审理前提出，但在庭审期间发现相关线索或者材料等情形除外。

根据司法实际，人民法院受理被告人的申请后，对申请的审查及处理方式可分为以下三种情形：(1)被告人及其辩护人申请排除非法证据，并提供相关线索或者材料的，人民法院应当召开庭前会议，并在召开庭前会议三日前将申请书和相关线索或者材料的复制件送交人民检察院。(2)被告人及其辩护人申请排除非法证据，未提供相关线索或者材料的，人民法院应当告知其补充提交。被告人及其辩护人未能补充的，人民法院对申请不予受理，并在开庭审理前告知被告人及其辩护人。(3)对于可能判处无期徒刑、死刑或者黑社会性质组织犯罪、严重毒品犯罪等重大案件，被告人在驻看守所检察人员对讯问的合法性进行核查询问时，明确表示侦查阶段没有刑讯逼供等非法取证情形，在审判阶段又提出排除非法证据申请的，应当说明理由，人民法院经审查对证据收集的合法性没有疑问的，可以驳回申请；驻看守所检察人员在重大案件侦查终结前未对讯问的合法性进行核查询问，或者未对核查询问过程全程同步录音录像，被告人及其辩护人在审判阶段提出排除非法证据申请，提供相关线索或者材料，人民法院对证据收集的合法性有疑问的，应当依法进行调查。

4. 庭前会议中证据的出示方式。为充分发挥庭前会议程序在解决证据收集合法性争议方面的预期功能，需要促使控辩双方就争议问题充分交换意见，积极进行协商。关于在庭前会议中能否播放讯问录音录像和通知相关人员到会的问题，在起草过程中形成三种意见：第一种意见认为，在庭前会议中能否播放录音录像或者通知相关人员到会，情况比较复杂，可交由审判人员根据案件情况作出判断，不宜具体规定；第二种意见认为，为了避免庭前会议取代法庭审理的质疑，应当明确禁止在庭前会议中播放录音录像或者通知相关人员到会，待庭审一并解决；第三种意见认为，录音录像与讯问笔录等书面材料性质相同，对于有讯问录音录像的案件，在庭前会议中播放录音录像有助于尽早解决证据合法性争议，确保法庭集中审理。根据试点工作和征求意见情况，我们同意第三种意见，即：人民法院可以对有关材料进行核实，经控辩双方申请，可以有针对性地播放讯问录音录像。

5. 庭前会议对证据收集合法性争议的处理方式。立足司法实际，《非法证据排除规程》将庭前会议对证据收集合法性的处理方式概括为四种情形：(1)在庭前会议中，人民检察院可以撤回有关证据。撤回的证据，没有新的理由，不得在庭审中出示。(2)被告人及其辩护人可以撤回排除非法证据的申请；撤回申请后，没有新的线索或者材料，不得再次对有关证据提出排除申请。(3)控辩双方在庭前会议中对证据收集的合法性达成一致意见的，法庭应当在庭审中向控辩双方核实并当庭予以确认。对于一方在庭审中反悔的，除有正当理由外，法庭一般不再进行审查。(4)对于控辩双方在庭前会议中对证据收集是否合法未达成一致意见的情形，《严格排除非法证据规定》第26条规定，人民法院对证据收集的合法性有疑问的，应当在庭审中进行调查；人民法院对证据合法性没有疑问，且没有新的线索或材料表明可能存在非法取证的，可以决定不再进行调查。但有意见认为，该规定容易引起以庭前会议取代法庭调查的质疑。根据司法实际和试点工作情况，《非法证据排除规程》规定："控辩双方在庭前会议中对证据收集的合法性未达成一致意见，人民法院应当在庭审中进行调查，但公诉人提供的相关证据材料确实、充分，能够排除非法取证情形，且没有新的线索或者材料表明可能存在非法取证的，庭审调查举证、质证可以简化。"这一规定对《严格排除非法证据规定》予以细化和完善，实现了庭前会议和法庭调查的衔接，既是对庭前会议功能和效力的肯定，也可以避免庭前会议处理结果面临不必要的争议，与《严格排除非法证据规定》在本质上是一致的。

三、法庭审理阶段对证据收集合法性争议的处理

1. 对当庭提出的排除非法证据申请的处理。被告人及其辩护人在开庭审理前未申请排除非法证据，在庭审过程中提出申请的，应当说明理由。人民法院经审查，对证据收集的合法性有疑问的，应当进行调查；没有疑问的，应当驳回申请。人民法院驳回排除非法证据的申请后，被告人及其辩护人没有新的线索或者材料，以相同理由再次提出申请的，人民法院不再审查。

2. 以先行调查为原则，以法庭调查结束前调查为例外。人民法院决定对证据收集的合法性进行法庭调查的，应当先行当庭调查。对于被申请排除的证据和其他犯罪事实没有关联等情形，为防止庭审过分迟延，可以先调查其他犯罪事实，再对证据收集的合法性进行调查。需要强调的是，在对证据收集合法性的法庭调查程序结束前，不得对有关证据出示、宣读。

3. 证据收集合法性的证明责任和证明方式。证据收集合法性的举证责任由人民检察院承担。公诉人对证据收集的合法性加以证明，可以出示讯问笔录、提讯登记、体检记录、采取强制措施或者侦查措施的法律文书、侦查终结前对讯问合法性的核查材料等证据材料，也可以针对被告人及其辩护人提出异议的讯问时段播放讯问录音录像，提请法庭通知侦查人员或者其他人员出庭说明情况。需要注意的是，这里规定的"出示讯问笔录"、"播放讯问录音录像"，关注的是供述的证据能力问题，因供述的合法性尚存争议，故此时不能具体宣读讯问笔录或者播放讯问录音录像的具体供述，只是基于讯问笔录、讯问录音录像显示的讯问时间、地点、提问内容等事项，审查讯问过程的合法性。与侦查讯问笔录和讯问录音录像不同，对讯问合法性的核查材料可以直接反映被告人是否提出过刑讯逼供或者非法取证问题，公诉人出示相关核查材料时，可以宣读核查材料的具体内容或者播放核查录音录像，被告人可以进行质证、辩论。在对证据收集的合法性进行调查时，不得以侦查人员签名并加盖公章的说明材料替代侦查人员出庭。侦查人员或者其他人员出庭的，应当向法庭说明证据收集过程，并就相关情况接受发问。经人民法院通知，侦查人员不出庭说明情况，不能排除以非法方法收集证据情形的，对有关证据应当予以排除。

4. 证据收集合法性的证明标准。经法庭审理，具有下列情形之一的，对有关证据应当予以排除：(1)确认以非法方法收集证据的。(2)应当对讯问过程录音录像的案件没有提供讯问录音录像，或者讯问录音录像存在选择性录制、剪接、删改等情形，现有证据不能排除以非法方法收集证据的。(3)侦查机关除紧急情况外没有在规定的办案场所讯问，现有证据不能排除以非法方法收集证据的。(4)驻看守所检察人员在重大案件侦查终结前未对讯问合法性进行核查，或者未对核查过程同步录音录像，或者录音录像存在选择性录制、剪接、删改等情形，现有证据不能排除以非法方法收集证据的。(5)其他不能排除存在以非法方法收集证据的。

5. 法庭对证据收集合法性争议的裁判方式。人民法院对证据收集的合法性进行调查后,应当当庭作出是否排除有关证据的决定。必要时可以宣布休庭,由合议庭评议或者提交审判委员会讨论,再次开庭时宣布决定。但无论是当庭还是休庭后作出决定,在法庭作出相关决定之前不得对有关证据宣读、质证。

四、二审阶段对证据收集合法性争议的处理

《非法证据排除规程》立足司法实际,对二审阶段关于证据收集合法性争议的处理作出具体规定,可以概括为以下三种情形:

1. 被告人在一审期间没有申请排除非法证据,在二审期间才提出申请的。《非法证据排除规程》对二审法院应当审查的情形作了限定:"被告人及其辩护人在第一审程序中未提出排除非法证据的申请,在第二审程序中提出申请,有下列情形之一的,第二审人民法院应当审查:(一)第一审人民法院没有依法告知被告人申请排除非法证据的权利的;(二)被告人及其辩护人在第一审庭审后发现涉嫌非法取证的相关线索或者材料的。"

2. 被告人在一审期间申请排除非法证据,但一审法院未予审查的。第一审人民法院对被告人及其辩护人排除非法证据的申请未予审查,并以有关证据作为定案的根据,可能影响公正审判的,第二审人民法院应当裁定撤销原判,发回原审人民法院重新审判。

3. 控辩双方对一审法院的审查结论提出异议的。控辩双方对证据收集合法性裁判不服,不能单独就此提出上诉、抗诉,但可在上诉、抗诉中将之作为理由。人民检察院、被告人及其法定代理人提出抗诉、上诉,对第一审人民法院有关证据收集合法性的审查、调查结论提出异议的,第二审人民法院应当审查。第一审人民法院对依法应当排除的非法证据未予排除的,第二审人民法院可以依法排除相关证据。

需要强调的是,为避免因人民检察院怠于举证而引发不必要的程序争议,如果人民检察院在第一审程序中未出示证明证据收集合法性的证据,第一审人民法院依法排除有关证据的,人民检察院在第二审程序中不得出示之前未出示的证据,但在第一审程序后发现的除外。

《人民法院办理刑事案件庭前会议规程(试行)》的理解与适用

戴长林 鹿素勋*

制定《人民法院办理刑事案件庭前会议规程(试行)》(以下简称《庭前会议规程》),目的在于规范庭前会议的适用,解决与审判有关的程序性事项,提升庭审效率和庭审质量,实现庭审实质化,深入推进以审判为中心的刑事诉讼制度改革。《庭前会议规程》共计 27 条,规定了庭前会议的功能、适用范围、基本规程、主要内容、效力以及与庭审的衔接方式等。

一、明确庭前会议的功能定位

1. 解决可能导致庭审中断的程序性申请和异议,确保庭审集中审理、持续审理。庭前会议中,人民法院可以依法处理有关回避、出庭证人名单、非法证据排除等可能导致庭审中断的事项。在公诉方提起指控之后,辩护方可能提出各种程序性申请和异议,如申请回避,申请特定证人出庭,申请排除非法证据,或者对管辖权提出异议,等等。对于上述申请或者异议,通过庭前会议集中解决,可避免庭审中断。

2. 组织证据展示,明确事实、证据争点,确保庭审充分审理、高效审理。庭前会议中,人民法院可以组织控辩双方展示证据,归纳控辩双方争议焦点。由于控辩双方的争点在庭审前就已经初步明确,法庭就可以围绕上述争议问题组织控辩双方积极举证、质证和辩论,突出庭审调查的针对性,提高庭审辩论的充分性,确保庭审的成效。

---

* 作者单位:最高人民法院。

3. 庭前会议不能弱化庭审，更不能取代庭审。人民法院可以在开庭审理前召开庭前会议，就与审判相关的问题了解情况，听取意见，开展必要的庭审准备工作。该条明确了庭前会议召开目的是开展必要的庭审准备工作，因此庭前会议可以进行证据展示，但不能以证据展示取代庭审举证和质证；可以整理事实和证据争点，目的是突出庭审重点，确保庭审质效，不能弱化和取代庭审调查、辩论等。

二、明确庭前会议的适用范围

1. 证据材料较多，案情疑难复杂的案件。例如：涉及多个罪名、多起事实或者多名被告人的黑社会性质组织犯罪案件、经济犯罪案件等，庭审的事实、证据调查工作量较大，有必要召开庭前会议整理事实、证据争点。通过庭前会议有效区分存在争议和无争议的事实、证据，能够确保庭审更具针对性，大幅度提高庭审效率。

2. 社会影响重大，舆论广泛关注的案件。一些案件事实并不复杂，当事人争议也不大，但案件本身由于当事人身份、案件后果等因素引起社会普遍关注。此类案件通常需要制定周密的庭审预案，因此有必要召开庭前会议就相关问题听取相关当事人等的意见，确保庭审顺利进行，在确保程序公正的同时充分发挥庭审的法制宣传教育功能。

3. 控辩双方对事实证据存在较大争议的案件。此类案件召开庭前会议，一方面可以听取控辩双方对事实证据的意见，整理案件争议焦点；另一方面控辩双方经过庭前会议初次交锋，互相明了对方观点，也能在庭前会议后为庭审辩论做好充分准备，实现控辩双方平等、有效对抗，有利于提高庭审质量。

4. 当事人提出的申请或者异议可能导致庭审中断的案件。《庭前会议规程》列举了对案件管辖提出异议，申请有关人员回避等可能导致庭审中断的情形。如果控辩双方对上述事项存在较大争议并提出异议，人民法院可召开庭前会议，在庭前妥善解决争议，避免庭审被迫中断。

三、明确庭前会议的基本规程

1. 关于庭前会议的启动。《庭前会议规程》除规定 4 类案件人民法院可视情况决定召开庭前会议外,还规定控辩双方可以申请人民法院召开庭前会议。当然,控辩双方申请召开庭前会议的,不会导致庭前会议的必然召开,人民法院对控辩双方的申请要予以审查,认为有必要的则召开庭前会议,没有必要的则无须召开,但决定不召开庭前会议的,应当告知申请人。

2. 关于庭前会议的召开方式。庭前会议一般不公开进行。同时,考虑到部分案件庭前会议可能仅解决回避、管辖、不公开审理等争议较为简单的程序性问题,当事人、辩护人等可能一时不在当地,根据案件情况,庭前会议可以采用视频会议等方式进行。在不影响庭前会议质量的情况下,人民法院采用灵活方式召开庭前会议,既方便诉讼,又能提高诉讼效率。

3. 关于庭前会议的主持人员。庭前会议一般由承办法官主持。同时,考虑到合议庭还有其他成员,且合议庭共同对案件负责,在承办法官有特殊情况不能主持的情况下,规定其他合议庭成员也可以主持。《庭前会议规程》还规定,根据案件情况,承办法官可以指导法官助理主持庭前会议。该条规定与《最高人民法院关于完善人民法院司法责任制的若干意见》第 16 条和第 19 条的相关规定是一致的。

4. 关于庭前会议的参与人员。《庭前会议规程》规定,合议庭其他成员可以参加庭前会议;同时,基于保护被告人权益,形成控辩双方平等对抗,以及人民检察院作为"法律监督者"的要求,公诉人、辩护人应当参加庭前会议。

关于被告人参加庭前会议的问题,司法实践中要注意把握以下两点:首先,有多名被告人参加庭前会议的,应当采取必要措施防止串供,特别是庭前会议中,涉及被告人口供的场合(包括对审前口供的异议及非法口供的排除),可参照庭审程序,分别组织被告人逐一参加庭前会议;其次,被告人不参加庭前会议的,辩护人应当就庭前会议处理事项听取被告人意见,注意保障被告人诉讼权利。

5. 关于庭前会议召开的时间、地点等。作为庭前准备程序,司法实践中庭前会议在正式开庭审理之前召开,是其应有之义。此外,人民法院休庭后,可以在再次开庭前召开庭前会议。

四、明确庭前会议的主要内容

1. 处理程序性事项。《庭前会议规程》明确了庭前会议对十项程序性事项处理的效力,即:对于规定中可能导致庭审中断的程序性事项,人民法院应当依法作出处理,在开庭审理前告知处理决定,并说明理由。控辩双方没有新的理由,在庭审中再次提出有关申请或者异议的,法庭应当依法予以驳回。同时,《庭前会议规程》分别规定了对上述程序性事项的具体处理方式。

2. 组织展示证据。在庭前会议中,对于控辩双方决定在庭审中出示的证据,人民法院可以组织控辩双方展示证据,听取控辩双方对在案证据的意见,归纳存在争议的证据。司法实践中,在庭前会议中展示证据时应注意三方面问题:首先,不能以证据展示取代庭审举证、质证,故在庭前会议展示证据时,不主张详细宣读证据内容,控辩双方可采取对证据证明事项予以简要概括说明等方式,听取对方意见。其次,对于控辩双方在庭前会议中没有争议的证据材料,庭审时举证、质证可以简化,以实现通过证据展示简化庭审的目的。最后,人民法院组织展示证据的,一般应当通知被告人到场,听取被告人意见;如果被告人不到场,辩护人要在召开庭前会议前采取适当方式听取被告人意见;如有必要,在庭前会议结束后,应将证据展示的情况告知被告人,确保被告人对证据的知情权和质证权。

3. 整理事实和证据争点。人民法院可以在庭前会议中归纳控辩双方的争议焦点,明确法庭调查的方式和重点。通过证据展示,梳理存在争议的证据,归纳争议的焦点。对于控辩双方在庭前会议中没有争议的证据材料,在庭审中可以仅就证据的名称及其证明的事项作出说明,简化举证、质证,简化质证并非不质证。对于控辩双方存在争议的证据,应当单独举证、质证。

4. 开展附带民事调解。对于被害方提起附带民事诉讼的,人民法院可以在庭前会议中进行调解。在庭前以调解方式处理附带民事诉讼,能有效促使被告人、被害人达成和解,使被害人尽早得到赔偿。

5. 选择审理程序。司法实践中,控辩双方通过庭前会议展示证据、发表意见后,被告人经过对相关证据的分析评估后,可能会自愿认罪认罚,对此,人民法院可以决定不适用普通程序审理,对案件进行繁简分流。也就是说,对于被告人在庭前会议前不认罪，在庭前会议中又认罪的案件，人民法院核实被告人认罪的自愿性和真实性后，可以依法适用速裁程序或者简易程序审理。

6. 建议撤回起诉。为防止“事实不清、证据不足”的案件轻易进入审判程序，对于不符合开庭要求的案件有必要进行相应的分流处理，切实发挥庭前准备程序的过滤功能。根据《关于推进以审判为中心的刑事诉讼制度改革的意见》要求，《庭前会议规程》规定：人民法院在庭前会议中听取控辩双方对案件事实证据的意见后，对于明显事实不清、证据不足的案件，可以建议人民检察院撤回起诉。作出该规定，主要考虑到有时经过控辩双方出示证据并发表意见后，人民法院会发现案件明显事实不清、证据不足，此时若不建议人民检察院撤回起诉，径直进行庭审，一方面会造成资源的浪费，另一方面也不利于被告人特别是被羁押被告人的人权保障。

五、明确庭前会议的效力以及与庭审的衔接方式

1. 人民法院在庭前会议可以决定的事项。对可能导致庭审中断的程序性事项，如申请回避、提出管辖权异议、对出庭证人名单提出异议等，人民法院可以在庭前会议中作出处理决定，在开庭审理前告知处理决定，并说明理由。控辩双方没有新的理由，在庭审中再次提出有关申请或者异议的，法庭应当依法予以驳回。

2. 控辩双方可以在庭前会议中对相关问题进行协商并作出合意决定。在庭前会议中，控辩双方不仅可以向审判人员反映情况，发表意见，而且可以积极地协商解决相应的争议问题。例如，对于被告人及其辩护人提出的非法证据排除申请，人民法院不能在庭前会议中作出决定，但控辩双方可以对此交换意见，经过控辩双方出示证据、进行协商，可以作出合意决定，被告人及其辩护人可以选择撤回申请，公诉人也可以选择不将该证据作为指控犯罪的根据。同时，控辩双方可以协商决定事实证据争点，明确有争议的证据和没有争议的证据，进而确定庭审调查的重点。

3. 庭前会议处理结果的拘束力。《庭前会议规程》规定，要通过在庭审中宣读庭前会议报告，确定庭前会议处理事项的拘束力。首先，对于庭前会议处理的可能导致庭审中断的程序性事项，控辩双方没有新的理由，在庭审中再次提出有关申请或者异议的，法庭应当依法予以驳回。其次，对于庭前会议中达成一致意见的事项，法庭向控辩双方核实后当庭予以确认。控辩双方在庭前会议中就有关事项达成一致意见，又在庭审中反悔的，除有正当理由外，法庭一般不再对有关事项进行处理。最后，对于未达成一致意见的事项，法庭可以归纳控辩双方争议焦点，听取控辩双方意见，并依法作出处理。

《人民法院办理刑事案件第一审普通程序法庭调查规程(试行)》的理解与适用

戴长林　刘静坤*

为认真贯彻党的十八届三中、四中全会改革要求,全面深入推进以审判为中心的刑事诉讼制度改革,充分发挥庭审在查明事实、认定证据、保护诉权、公正裁判中的决定性作用,最高人民法院制定发布《人民法院办理刑事案件第一审普通程序法庭调查规程(试行)》(以下简称《法庭调查规程》)。《法庭调查规程》分为五个部分,共计56条,是推进庭审实质化改革的关键举措。在总结传统庭审经验基础上,《法庭调查规程》将证据裁判、程序公正、集中审理、诉权保障确立为法庭调查的基本原则,规范宣布开庭和讯问、发问程序,落实证人、鉴定人出庭作证制度,完善各类证据的举证、质证、认证规则,有助于确保诉讼证据出示在法庭、案件事实查明在法庭、诉辩意见发表在法庭、裁判结果形成在法庭。

一、宣布开庭和讯问、发问程序

1. 宣布开庭程序

宣布开庭是整个庭审程序的开端。由于庭前会议通常不公开进行,并且初步处理的事项最终有待法庭当庭确认,因此,要处理好庭前会议与庭审的衔接问题。

为充分保障被告人诉权,法庭宣布开庭后,无论是否召开庭前会议,都应当告知被告人在法庭审理过程中依法享有的诉讼权利。也就是说,当庭

* 作者单位:最高人民法院。

告知被告人诉讼权利,是庭审必经程序,不能因庭前会议告知诉讼权利就在庭审时省略这一程序。同时,对于召开庭前会议的案件,如涉及诉讼权利方面的事项,法庭可以在庭前会议中对有关事项作出初步处理,此种情况下,法庭可以在开庭后告知诉讼权利的环节,一并宣布庭前会议对有关事项的处理结果。

对于召开庭前会议的案件,按照要求应当制作庭前会议报告。为明确法庭审理的焦点事项,让控辩双方和旁听人员了解庭前会议的基本情况,公诉人宣读起诉书后,法庭应当首先宣布庭前会议报告的主要内容。需要指出的是,有多起犯罪事实的案件,法庭可以在有关犯罪事实的法庭调查开始前,分别宣布庭前会议报告的相关内容。

对于庭前会议中达成一致意见的事项,法庭可以向控辩双方核实后当庭予以确认;对于庭前会议中未达成一致意见的事项,法庭可以在庭审涉及该事项的环节归纳争议焦点,听取控辩双方意见,并在庭前会议基础上依法作出处理。概言之,法庭在庭前会议中初步处理的所有事项,最终都要通过法庭审理程序予以确认,这种确认程序,既是对庭前会议功能和效力的肯定,也能够避免庭前会议处理结果面临不必要的争议。

2. 对被告人的讯问程序

根据法律规定,公诉人在法庭上宣读起诉书后,被告人可以就起诉书指控的犯罪进行陈述,并接受各方讯问、发问。被告人是否认罪,对法庭审理程序有重要影响。因此,公诉人宣读起诉书后,审判长应当询问被告人对起诉书指控的犯罪事实是否有异议,听取被告人的供述和辩解。对于被告人当庭认罪的案件,应当核实被告人认罪的自愿性和真实性,并听取其供述和辩解。如果被告人在该环节自愿真实认罪,法庭可以相应地简化审理程序。

法庭核实被告人是否认罪后,在审判长主持下,公诉人可以就起诉书指控的犯罪事实讯问被告人。有的案件,在该环节就案件事实证据问题详细讯问被告人,可能与后续的举证质证重复,且导致庭审低效拖延。为防止庭审过分拖延,公诉人就证据问题向被告人的发问可在举证、质证环节进行。有多名被告人的案件,为防止对被告人发问的次序混乱,辩护人对被告人的发问,应当在审判长主持下,先由被告人本人的辩护人进行,再由其他被告人的辩护人进行。

有多名被告人的案件,为防止各被告人串供,影响庭审顺利进行,对被告人进行讯问的,应当分别进行。被告人供述之间存在实质性差异的,为准确认定证据,法庭可以传唤有关被告人到庭对质。审判长可以分别讯问被告人,就供述的实质性差异进行调查核实。经审判长准许,控辩双方可以向被告人讯问、发问。在此基础上,审判长认为有必要的,可以准许被告人之间相互发问。根据案件审理需要,审判长可以安排被告人与证人、被害人依照这种方式进行对质。

起诉书指控的被告人的犯罪事实为两起以上的,法庭调查一般应当分别进行。基于量刑规范化改革经验,为建立相对独立的量刑程序,确保量刑公正,对于被告人不认罪或者认罪后又反悔的案件,法庭应当对与定罪和量刑有关的事实、证据进行全面调查。相应地,基于案件繁简分流的考量,对于被告人当庭认罪的案件,法庭核实被告人认罪的自愿性和真实性,确认被告人知悉认罪的法律后果后,可以主要围绕量刑事实和其他有争议的问题进行调查。

3. 被害人参与诉讼的方式及对被害人的发问程序

有的案件,特别是非法集资等涉众型案件,被害人数量众多,分散各地,要处理好被害人合法权益保护和庭审顺利进行的关系问题。现阶段,基于一些地方的实践探索,可以考虑建立被害人代表人参与诉讼制度。具体言之,申请参加庭审的被害人众多,且案件不属于附带民事诉讼范围的,被害人可以推选若干代表人参加或者旁听庭审,人民法院也可以指定若干代表人。

对于被害人参与庭审的案件,为避免其他证据影响被害人的陈述内容,有必要注意被害人当庭陈述的时间节点。实践中,可以考虑让被害人先行向法庭提供证据。对被告人发问完毕后,其他证据出示前,在审判长主持下,参加庭审的被害人可以就起诉书指控的犯罪事实作出陈述。经审判长准许,控辩双方可以在被害人陈述后向被害人发问。

二、出庭作证程序

1. 出庭作证的人员范围

尽管强调完善证人、鉴定人出庭制度，但基于必要性和司法资源等考虑，并不是所有案件中的所有证人、鉴定人都有必要出庭。总体上讲，各类人员出庭都要坚持必要性原则，且通常涉及案件中的关键证据。

具言之，控辩双方对证人证言、被害人陈述有异议，申请证人、被害人出庭，人民法院经审查认为证人证言、被害人陈述对案件定罪量刑有重大影响的，应当通知证人、被害人出庭。控辩双方对鉴定意见有异议，申请鉴定人或者有专门知识的人出庭，人民法院经审查认为有必要的，应当通知鉴定人或者有专门知识的人出庭。控辩双方对侦破经过、证据来源、证据真实性或者证据收集合法性等有异议，申请侦查人员或者有关人员出庭，人民法院经审查认为有必要的，应当通知侦查人员或者有关人员出庭。需要强调的是，为查明案件事实、调查核实证据，人民法院可以依职权通知上述人员到庭。

2. 出庭作证的程序机制和保障措施

为促使有关人员出庭作证，有必要在通知到庭基础上，建立协助到庭、视频作证、强制到庭等多层次的程序机制。首先，人民法院通知证人、被害人、鉴定人、侦查人员、有专门知识的人等出庭后，控辩双方要协助有关人员到庭，依法履行各自的举证责任。对于应当出庭作证的证人，在庭审期间因身患严重疾病等客观原因确实无法出庭的，可以通过视频等方式远程作证。同时，对于强制证人出庭的情形，应当由院长签发强制证人出庭令，并由法警执行；必要时可以商请公安机关协助执行。应当注意的是，强制到庭是证人出庭的最后手段，需要进一步完善相应的操作程序。

决定对出庭作证的证人、鉴定人、被害人采取不公开个人信息的保护措施的，审判人员应当在开庭前核实其身份，对证人、鉴定人如实作证的保证书不得公开，在判决书、裁定书等法律文书中可以使用化名等代替其个人信息。审判期间，证人、鉴定人、被害人提出保护请求的，人民法院应当立即审查，确有必要的，应当及时决定采取相应的保护措施；必要时，可以商请公安机关采取专门性保护措施。同时，证人、鉴定人和有专门知识的人出庭作证所支出的交通、住宿、就餐等合理费用，除由控辩双方支付的以外，列入出庭作证补助专项经费，在出庭作证后由人民法院依照规定程序发放。

3. 出庭作证的具体流程

一是到庭核实程序。证人、鉴定人出庭，法庭应当当庭核实其身份、与当事人以及本案的关系，审查证人、鉴定人的作证能力、专业资质，并告知其有关作证的权利义务和法律责任。其中，对证人应当重点审查作证能力，对鉴定人应当重点审查专业资质。证人、鉴定人作证前，应当保证向法庭如实提供证言、说明鉴定意见，并在保证书上签名。

二是发问程序。向证人发问，实际上就是对证人证言的举证、质证过程。证人出庭后，先向法庭陈述其所感知的案件事实，然后一般先由举证方发问；发问完毕后，对方也可以发问。控辩一方申请证人出庭的情形，也可以先由申请方发问。这种以举证方先发问为原则、申请方先发问为补充的发问模式，既能与庭审司法证明的过程契合，也有助于确保证人全面客观地陈述案件事实。

向证人发问，应当以归纳争议、充分质证、解决争议为宗旨。控辩双方发问完毕后，可以发表本方对证人证言的质证意见，避免对证人证言质证过于延迟以及无法得到有效回应等问题。控辩双方如有新的问题，经审判长准许，可以再行发问。审判人员认为必要时，可以询问证人。法庭依职权通知证人出庭的情形，审判人员应当主导对证人的询问。经审判长准许，被告人可以向证人发问。

三是发问原则。向证人发问，发问内容应当与案件事实有关，不得采用诱导方式发问，不得威胁或者误导证人，不得损害证人人格尊严，不得泄露证人个人隐私。一些实行交叉询问制度的国家，并不禁止在反询问环节提出诱导性问题，鉴于我国尚未确立类似的交叉询问机制，司法实践中缺乏必要经验，故暂未作出类似规定。为规范向证人发问的程序，法庭应当有效发挥主导作用。控辩一方发问方式不当或者内容与案件事实无关，违反有关发问规则的，对方可以提出异议。对方当庭提出异议的，发问方应当说明发问理由,审判长判明情况予以支持或者驳回;对方未当庭提出异议的,审判长也可以根据情况予以制止。审判长认为证人当庭陈述的内容与案件事实无关或者明显重复的,可以进行必要的提示。

四是发问方式。为避免证人之间互相影响,对于有多名证人出庭作证的案件,向证人发问应当分别进行。证人出庭作证前,应当在法庭指定的地点等候,不得谈论案情,必要时可以采取隔离等候措施。证人出庭作证后,审判长应当通知法警引导其退庭。证人不得旁听对案件的审理。鉴于被害人与证人的身份具有共同点,又有内在的差异,被害人出庭作证的程序应当与证人有所区别。被害人不参加法庭审理,仅出庭陈述案件事实的,参照适用证人的有关规定;被害人出庭陈述案件事实后旁听庭审的,应当在证人出庭作证前陈述案件事实。

五是对质程序。参照被告人对质程序,审判长可以分别询问证人,就证言的实质性差异进行调查核实。经审判长准许,控辩双方可以向证人发问。在此基础上,审判长认为有必要的,可以准许证人之间相互发问。

六是庭前证言的出示。基于直接言词原则的要求,证人出庭作证的,其庭前证言一般不再出示、宣读,但以下情形除外:证人出庭作证时遗忘或者遗漏庭前证言的关键内容,需要向证人作出必要提示的;证人的当庭证言与庭前证言存在矛盾,需要证人作出合理解释的。在这两种情况下,出示庭前证言是提示证人、核实证言的必然要求。同时,为核实证据来源、证据真实性等问题,或者帮助证人回忆,经审判长准许,控辩双方可以在询问证人时向其出示物证、书证等证据。

七是有专门知识的人出庭。控辩双方可以申请法庭通知有专门知识的人出庭,协助本方就鉴定意见进行质证。有专门知识的人可以与鉴定人同时出庭,在鉴定人作证后向鉴定人发问,并对案件中的专门性问题提出意见。申请有专门知识的人出庭,应当提供人员名单,并不得超过二人。有多种类鉴定意见的,可以相应增加人数。同一鉴定意见涉及多名鉴定人的情形,有关鉴定人,以及对该鉴定意见进行质证的有专门知识的人,可以同时出庭,不受分别发问规则的限制。

三、举证、质证程序

1. 举证、质证的一般规则

一是举证、质证的基本顺序。基于举证基本原理，开庭讯问、发问程序结束后，公诉人先行举证。公诉人举证完毕后，被告人及其辩护人可以举证，公诉人出示某一证据后，经审判长准许，被告人及其辩护人可以出示证据予以反驳。简言之，被告方既可以通过举证的方式来反驳控诉方的指控，也可以在不举证的情况下，直接对控诉方出示的证据进行反驳。

控辩一方举证后，对方可以发表质证意见。针对司法实践中质证程序过于简单等问题，必要时，控辩双方可以对争议的证据进行多次质证。有些案件中，公诉人在举证时可能涉及对被告方有利的证据，对此类证据，如由被告方随后再予出示，明显重复且无必要，有鉴于此，被告人及其辩护人认为公诉人出示的有关证据对本方诉讼主张有利的，可以在发表质证意见时予以认可，或者在发表辩护意见时直接援引有关证据。

为解决司法实践中诸多证据捆绑质证等问题，对于可能影响定罪量刑的关键证据和控辩双方存在争议的证据，一般应当单独举证、质证；对于控辩双方无异议的非关键性证据，可以仅就证据的名称及其证明的事项作出说明。

二是法庭的提示职责和审查职责。为避免在法庭调查环节遗漏或者忽视关键证据，对于控辩双方随案移送或者庭前提交，但没有当庭出示的证据，审判长可以进行必要的提示；对于其中可能影响定罪量刑的关键证据，审判长应当提示控辩双方出示。对于案件中可能影响定罪量刑的事实、证据存在疑问，控辩双方没有提及的，审判长应当引导控辩双方发表质证意见，并依法调查核实。

2. 各类证据的举证方式

一是最佳证据规则的要求。对于物证、书证、视听资料、电子数据等证据应当出示原物、原件。取得原物、原件确有困难的，可以出示照片、录像、副本、复制件等足以反映原物、原件外形和特征以及真实内容的材料，并说明理由。对于鉴定意见和勘验、检查、辨认、侦查实验等笔录，应当出示原件。

二是注意举证与证明的关联。为确保举证和证明具有针对性,控辩双方出示证据,应当重点围绕与案件事实相关内容或者控辩双方存在争议的内容进行。出示证据时,可以借助多媒体设备等方式出示、播放或者演示证据内容。

三是书面言词证据举证的特殊要求。控辩双方对证人证言、被害人陈述、鉴定意见无异议,上述人员不需要出庭的,以及上述人员因客观原因无法出庭且无法通过视频等方式作证的,可以出示、宣读庭前收集的书面证据材料或者庭前制作的作证过程录音录像。被告人当庭供述与庭前供述的实质性内容一致的,可以不再出示庭前供述;当庭供述与庭前供述存在实质性差异的,可以出示、宣读庭前供述中存在实质性差异的内容。

四是技术侦查证据的举证要求。基于未经质证不得认证的基本原则,采用技术侦查措施收集的证据,应当当庭出示。当庭出示、辨认、质证可能危及有关人员的人身安全,或者可能产生其他严重后果的,应当采取不暴露有关人员身份、不公开技术侦查措施和方法等保护措施。为规范庭外核实程序,使之成为庭审证据调查的规范延伸,法庭决定在庭外对技术侦查证据进行核实的,可以召集公诉人和辩护律师到场。在场人员应当履行保密义务。

3. 证据疑问和异议的处理程序

法庭对证据有疑问的,可以告知控辩双方补充证据或者作出说明;必要时可以在其他证据调查完毕后宣布休庭,对证据进行调查核实。对于控辩双方补充和法庭庭外调查核实取得的证据,不能直接作为定案的根据使用,而是应当经过庭审质证才能作为定案的根据。不过,基于严格证明与自由证明的区分,对于不影响定罪量刑的非关键性证据和有利于被告人的量刑证据,经庭外征求意见,控辩双方没有异议的除外。作为法庭证据调查的必要延伸,根据案情审理需要,法庭可以组织控辩双方到现场核实情况,并将核实过程记录在案。

在庭审过程中,控辩双方可能对证据提出各种申请或者异议,法庭应当依法进行审查并作出处理。例如，控辩一方申请出示庭前未移送或提交人民法院的证据，对方提出异议的，申请方应当说明理由，审判长经审查认为理由成立并确有出示必要的，应当准许。对方提出需要对新的证据作质证准备的，法庭应当宣布休庭，并确定准备的时间。

4. 量刑事实的法庭调查

根据量刑规范化改革的要求，为确保量刑公正，在法庭调查环节要专门对量刑事实证据进行调查。法庭除应当审查被告人是否具有法定量刑情节外，还应当根据案件情况审查案件起因、被害人有无过错及过错程度等影响量刑的情节。

审判期间，被告人提出有自首、坦白、立功等法庭量刑情节，或者人民法院发现被告人可能有自首、坦白、立功等法定量刑情节，而人民检察院移送的案卷中没有相关证据材料的，应当通知人民检察院移送。类似地，被告人提出新的立功情节，并提供相关线索或者材料的，人民法院可以建议人民检察院补充侦查。

被告人当庭不认罪或者辩护人作无罪辩护的，法庭对与量刑有关的事实、证据进行调查时，被告人及其辩护人可以当庭发表质证意见，出示证明被告人罪轻的证据。一些案件中，被告方始终坚持无罪辩护，不愿参加量刑事实的法庭调查，为切实维护被告方的量刑辩护权，必要时，审判长可以告知被告人及其辩护人，参加量刑事实、证据的调查并不影响无罪辩护，消除被告方参加量刑事实调查的顾虑。

四、认证规则

1. 证据认证的基本要求

基于认识论的基本原理，对证据证明力的审查判断，要纳入事实证据体系之中进行考察。对于经过控辩双方质证的证据，法庭应当结合控辩双方质证意见，从证据与待证事实的关联程度、证据之间的印证关系、证据自身的真实性程度等方面，综合判断证据能否作为定案的根据。证据与待证事实不存在关联，或者证据自身存在无法解释的疑问，或者证据与待证事实以及其他证据存在无法排除的矛盾的，不得作为定案的根据。

2. 证据排除规则

一是关键证据的关联性规则。通过勘验、检查、搜查等方式搜集的物证、书证等证据，未通过辨认、鉴定等方式确定其与案件事实的关联的，不得作为定案的根据。鉴定意见通常是关键证据，为避免错误采信不科学、不可靠的鉴定意见，法庭对鉴定意见有疑问的，可以重新鉴定。

二是存疑的瑕疵证据的排除规则。瑕疵证据不同于非法证据，并不直接予以排除，而是看证据瑕疵能否得到解决。收集证据的程序、方式不符合法律规定，严重影响证据真实性的，人民法院应当建议人民检察院予以补正或者作出合理解释；不能补正或者作出合理解释的，有关证据不能作为定案的根据。

三是存疑的传闻证据的排除规则。尽管我国尚未实行严格的传闻证据排除规则，但证人没有出庭作证，其庭前证言真实性无法确认的，不得作为定案的根据。基于我国诉讼制度和证据规则，证人的当庭证言并不必然优于庭前证言。证人当庭作出的证言与其庭前证言矛盾，证人能够作出合理解释，并与相关证据印证的，应当采信其庭审证言；不能作出合理解释，而其庭前证言与相关证据印证的，可以采信其庭前证言。

对于鉴定意见，法律实行较为严格的传闻证据排除规则。经人民法院通知，鉴定人拒不出庭作证的，鉴定意见不得作为定案的根据。对于有专门知识的人的意见，其本身不是诉讼证据，但影响到鉴定意见的认证。有专门知识的人当庭对鉴定意见提出质疑，鉴定人能够作出合理解释，并与相关证据印证的，可以采信鉴定意见；不能作出合理解释，无法确认鉴定意见可靠性的，有关鉴定意见不能作为定案的根据。与证人证言类似，被告人的当庭供述与庭前供述、自书材料存在矛盾，被告人能够作出合理解释，并与相关证据印证的，应当采信其当庭供述；不能作出合理解释，而其庭前供述、自书材料与相关证据印证的，可以采信其庭前供述、自书材料。

3. 事实证据争议的处理

为体现司法裁判实质化的要求，法庭要依法处理控辩双方的争议问题，并依法作出裁决。对于控辩双方提出的事实证据争议，法庭应当当庭进行审查,经审查后当庭作出处理的,应当当庭说明理由,并在裁判文书中写明;需要庭后评议作出处理的,应当在裁判文书中说明理由。

4. 证明标准

根据法律规定,法庭认定被告人有罪,必须达到犯罪事实清楚,证据确实、充分,对于定罪事实应当综合全案证据排除合理怀疑。基于疑罪从无原则的要求,定罪证据不足的案件,不能认定被告人有罪,应当作出证据不足、指控的犯罪不能成立的无罪判决。基于定罪事实和量刑事实的区分,两类事实的证明标准并不相同。定罪证据确实、充分,量刑证据存疑的,应当作出有利于被告人的认定。

三、相关案例

黑社会性质组织犯罪的特征认定与证据分析

——张保金等人黑社会性质组织犯罪案

涂俊峰　李　磊*

【裁判要旨】

刑事诉讼中对于证据标准要求严格，但黑社会性质组织犯罪由于时间跨度长、人数众多、隐蔽性强等原因，在黑社会性质组织犯罪的四个特征的认定上，在言词证据等传来证据的审查等方面存在薄弱环节，证据分析时存在诸多难点。本文结合司法实践中的个案证据审查，对黑社会性质组织犯罪的四个特征及证据审查进行梳理。

【案例索引】

一审：深圳市宝安区人民法院（2017）粤0306刑初5525号。

二审：深圳市中级人民法院（2018）粤03刑终320号。

【案情】

原公诉机关：广东省深圳市宝安区人民检察院。

被告人：张保金。

广东省深圳市宝安区人民法院审理查明：以林道雄（已判决）为首的黑社会性质组织，自20世纪90年代开始，主要盘踞在深圳市宝安区西乡一带。该组织头目林道雄依靠其本地人的身份，纠集一批外来无业人员（成员上百人，主要以四川、湖北、江西等籍贯为主）形成危害一方的黑社会性质组织。该组织人员众多，骨干成员固定，层级较为明晰。为攫取非法利益，该组织

* 作者单位：广东省深圳市中级人民法院。

在西乡一带开设赌场、组织卖淫、放高利贷、敲诈勒索收取“保护费”、贩卖毒品、容留他人吸毒，并实施抢劫、故意伤害、非法拘禁等暴力犯罪。在西乡一带已经形成非法控制和重大影响，扰乱了当地群众的工作、生活、经营环境和社会秩序。

以林道雄为首的黑社会性质组织对外称属于“水房帮”，多名成员指认林道雄为“水房帮”的大佬，该组织在实施一系列犯罪时，统一指挥，分工明确，有着较为严格的组织体系，该组织的首要分子为林道雄，有 30 余名骨干成员，该组织可大致分为五个层级。

第一层级为林道雄一人；作为第二层级，林道雄手下的“马仔”有 37 人，包括被告人张保金；作为第三层级共 102 人；作为第四层级共 10 人；作为第五层级共 1 人。

从 2008 年 8 月开始，林道雄组织被告人张保金、何宝林、何福田、刘俊（后三人另案处理）等人在西乡街道麻布社区麻布新村 2 巷 17 号 2 楼开设赌场，该赌档赌的是板九，其中张保金在赌档看场、望风、放高利贷，2008 年 11 月 17 日，民警接群众举报查获该赌档，将在赌场工作的许特猛、李志军、郑国财、黄河源、林承发、张占伟、赵金发、刘步龙、杨伟忠、张杰龙等当场抓获。2017 年 3 月 8 日，深圳市公安局宝安刑警大队负责抓捕的民警通过当地村委书记刘海涛及被告人的父亲张红园与张保金取得联系，张保金在民警劝告下，决定当日下午从济南返回东阿县，并与民警约定于 2017 年 3 月 9 日上午前往当地派出所投案自首。3 月 8 日当晚张保金从济南返回东阿县后，被东阿县公安局刑警大队民警抓获。

【审判】

深圳市宝安区人民法院认为，被告人张保金无视国家法律，参加黑社会性质组织，参与开设赌场，其行为已构成参加黑社会性质组织罪和开设赌场罪。公诉机关指控罪名成立。被告人自动投案，归案后如实供述自己的罪行，系自首，依法可以从轻、减轻处罚。经调查，2013 年 8 月公安机关就对以林道雄为首的黑社会组织立案侦查，被告人张保金是该组织成员，也在被立案侦查的范围，且 2008 年 11 月被告人还在该组织内从事开设赌场的活动，所以辩护人认为被告人张保金参与黑社会性质组织的行为已过追诉时效，不予定罪的意见与事实不符，没有法律依据，不予采纳。鉴于被告人一人犯数罪，应予并罚。

一审依照《中华人民共和国刑法》第二百九十四条第一款、第三百零三条、第六十七条、第六十九条之规定，判决：被告人张保金犯参加黑社会性质组织罪，判处有期徒刑一年二个月，并处罚金人民币二万元；犯开设赌场罪，判处有期徒刑十个月，并处罚金人民币二万元，数罪并罚，总和刑期二年，决定执行有期徒刑一年八个月，并处罚金人民币四万元。

一审宣判后，上诉人张保金上诉提出认定其参加黑社会性质组织罪事实不清、证据不足，请求二审法院改判。

二审时，上诉人张保金自愿撤回上诉。广东省深圳市中级人民法院认为，原审判决认定事实和适用法律正确，量刑适当。上诉人张保金自愿撤回上诉，符合法律规定，对其撤诉申请应予准许。二审裁定准予撤回上诉。

【评析】

我国高度重视扫黑除恶工作，为贯彻落实《中共中央、国务院关于开展扫黑除恶专项斗争的通知》的精神，统一执法思想，提高执法效能，依法、准确、有力惩处黑恶势力犯罪，最高人民法院、最高人民检察院、公安部、司法部在2018年1月16日联合出台了《关于办理黑恶势力犯罪案件若干问题的指导意见》，要求各级司法机关"对黑恶势力犯罪，注意串并研判、深挖彻查，防止就案办案，依法加快办理。坚持依法办案，坚持法定标准，坚持以审判为中心，加强法律监督，强化程序意识和证据意识，正确把握'打早打小'与'打准打实'的关系，贯彻落实宽严相济刑事政策，切实做到宽严有据，罚当其罪，实现政治效果、法律效果和社会效果的统一。"

司法实践中，对于证据标准要求严格，但黑社会性质组织犯罪由于时间长、人数多、隐蔽性强等问题，在黑社会犯罪的四个特征的认定上，在言词证据、传来证据等证据方面存在薄弱环节，在证据审查时存在诸多难点。本案就是这样一起黑社会性质组织犯罪案件，被告人张保金追随林道雄等人建立起的"水房帮"黑社会性质组织组织借用港澳地区黑社会名号，系在深圳乃至珠三角都有一定影响的黑社会团伙。警方破获“水房帮”后逮捕了上百人，由于人数众多，司法机关进行了分案审理。本案审理的虽然是张保金一人，但其犯罪事实是附属在以林道雄为首的黑社会性质组织当中，审理时发现，该黑社会性质组织犯罪人员众多、犯罪单数多、跨度时间长，证据相对而言有些薄弱，被告人及辩护人对言词证据等提出质疑，给本案的证据审查带来一定困难。

本文结合黑社会性质组织犯罪的四个特征进行分析，对黑社会性质组织的组织者、领导者、积极参加者以及其他参加者等不同成员作区分认定，对被告人与证人的身份、言词证据与传来证据等证据问题进行梳理，从而对黑社会性质组织犯罪的特征认定与证据审查作出粗浅的分析。

一、黑社会性质组织四个特征的认定

全国人大常委会的立法解释、最高人民法院的司法解释都对黑社会性质组织的四个特征作出了规定，组织特征、经济特征、行为特征、危害性特征四个特征是认定黑社会性质组织犯罪时必不可少、缺一不可的法定要求。最高人民法院刑三庭结合审判实践，2010 年 4 月 14 日制定了《在审理故意杀人、伤害及黑社会性质组织犯罪案件中切实贯彻宽严相济刑事政策》。在准确认定黑社会性质组织方面，最高人民法院刑三庭作出阐释：“黑社会性质组织犯罪由于其严重的社会危害性，在打击处理上不能等其坐大后进行，要坚持‘严打’的方针，坚持‘打早打小’的策略。但黑社会性质组织的认定，必须严格依照刑法和《全国人民代表大会常务委员会关于〈中华人民共和国刑法〉第二百九十四条第一款的解释》的规定，从组织特征、经济特征、行为特征和非法控制特征四个方面进行分析。认定黑社会性质组织犯罪四个特征必须同时具备。当然，实践中许多黑社会性质组织并不是四个特征都很明显，在具体认定时，应根据立法本意，认真审查、分析黑社会性质组织四个特征相互间的内在联系，准确评价涉案犯罪组织所造成的社会危害。既要防止将已具备黑社会性质组织四个特征的案件‘降格’处理，也不能因为强调严厉打击将不具备四个特征的犯罪团伙‘拔高’认定为黑社会性质组织。”

司法机关对于“既要防止将已具备黑社会性质组织四个特征的案件‘降

格’处理,也不能因为强调严厉打击将不具备四个特征的犯罪团伙‘拔高’认定为黑社会性质组织”的体会是非常深刻的,法院审判时尤其需要遵守最高人民法院这一要旨。

(一)组织特征的认定,即“形成较稳定的犯罪组织,人数较多,有明确的组织者、领导者,骨干成员基本固定”

就本案而言,涉黑团伙已经形成比较稳定的犯罪组织,人数较多,有明确的组织者、领导者,骨干成员基本固定。该组织可分为五个层级,首要分子林道雄拥有各层级“马仔”140名,骨干成员30余名,该组织成员通过包红包、敬茶等多种形式加入该组织,该组织有较强的组织纪律,统一实施的违法犯罪活动听指挥,如果进行重大违法犯罪时,通常通过统一安排,明确分工,可以认定该犯罪组织结构稳定,有明确的领导、组织者,骨干成员基本固定,有一定的组织性、纪律性,完全符合组织特征的构成要件。

(二)关于经济特征的认定,即“有组织地通过违法犯罪活动或者其他手段获取经济利益,具有一定的经济实力,以支持该组织的活动”

该组织通过违法犯罪活动或者其他手段获取经济利益,具有一定的经济实力,以支持该组织活动。该犯罪集团通过开设赌场、放高利贷、收保护费等形式非法获利,在宝湖酒店开设赌场、组织容留妇女卖淫、非法拘禁、甚至持枪抢劫,通过以黑养黑的手段来支撑组织的发展,具有相当的经济实力,而获取的大量非法收入用于维持团伙成员们的收入,非法经济利益的获取为该犯罪组织存在的客观经济基础,完全符合经济特征构成要件。

(三)关于行为特征的认定,即“以暴力、威胁或者其他手段,有组织地多次进行违法犯罪活动,为非作恶,欺压、残害群众”

本案的涉黑团伙以暴力、威胁或者其他手段,有组织地多次进行违法犯罪活动,为非作恶,欺压、残害百姓。该组织多次以暴力、威胁等手段,有组织地进行插手纠纷、报复他人、替人行凶、非法敛财等违法犯罪活动,违法作恶,欺压、残害百姓。根据目前的侦查,被告人多次有组织地开设赌场并放高利贷,对还不起债的受害人采用非法拘禁、殴打等方法逼其还债。采取极端暴力的方法解决矛盾,该组织涉嫌抢劫、故意伤害、寻衅滋事、非法拘禁、故意毁坏公私财物等十余种犯罪，可见该组织的暴力性特点非常明显。

（四）关于危害性特征的认定，即“通过实施违法犯罪活动，或者利用国家工作人员的包庇或者纵容，称霸一方，在一定区域或者行业内，形成非法控制或者重大影响，严重破坏经济、社会生活秩序”

通过实施违法犯罪活动，称霸一方，在一定区域或者行业内形成非法控制或者重大影响，严重破坏经济、社会生活秩序。该组织从小到大都伴随着开设赌场的违法犯罪行为，据该组织成员交代，该组织在宝安40余处开设过赌场，基本上垄断了西乡一带的赌档，该组织插手民间纠纷、经济纠纷，替人收款，收取保护费，在该组织盘踞的西乡一带，具有重大影响力，对在该区域内生活和一定行业内从事生产经营的群众形成心理强制。比如该组织成员在多个场所寻衅滋事、敲诈勒索收取保护费，已经给该区域的生产经营带来了重大影响。

作为第一层级为林道雄一人；作为第二层级，林道雄手下的“马仔”有37人，包括被告人张保金；作为第三层级共102人；作为第四层级共10人；作为第五层级共1人。

综上所述，以林道雄为首，包括张保金在内的犯罪组织具备黑社会性质组织的四个特征，依法应当认定为黑社会性质组织。

二、关于黑社会性质组织组织者、领导者，以及积极参加者的区分与认定

最高人民法院刑三庭在区别对待黑社会性质组织的不同成员方面作出了阐释：“实践中，一些黑社会性质组织的组织者、领导者，只是以其直接实施的犯罪起诉、审判，实际上是轻纵了他们的罪行。要在区分组织犯罪和组织成员犯罪的基础上，合理划定组织者、领导者的责任范围，做到不枉不纵。同时，还要注意责任范围和责任程度的区别，不能简单认为组织者、领导者就是具体犯罪中责任最重的主犯。对于组织成员实施的黑社会性质组织犯罪，组织者、领导者只是事后知晓，甚至根本不知晓，其就只应负有一般的责任，直接实施的成员无疑应负最重的责任。”“对于积极参加者，应根据其在具体犯罪中的地位、作用，确定其应承担的刑事责任。确属黑社会性质组织

骨干成员的，应依法从严处罚。对犯罪情节较轻的其他参加人员以及初犯、偶犯、未成年犯，则要依法从轻、减轻处罚。对于参加黑社会性质的组织，没有实施其他违法犯罪活动的，或者受蒙蔽、胁迫参加黑社会性质的组织，情节轻微的，则可以不作为犯罪处理。”

最高人民法院刑三庭的上述规定，既考虑到了刑法的基本理论与黑社会犯罪的特殊情况，又考虑到了司法实践中的一些具体问题，各级审判机关在处理黑社会性质组织犯罪时，应当严格遵守。

（一）关于本案黑社会性质组织组织者、领导者的认定

关于被告人林道雄能否认定为黑社会性质组织的组织者、领导者。经查，在案证据证实以林道雄（已判决）为首的黑社会性质组织，自20世纪90年代开始，主要盘踞在深圳市宝安区西乡一带。该组织头目林道雄依靠其本地人的身份，纠集一批外来无业人员（成员上百人，主要以四川、湖北、江西等籍贯为主）形成危害一方的黑社会性质组织。该组织人员众多，骨干成员固定，层级较为明晰。为攫取非法利益，该组织在西乡一带开设赌场、组织卖淫、放高利贷、敲诈勒索收取“保护费”、贩卖毒品、容留他人吸毒，并实施抢劫、故意伤害、非法拘禁等暴力犯罪。在西乡一带已经形成非法控制和重大影响，扰乱了当地群众的工作、生活、经营环境和社会秩序。以林道雄为首的黑社会性质组织对外称属于“水房帮”，多名成员指认林道雄为“水房帮”的大佬，该组织在实施一系列犯罪时，统一指挥，分工明确，有着较为严格的组织体系，该组织的首要分子林道雄有30余名骨干成员，该组织可大致分为五个层级。

上述证据明确证实，林道雄系组织成员公认的领导者，是黑社会性质组织的组织者、领导者。

（二）关于本案黑社会性质组织积极参加者的认定

公诉机关指控被告人张保金为黑社会性质组织的积极参加者。经查，黑社会性质组织的积极参加者，是指接受黑社会性质组织的领导和管理，多次积极参与黑社会性质组织的违法犯罪活动，或者积极参与较严重的黑社会性质组织的犯罪活动且作用突出，以及其他在组织中起重要作用的犯罪

分子,如具体主管黑社会性质组织的财务、人员管理等事项的犯罪分子。本案被告人张保金作为仅次于组织者林道雄的第二层级人物,接受黑社会性质组织的领导和管理,并积极为组织发展下线成员,应当认定为黑社会性质组织的积极参加者。

三、关于黑社会犯罪案件证据的审查分析

通过上述分析可知,该黑社会组织犯罪人员众多、犯罪单数多、时间跨度长,在案证据相应地可能存在薄弱环节,被告人及辩护人往往对言词证据等证据问题提出质疑,尤其需要审判人员认真审查与分析。

(一)证人证言审查时需注意证人的身份问题

有人提出,另案处理的组织成员的言词证据不应作为证人证言,而应作为被告人供述,在仅有被告人供述的情况下依法不能认定被告人有罪和处以刑罚。笔者认为:第一,被告人是指被公诉机关指控犯罪的人员,证人是指知道案件情况并提供证言的人。被告人、证人均为独立的诉讼参与人,但是其身份固定于一个案件中,换为他案其身份则可能变化。如某人在此案中可为被告人,而在彼案中亦可为证人。本案中,被公诉机关指控犯罪的张保金为被告人,此外的其他任何人均不属于本案被告人。即便是涉嫌、已经被起诉抑或已经被生效判决确认为组织成员的人员,均不属于本案被告人,其提供的言词证据不属于被告人供述,而应属于证人证言。第二,《刑事诉讼法》第 53 条规定的“只有被告人供述,没有其他证据的,不能认定被告人有罪和处以刑罚”是指只有被告人本人的供述,没有其他证据,并非将所有被告人供述排除在外。即便全案只有各被告人的供述,而各被告人的供述在细节上能够相互印证,依法达到证据确实、充分标准的,亦可认定被告人有罪和处以刑罚。况公诉机关提供的证据并非仅有能够相互印证的各被告人供述、作为组织成员而另案处理的证人的证言,还有并非组织成员的证人的证言。

(二)关于被告人审判前供述与当庭供述的采信问题

对于被告人当庭供述的内容与其审判前供述的内容不一致,是否应采信被告人的当庭供述而不应采信其审判前供述?笔者认为,应该区分几种不同情况:第一,被告人审判前供述与当庭供述如果系被告人一致供述,都具有证明效力。被告人当庭供述与其审判前供述不一致的,即被告人当庭翻供的,对其供述的采信应首先着重审查被告人审判前供述的合法性。之后需审慎审查其合理性及与其他证据相印证的情况。第二,在本案庭前准备程序和庭审法庭调查阶段,被告人如果提出其审判前供述系非法取得,法院应依照《最高人民法院、最高人民检察院、公安部、国家安全部、司法部关于办理刑事案件排除非法证据若干问题的规定》的要求,在公诉机关出示相关审判前供述之前,即启动非法证据排除程序,由控辩双方当庭提交证据材料,并传相关讯问民警和证人出庭作证。由法庭在庭前会议中确认:对被告人审判前供述的合法性是否存在疑问;被告人申请非法证据排除的内容是否与本案有关;对于被告人非法证据排除的相应审判前供述的合法性存在疑问,公诉机关不得将其相应审判前供述作为证据当庭宣读和出示。第三,如果被告人审判前供述与当庭供述不一致,但并未提出被告人审判前供述系刑讯逼供等非法途径取得,未提出非法证据排除申请,亦未提供任何证据证实被告人审判前供述系非法取得,依法不能否定被告人审判前供述的合法性,故被告人当庭翻供无事实和法律依据,对被告人的审判前供述应结合在案其他相关证据采信其合乎情理的部分。

(三)关于传来证据的效力问题

黑社会性质犯罪案件中,经常出现多名被告人、证人的言词证据系传来证据的问题,该如何采信?笔者认为:第一,《刑事诉讼法》第 48 条第 1 款明确规定:"可以用于证明案件事实的材料,都是证据。"部分被告人、证人的言词证据确系传来证据,但是不能因此绝对否认其证明效力。第二,各传来证据相互之间虽然难免存在个别出入,但是在大量细节上能够相互印证,对本案其他证据的采信和事实的认定仍然会起到补强作用。第三,言词证据中除传来证据外亦有原始证据,多名被告人和作为证人的另案处理的组织成员,对其本人加入组织的时间、地点、方式,他人加入组织时其在现场见证的情况,以及其亲历的该组织及其成员的违法犯罪活动等内容的言词,均系原始证据,且系直接证据。在原始证据确实,传来证据对其予以补强和印证的情况下,不能否认传来证据的证明效力。

(四)关于言词证据的效力

黑社会性质组织犯罪中,经常有辩护人提出关于各被告人组织、领导、参加黑社会性质组织事实的证据均为言词证据,而且绝大多数言词证据系作为被告人和同为组织成员而另案处理的证人所述,证明效力薄弱。笔者认为:第一,黑社会性质组织并非光明正大的社会团体,其组织成员名单、加入组织的仪式、帮规戒律等一般不会堂而皇之地存于书面材料、照片、电子证据等档案材料备查。因此,言词证据在认定黑社会性质组织的形成、组织的架构、组织的成员、组织成员之间的层级关系等组织特征的认定中起着至关重要的证明作用。第二,黑社会性质组织的危害性特征是指"通过实施违法犯罪活动,或者利用国家工作人员的包庇或者纵容,称霸一方,在一定区域或者行业内,形成非法控制或者重大影响,严重破坏经济、社会生活秩序"。这一特征的认定不仅离不开在当地生活的群众的证言,且这些言词证据本就应当成为证明相应事实的重要依据。第三,黑社会性质组织的行为特征和经济特征,需要该组织及其成员的具体违法犯罪事实的确认。这一事实的认定,需要相应的物证,书证,证人证言,被害人陈述,被告人供述,鉴定结论,辨认、侦查实验、现场勘查笔录及电子证据等各种类证据的印证与支持。其中证人证言、被害人陈述、被告人供述三类言词证据是重要的证据种类,法律赋予其不容忽视的证明效力。综上所述,不仅是因为刑事诉讼普遍适用的一般证据规则的要求,更是因为黑社会性质组织犯罪事实认定的特殊性证据规则的要求,言词证据的证明效力在黑社会性质组织犯罪案件中不可或缺,而确认言词证据在本案中的证明效力之关键,在于各项言词证据能否在细节上相互印证;需要客观性证据支持的事实是否具有相应的客观性证据;各项证据能否形成完整的证据锁链等。故辩护人把言词证据割裂开来,认为证明力薄弱甚至无效的相关辩护意见不能成立,不予采纳。

四、结语

各级法院在审理黑社会性质组织犯罪案件时,要精确贯彻执行刑法、刑事诉讼法和相关司法解释以及"两高两部"《指导意见》,在准确查明事实的基础上，按照法定程序公正审判，坚守黑社会性质组织四个特征的认定、严格区分不同组织者或参加者的分类、认真审查全案证据并排除合理怀疑，不得人为改变法定证明标准和法定认定标准，这样才能确保审判工作政治效果、法律效果和社会效果的统一，才能使案件能经得起法律和历史的检验。

减轻处罚附加财产刑的规范适用

——杜莲粉贩卖毒品案

涂俊峰[*]

【裁判要旨】

罚金刑并非没收财产刑的减轻刑。法定量刑幅度的附加刑为没收财产刑的,减刑处罚需要在下一量刑幅度内量刑时,不能因为下一量刑幅度的附加刑为罚金刑,而将没收财产刑改为罚金刑。

【案例索引】

一审:深圳市宝安区人民法院(2014)深宝法刑初字第653号(2014年7月3日)。

二审:深圳市中级人民法院(2014)深中法刑一终字第873号(2014年10月17日)。

【案情】

被告人:杜莲粉,女,1994年7月5日出生,无业。因涉嫌犯贩卖毒品罪于2013年9月11日被逮捕。

深圳市宝安区人民检察院以被告人杜莲粉犯贩卖毒品罪,向深圳市宝安区人民法院提起公诉。

深圳市宝安区人民法院经公开审理查明:2013年8月6日,购毒人员杨某某电话联系杨某玉(另案处理),以人民币3万元的价格向杨某玉购买500克冰毒,双方约定在杨某玉位于宝安区西乡街道租住屋内进行毒品交易。

---

* 作者单位:深圳市中级人民法院刑一庭。

随后,杨某玉电话联系一名外号“阿明”的男子(另案处理),以人民币22,500元的价格向“阿明”购买500克冰毒。之后,“阿明”指示“老林”(另案处理)将1包毒品交给被告人杜莲粉,由杜莲粉将毒品送至宝安区西乡街道贩卖给杨某玉。当日16时许,杨某玉在约定地点收取了杨某某给付的毒资人民币5000元后被公安机关抓获。公安人员当场从杨某玉身上缴获毒资人民币5000元及涉案手机1部,并在杨某玉的租住屋内缴获3包毒品(共重72.58克,均检出甲基苯丙胺)。随后,杜莲粉来到上述地点准备将1包毒品(用一条黄色芙蓉王烟盒包装,烟盒的一头破损)贩卖给杨某玉时,被公安机关当场抓获。公安人员从杜莲粉身上缴获涉案毒品1包(重500克,检出甲基苯丙胺)、涉案手机1部。

【裁判】

深圳市宝安区人民法院一审审理认为,被告人杜莲粉明知是毒品而贩卖,其行为已构成贩卖毒品罪。其系受他人指使贩卖毒品,起辅助作用,是从犯,依法从轻处罚。依照《中华人民共和国刑法》(以下简称《刑法》)第三百四十七条、第五十二条、第五十三条、第六十四条之规定,判决如下:

1.被告人杜莲粉犯贩卖毒品罪,判处有期徒刑十年,并处罚金人民币一万元;

2.缴获的毒品及被告人的手机依法予以没收。

一审宣判后,被告人杜莲粉以不知烟盒内是毒品为由提出上诉。

深圳市中级人民法院二审审理认为,上诉人杜莲粉的上诉理由不成立。但原审适用法律有误,附加刑应予改判。上诉人杜莲粉贩卖毒品甲基苯丙胺的数量达500克,应当适用《刑法》第三百四十七条第二款第(一)项(贩卖甲基苯丙胺50克以上,处十五年以上有期徒刑、无期徒刑或者死刑,并处没收财产)以及第二十七条关于从犯(应当从轻、减轻或者免除处罚)的规定,不应直接适用《刑法》第三百四十七条第三款(贩卖甲基苯丙胺10克以上不满50克,处七年以上有期徒刑,并处罚金)的规定。原判笼统适用《刑法》第三百四十七条,虽认定上诉人杜莲粉为从犯,对其从轻处罚,但判处其十年有期徒刑,实际上是减轻处罚,对此应予纠正;同时,由于法律明确规定罚金刑和没收财产刑是两种完全不同性质的财产刑，而罚金刑也从来绝非没收财产刑的减轻刑，故对上诉人杜莲粉依法应附加并处没收财产，而不是罚金，否则也对上诉人不公平。综上，原审适用法律有误。一是不应适用《刑法》第五十二条、第五十三条；二是应当明确适用《刑法》第三百四十七条第二款第（一）项；三是遗漏适用《刑法》第二十五条第一款、第二十七条、第五十九条、第六十一条、第六十三条第一款。依照《刑法》第三百四十七条第二款第（一）项、第二十五条第一款、第二十七条、第五十九条、第六十一条、第六十三条第一款、第六十四条以及《中华人民共和国刑事诉讼法》第二百二十五条第一款第（二）项之规定，判决如下：

1. 维持原审判决第二项和第一项中对原审被告人杜莲粉定罪及判处主刑的部分，即缴获的毒品及上诉人的手机依法予以没收；上诉人杜莲粉犯贩卖毒品罪，判处有期徒刑十年；

2. 撤销原审判决第一项中对原审被告人杜莲粉判处附加刑的部分，即罚金人民币一万元；

3. 对上诉人（原审被告人）杜莲粉并处没收个人财产人民币一万元。

【评析】

本案的争议焦点在于，对共同犯罪贩卖甲基苯丙胺（冰毒）50 克以上的从犯减轻处罚时，附加刑应适用没收财产刑，还是罚金刑。

（一）减轻处罚附加财产刑适用的司法现状

本来对于该问题，法律规定可谓相当明确，法律概念、逻辑及情理也比较清晰，判决表述与执行操作都有不必争议之路径可循，但司法实践中却出现了相当大的状况。

实践中主要有以下三种认识：第一种，认为对共同犯罪贩卖甲基苯丙胺（冰毒）50 克以上的从犯，应当并处没收财产；第二种，认为对共同犯罪贩卖甲基苯丙胺（冰毒）50 克以上的从犯，应当并处罚金；第三种，认为对共同犯罪贩卖甲基苯丙胺（冰毒）50 克以上的从犯，既可选择并处罚金，也可选择并处没收财产。

基于这三种观点，一审法院的判决就十分多样：持第一种观点的，对共同贩卖甲基苯丙胺50克以上的从犯,并处没收财产几千元或几万元数额不等;持后两种观点的,则有对共同贩卖甲基苯丙胺50克以上的主犯判处死刑,并处没收财产几万元或者几百万元数额不等(也有没收全部财产),而同时对从犯判处十年有期徒刑,并处罚金几千元数额不等;还有对共同贩卖甲基苯丙胺50克以上的从犯,不说明是从轻处罚还是减轻处罚,径行判处有期徒刑十五年,并处罚金几万元;甚至还有对共同犯罪运输甲基苯丙胺50克以上的主犯,判处有期徒刑十五年,并处罚金几万元。[①]

二审法院的做法也多有不同:第一类是无论怎么判都维持,实际上包括一审在内,这些裁决大多是根本没注意到此问题;第二类是维持一种判决,改判另一种判决;第三类甚至是维持一种判决,对另一种判决视为文书错漏,责令一审及时裁定补正,否则不予维持。

综上,简言之,问题一是在认识上,要么未曾意识到该问题,要么认识肤浅模糊;要么坚持错误,要么认为无所谓。而一些全国人大立法人员、最高人民法院法官和刑法知名专家,出于对前后法规不同的理解以及对司法实务甚至司法习惯的考虑,在各种书册里又分别采取理解适用、应用方法、解读释义等方式对此问题表达了认识上的较大差异,此不赘述。问题二是在一审、二审、再审包括死刑死缓复核以及减刑、财产刑执行等各个环节,存在或可能存在数种混乱和矛盾的做法。问题三是在法律效果和社会效果上,影响了法律的正确实施,损害了被告人合法权利,在司法公开日益广泛的今天,此种混乱会影响司法的社会效果。故对此问题应予重视。而同时,此问题在各级法院乃至整个理论与实务界如此普遍存在,本身即应值得认真反思和研究。

这里只需讨论判决的两种做法,如判决能够统一到正确的认识上,其他环节各问题自可解决。

(二)适用没收财产刑的理由适当、合法

首先,必须明确,在适用法律上,只有适用没收财产刑才符合法律逻辑。

---

① 诸做法在最高人民法院刑一、二、三、四、五庭主办的《刑事审判参考》总第67集(毒品犯罪专刊)上基本都能对应找到,详见第61、148、257、258页等。

对共同犯罪贩卖甲基苯丙胺50克以上的从犯,应当适用《刑法》第三百四十七条第二款第(一)项(贩卖甲基苯丙胺50克以上,处十五年以上有期徒刑、无期徒刑或者死刑,并处没收财产)和第二十七条(对于从犯应当从轻、减轻或者免除处罚)的规定,不应直接适用《刑法》第三百四十七条第三款(贩卖甲基苯丙胺10克以上不满50克,处七年以上有期徒刑,并处罚金)的规定。在最高人民法院及其刑事审判部门发布的刑事审判指导案例里,无论判决结果如何,都尚未发现不是适用《刑法》第三百四十七条第二款第(一)项和第二十七条的。虽然《刑法》第六十三条第一款规定,"减轻处罚的,应当在法定量刑幅度的下一个量刑幅度内判处刑罚",但绝不可能因此而有直接适用《刑法》第三百四十七条第三款的道理。也就是说,贩卖甲基苯丙胺500克的从犯,其罪状构成、犯罪地位和情节作用只能是共同犯罪贩卖500克甲基苯丙胺的从犯,而不可能因此而变成贩卖30克的主犯。很显然,应当适用的法条中是并处没收财产,不是罚金。并且,如果有人望文生义地认为,对从犯并处没收财产"好像重了,3000元就够了",那为什么不顺理成章地直接就依照法条并处没收财产3000元,而一定要并处罚金3000元呢?难道只有罚金3000元才能够体现减轻处罚,而没收财产3000元就反而不是减轻处罚了?

其次,更应清楚,在实质内容上,罚金刑从来都不是没收财产刑的减轻刑,实践中执行起来,没收财产刑往往比罚金刑轻,把应并处没收财产的改为罚金,常常会损害被告人权利。《刑法》规定,"没收财产是没收犯罪分子个人所有财产的一部或者全部。对没收财产的执行,人民法院应当立即执行"。而罚金则是"在判决指定的期限内一次或者分期缴纳。对于不能全部缴纳罚金的,人民法院在任何时候发现被执行人有可以执行的财产,应当随时追缴"。《刑法》还规定,数罪中并处附加刑,同类的合并执行,种类不同的应当分别执行。无论是从法律概念还是从上述文义理解,罚金刑和没收财产刑无疑是两种完全不同性质的财产刑,而除了字面上的感受,罚金刑在实质上往往要比没收财产刑,哪怕是比没收个人全部财产都要严厉。道理不言而喻,不论没收个人全部财产,还是没收部分财产或者没收一定数额的财产，都需要调查确认被执行人的财产状况。立即执行之时，如果经查被执行人确无任何财产，那么没收财产的附加刑判决就执行终结，执行完成标的100%，数额则为0元人民币（隐匿自己财产的当然除外）。但罚金刑则完全不同，完全不需要确认当时被执行人的财产状况，哪怕已经确认被执行人本身毫无财产，只要“在任何时候”发现有其他财产，就可在判决罚金的限额内去执行。同时，除非该财产的所有权实际上本就属于被执行人，否则，没收财产不支持被执行人的近亲属代为上缴财产，因为财产属性不同，李代桃僵完全不符合法律和情理；而罚金则允许其亲属或他人代为缴纳。一方面可以为其争取减刑，另一方面被执行人以后可以另行偿还。举例说明，假如经查，确认被告人杜莲粉个人所有财产为人民币5000元，那么我们没收其财产1万元，最终的结果就是“杜莲粉被执行没收财产5000元，且因该财产系其个人全部财产，故财产刑履行完毕，对此情节减刑假释时依法应予考虑”；而我们对其并处罚金1万元的结果是“杜莲粉被执行罚金5000元，但财产刑尚未履行完毕，依法应予继续追缴，且对其减刑假释时应依法严格把握”。

（三）适用罚金刑的理由不适当、不合法

适用罚金刑的理由主要有二：

一是没收财产刑与罚金刑都是财产刑，能够互相转换；而由于刑法法条没收财产一般对应的是较重人身刑（自由刑），所以罚金刑是没收财产刑的减轻刑。如上所述，没收财产刑与罚金刑虽然都是财产刑，执行标的是一样的，都是财产，但“财产”的属性不一样，“刑”之方式也不一样，故而两种财产刑的性质完全不同，对等转换既缺乏理据，又没有必要；既显得荒谬无理，又最终损人权利。换没收财产为罚金，其实也只有在一种情形下，当事人的权利在实际数额上才未受损失，那就是当事人的个人合法财产数额大于没收财产或罚金的数额。

另外，虽然没收财产刑在刑法条文中一般配与较重的人身刑（自由刑）并处，但也并不必然得出罚金刑是没收财产刑的减轻刑之结论。此就法律逻辑而言，已经辩无可辩，不证自明；再从数额决定上讲，两种财产刑都可以决定具体数额，而决定罚金数额的一般依据是非法所得或者所造成损失的一到三倍,没收财产则是针对被告人个人财产的全部或一部。显然,二者虽有交叉,但一方面各不相干,另一方面实践中往往“罚比没重”。虽然法律规定被告人的财产状况可能会直接影响到执行的结果,而一些专家也认为,判决也要考虑被告人是否有履行缴纳罚金的能力,但众所周知,判决前法庭对被告人的财产不可能完全掌握,事实上司法实践中,没有哪个案件在判决前会有一个前置的被告人财产的客观调查过程,可以做出明确的财产状况的结论,不全掌握其实就是不掌握,没有可操作意义,这种规定和认识本就不该成为判决和执行考量的因素(判决应当依照法律规定确认宣告被告人之相应罪过当受相应财产刑的处罚,无财产能力不能成为对抗理由。这是法治精神的重要体现,否则,除了直接伤害法治之外,对所谓财产能力的弹性司法判断也必然导致法律实施的雪上加霜);最后再从对应人身刑(自由刑)上来看,众所周知,一个被判较重人身刑(自由刑)的被告人,特别是对于被判处无期徒刑、死缓、死刑的被告人,当然是对其没收现时自有的个人财产的全部或一部较为合乎常理。由于其很长时期内或者永远都没有机会再进行生产经营增长财富以供执行了,所以如果并处罚金如何执行?何时能够执行?这同被处死刑的外籍被告人不能再对其并处驱逐出境的道理其实是一致的。又怎么能拿来作为证明“没比罚重”的依据呢?

二是《刑法》规定减轻处罚的,应当在法定量刑幅度的下一个量刑幅度内判处刑罚,虽未直接适用下一款法条,但实际上是依照下一款法条来判处的。

持此理由的举例说明,死刑和有期徒刑也不是同种刑罚,但合并适用减轻条款时,不就是适用了下一条款之量刑幅度了吗?关于死刑、死缓、无期徒刑减轻为有期徒刑,不必再远究其法律渊源,《刑法》已有条款(第五十条、第五十一条)明确规定了死缓的法律后果之一就是向有期徒刑减罚,同时还规定了减罚的法定条件和方法。死刑、死缓、无期徒刑和有期徒刑都是人身刑,其性质与轻重转换法理早已明确,法律条款更是言之凿凿。相比较没收财产刑和罚金刑问题,都有法律规定,前者规定符合法定条件即应减罚为有期徒刑;后者规定参照“下一款量刑幅度”,后者的语义摆明就不是直接适用，实际上只是参照幅度予以体现减轻处罚，绝不是“依照下一款法条来判处”。而减轻处罚法定的前提条件必须是能够减转。减轻处罚是个严谨的法律概念，对于减轻处罚，第一是不同种附加刑不能减罚；第二是不能减成“重罚”；第三是不能减成“免于处罚”或者不罚，否则就不必区分“减轻处罚”、“免于刑事处罚”和“宣告无罪”三个不同的法律概念了。所以说“死缓可减为有期徒刑”和“没收财产不能减为罚金”这两个问题，一个是法律准许或应当，另一个是法律不准且不当。其实都走在法律规定这同一条车辙上，但却是相向而行，对错不同。

刑讯逼供致人死亡的行为如何定性

——贾某刑讯逼供致人死亡案

涂俊峰　李　磊*

【案情】

2015年12月8日，某派出所副所长贾某、民警许某以及辅警李某、黄某在侦办张某涉嫌盗窃罪时，对张某采取双手反铐、往鼻子里灌水等方式，要他交代盗窃事实。后来四名被告人发现张某脸色不对，呼喊其名字没有反应，随即给张某做心肺复苏按压，并拨打“120”急救电话。急救中心医生现场确认，张某已死亡。案发后，贾某、黄某主动交代办案机关尚未掌握的刑讯逼供致人死亡的犯罪事实。四名被告人的亲友向张某家属进行赔偿，张某家属两次出具谅解书，谅解四名被告人，请求司法机关减轻处罚。

法院经审理认为，被告人贾某、许某、李某、黄某不依法履行职务，刑讯逼供张某致其死亡，其行为均构成故意伤害罪。在共同犯罪中，贾某组织、指挥许某、李某、黄某实施伤害行为，系主犯；许某、李某、黄某起次要或辅助作用，系从犯，应减轻处罚。贾某、黄某如实交代办案机关尚未掌握的全案犯罪事实，应认定为自首，可从轻或减轻处罚；许某、李某如实供述，认罪和悔罪表现好，可从轻处罚。四名被告人的亲属代为赔偿，被害人家属两次出具书面谅解书，对四名被告人表示谅解，请求法院对四人从轻、减轻处罚。法院以故意伤害罪分别判处被告人贾某、许某、李某、黄某有期徒刑十年、五年、三年、二年。

* 作者单位：深圳市中级人民法院刑一庭。

【不同观点】

本案在审理过程中的争议是:根据《刑法》第二百四十七条关于刑讯逼供罪的规定,司法工作人员对犯罪嫌疑人、被告人实行刑讯逼供的,处三年以下有期徒刑或者拘役。致人伤残、死亡的,依照本法第二百三十四条、第二百三十二条的规定定罪从重处罚。《刑法》第二百三十四条、第二百三十二条的规定分别是指故意伤害罪、故意杀人罪,即刑讯逼供致人伤残、死亡的,转化为故意伤害罪、故意杀人罪。但是上述两种罪行与上述两种罪名应该如何转化,如何对应,却产生了分歧。

第一种观点认为,转化型犯罪是唯结果论的,而且上述转化显然是一一对应的关系,即刑讯逼供致人伤残的,转化为故意伤害罪;刑讯逼供致人死亡的,转化为故意杀人罪。

第二种观点认为,转化型犯罪并非一一对应的转化或者唯结果论,司法机关不能作如此推定。法条只是规定刑讯逼供致人伤残、死亡的,转化为故意伤害罪、故意杀人罪,该条文中的顿号是或者的关系,即刑讯逼供致人死亡的,转化为故意伤害罪或故意杀人罪。司法机关应结合具体犯罪情节作出具体认定,某些刑讯逼供致人死亡的行为,可能转化为故意杀人罪,也有可能转化为故意伤害罪。本案中未实施灌水等行为,只实施其他刑讯逼供行为的人应转化为故意伤害罪,而具体实施往鼻子里灌水行为的人,实行过限,应转化为故意杀人罪。

第三种观点认为,一方面,法条只是规定刑讯逼供致人伤残、死亡的,转化为故意伤害罪、故意杀人罪,司法机关应结合具体犯罪情节作出具体认定,某些刑讯逼供致人死亡的行为,可能转化为故意杀人罪,也有可能转化为故意伤害罪。另一方面,共同犯罪中每个共犯都要对全部共同犯罪人的全部行为造成的危害结果负责。本案被告人刑讯逼供致人死亡的行为,均应转化为故意伤害罪。

【法官回应】

关于刑讯逼供的转化问题,存在很大争议:致人伤残、死亡,与转化为故意伤害罪、故意杀人罪,是否一一对应?认为属于前后对应的,则只要刑讯逼供行为造成了他人伤残的结果,就应认定为故意伤害罪,而无论行为人对他人伤残的结果是出于故意还是过失。而认为刑法规定只是属于注意规定的,只有当行为人实施刑讯逼供行为时具有伤害故意并造成伤残结果,才能认定为故意伤害罪。笔者认为,刑讯逼供致人死亡的行为,并非只能转化为故意杀人罪,而是要根据其犯罪情节,才能得出转化为故意伤害罪或故意杀人罪的结论。只有具体分析其犯罪情节,才能做到罪责刑相一致。

(一)刑讯逼供的转化

只要行为人出于刑讯逼供故意而实施了刑讯逼供行为,并因刑讯逼供行为导致被害人伤残或死亡,就可按照故意伤害罪或故意杀人罪定罪处理,而不必考察行为人主观上是否存在伤害故意或杀人故意。当然,在有证据充分证明行为人主观上出于过失而导致伤残或死亡的,则不能按照故意伤害或杀人罪定罪。但是,这一证明责任应在犯罪嫌疑人自己,而不是控方。因为司法工作人员刑讯逼供时,对行为可能导致的伤残或死亡往往持放任心态,而对这一心态的认定往往是很难的,刑法之所以这样规定是为了减轻控方责任,更是为了加大对这一类犯罪的打击。

(二)转化的标准

转化犯是由法律特别规定的,某一犯罪行为在一定条件下转化为另一种更为严重的犯罪,并且应当按照后一种犯罪定罪量刑的犯罪形态。刑法分则规定不少转化犯,刑讯逼供转化为故意伤害、故意杀人罪就是一例。但是对于转化犯的转化标准,有两种不同意见:

一种意见是唯结果论,认为应当以实际危害结果作为转化标准,有什么后果就用什么样的罪名来处罚,不应该考虑这一行为是否符合所转化罪名的构成要件,如致人死亡的就定故意杀人罪,致人重伤的就定故意伤害罪。持该种观点的人认为:刑法关于转化犯的规定实际上是一种特别规定,对于特别规定,并不要符合刑法总则的一般规定,只要符合特别规定的条件,就可以转化,并不需要去考虑一般规定;如果不唯结果论,而是允许司法人员考虑具体条件作不同的转化,有可能存在司法腐败的空间。

另一种意见是犯罪构成标准说,认为转化犯也要符合所转化罪名的全部构成要件,特别是主观故意要符合所转化之罪的特征,否则就有违主客观相一致的原则。刑法关于转化犯的规定并不是特别规定,而是注意规定,注意规定并不改变一般规定的条件,所以,转化必须符合所转化罪的构成要件。

从理论上讲,认定某一行为构成刑法分则某一具体犯罪,该行为必须符合这一犯罪的构成要件。司法实践中,行为人之所以会发生犯意转化,主要还是因为行为人实施的前一个行为包含或可能导致更大的危害结果,在行为之初,行为人对行为可能造成的更大的危害结果并不希望或放任发生,但在实施过程中,行为人基于某种情形的变化,主观意思也发生了变化,即对行为可能造成的更大的危害结果持放任或希望心态,从而行为的性质也发生了变化。不过,行为人这一心理变化,事后很难通过行为人的外在客观表现来判定,行为人基于趋利避害的心理也往往否认这一心态转化,但是在特定的情况下,这一心理变化往往又是常态。基于此,为了减轻证明责任,刑法规定了转化犯。坚持结果标准,并不是说不要求行为人主观上具有转化罪的主观罪过,而是不需要证明行为人主观罪过。因此,即便是结果标准说,也不能认定致人死亡就必然定故意杀人罪,致人重伤的必然定故意伤害罪。

(三)转化的范围

对于转化的范围,有人持实行犯转化说,即本案第二种观点中的部分人员转化。该观点认为只有直接导致被害人伤残或死亡的行为人才转化,因为共同犯罪存在实行过限问题,对于超出共同故意范围外的行为,其他人对该结果并不承担责任;或者说认为应根据行为人在共同犯罪中所起的作用来转化,所起作用大的行为人,自然要对最终危害结果负责。

但是,笔者认为,转化型犯罪中应该是全案转化,即共同犯罪所有的行为均属于共同犯罪不可分割的有机组成部分,每个行为人的行为均与共同犯罪的结果有原因力,每个人的意志均对共同犯罪有支配力,每个人在共同犯意支配下的行为造成的结果均属于共同犯罪的结果。从主客观相一致的角度,共同犯罪中每个共犯都要对全部共同犯罪人的全部行为造成的危害结果负责。

对于转化犯来说,应该全案转化,这符合共同犯罪的理论,这与共同犯罪的实行过限不同。实行过限是指超出原来的共同故意而产生新的犯罪故意,后一故意与前一故意没有联系,后一行为与前一行为也没有联系,不能把后一行为作为共同行为的一部分。不仅如此,对被害人造成的最后危害结果仅是后一行为所致,与前一行为没有因果关系;而转化犯则不同,后一故意是在前一故意基础上产生的,后一行为是前一行为的连续,甚至无法明确区分前后两个行为,最后的危害结果包含在前一行为之中,是整个行为所致。所以,不能从共同犯罪实行过限的角度来判断转化犯的转化范围。另外,全案转化并不意味着同等处罚,具体刑事责任的承担还要看各自在共同犯罪中的作用以及其他法定、酌定情节。

另外,实行犯才转化的观点违背了共同犯罪的理论,将共同行为割裂来定性。对于刑讯逼供罪转化问题,只要证明行为人存在共同刑讯逼供故意,共同刑讯逼供行为与伤残或死亡之间存在因果关系,就可共同转化为故意伤害罪或故意杀人罪,而不必证明行为人的共同伤害或杀人故意。当然,如果行为人有充足证据证明自己系过失,则故意杀人罪或故意伤害罪不成立。在这种情况下,成立刑讯逼供罪和过失致人死亡(或重伤)罪的想象竞合犯,应从一重罪处断。

就本案而言,四名被告人存在刑讯逼供的共同故意,四人的刑讯逼供共同行为导致了张某的死亡,因此,四名被告人应都转化为故意伤害罪。

聚众斗殴犯罪中双方行为的认定

吴心斌　李　磊*

【案情】

2017 年 3 月 15 日凌晨，被告人孟涛从深圳市光明新区某麻将馆出来，看到一个拉客的朋友与被告人莫孔斌、罪犯李叶成（已判决）、戴家华（另案处理）、余武等人在一起，于是上前打招呼，在此过程中孟涛不让拉客的朋友拉李叶成等人，因此发生摩擦引发争执，孟涛遂电话联系其朋友被告人骆剑来到现场。骆剑到场后手持砍刀架在余武的脖子上，并让戴家华等人蹲在墙角，孟涛打了戴家华两巴掌，踢了莫孔斌几脚。其间，孟涛、骆剑同路过的其他人发生冲突，莫孔斌、戴家华及余武趁机离开现场。其后，李叶成从路边拿了两个啤酒瓶，莫孔斌、戴家华也捡起啤酒瓶，三人用啤酒瓶子将孟涛、骆剑两人头部砸伤。经鉴定，骆剑、孟涛的损伤属轻伤一级。

宝安区人民法院一审认为，被告人莫孔斌与同伙持械聚众斗殴，致二人轻伤一级，其行为已构成聚众斗殴罪；被告人骆剑、孟涛无视国家法律，追逐、拦截、恐吓他人，情节恶劣，破坏社会秩序，其行为已构成寻衅滋事罪。一审宣判后，被告人莫孔斌不服，上诉称其聚众斗殴的对方也应该构成聚众斗殴罪，而非寻衅滋事罪。深圳市中级人民法院二审认为上诉人莫孔斌构成聚众斗殴罪，原审被告人骆剑、孟涛构成寻衅滋事罪。二审驳回上诉，维持原判。

【不同观点】

本案的争议焦点是，被告人莫孔斌与同伙持械聚众斗殴，致二人轻伤一

* 作者单位：深圳市中级人民法院刑一庭。

级，其行为已构成聚众斗殴罪，而其聚众斗殴的对方，即被告人骆剑、孟涛的行为该如何定性，是否也一并成立聚众斗殴罪？

第一种意见认为，被告人莫孔斌等人因聚众斗殴罪而被定罪，而同案被告人骆剑、孟涛一方是与莫孔斌等人斗殴的对家，双方在打架过程中的犯罪行为相同，触犯的法条也相同；被告人骆剑、孟涛作为打斗的对家，是因为跟莫孔斌打架才被判罪，按道理也应判处同样的罪名；骆剑、孟涛在公共场合聚集多人进行斗殴，而且也使用过凶器，其行为也符合聚众斗殴罪的犯罪特征，作为斗殴的双方，都应该构成聚众斗殴罪。

第二种意见认为，根据案情分析，被告人孟涛在公共场合不让拉客的朋友拉李叶成等人，发生摩擦引发争执后，又打电话叫朋友骆剑来到现场。骆剑到场后手持砍刀架在余武的脖子上，孟涛打了戴家华两巴掌，踢了莫孔斌几脚。被告人骆剑、孟涛等人聚集在公共场合，不让他人拉客或运营，干扰破坏了正常的生产经营，造成了一定程度的损失。二人聚众扰乱社会秩序，干扰他人拉客与运营，致使公共场合中生产、工作无法进行，构成了聚众扰乱社会秩序罪。

第三种意见认为，被告人莫孔斌与骆剑、孟涛虽在同一案件中审理，但双方犯罪的客观行为其实是有区别的，触犯的罪名亦各不相同：被告人骆剑、孟涛追逐、拦截、恐吓他人，情节恶劣，破坏社会秩序，其犯罪情节更符合寻衅滋事罪的特征，其行为已构成寻衅滋事罪；而被告人莫孔斌等三人本已趁机离开现场，避开滋扰，却共同拿啤酒瓶回到与骆剑、孟涛对峙的现场，三人聚众持凶器打斗，并将孟涛、骆剑两人头部砸伤，其行为符合聚众斗殴罪的特征，构成聚众斗殴罪。

【法官回应】

在多人打架斗殴的案件中，审判人员不能因为在公共场合发生了聚众斗殴的打架行为，就简单地将双方都认定为聚众斗殴罪，而是必须详细考察双方被告人犯罪的主观要件与客观要件，认真研究案件的定性问题。本案就是这样一起发生在公共场合的非典型性聚众斗殴，被告人莫孔斌一方持械斗殴，构成聚众斗殴罪，而其斗殴的对方骆剑一方是否也构成聚众斗殴

罪,应当仔细研究。笔者同意第三种观点,即本案聚众斗殴的对方骆剑等人构成了寻衅滋事罪,理由如下:

(一)对比分析聚众斗殴罪与聚众扰乱社会秩序罪的异同

聚众斗殴罪与聚众扰乱社会秩序罪的相同点在于:都是聚众的行为,都扰乱公共秩序;二者的犯罪主体都是聚众犯罪的首要分子和其他积极参加者。

二者的区别在于:其一,客观方面表现不同。聚众斗殴罪的客观方面表现为行为人实施了"聚众斗殴"的行为;而聚众扰乱社会秩序罪的客观方面表现为行为人实施了"聚众扰乱社会秩序"的行为。其二,犯罪对象不同。聚众斗殴罪的对象是相互斗殴的对方或普通群众;而聚众扰乱社会秩序罪的对象则是不特定的党政机关、企事业单位、人民团体等。其三,犯罪形态不同。聚众斗殴罪属行为犯,原则上只要行为人实施了聚众斗殴的行为,便成立犯罪;而聚众扰乱社会秩序罪属情节犯,即必须是行为人之行为属"情节严重的"才构成犯罪。

通过该对比分析,首先即可排除第二种观点。被告人骆剑、孟涛等人的行为虽然是干扰了拉客人的运营及乘客的生活,也影响了公共场合的社会秩序,但二人的犯罪对象不是企事业单位或人民团体,犯罪行为也并不属于"情节严重",故二人的行为并不构成聚众扰乱社会秩序罪。

通过该对比分析,还可以确认莫孔斌的犯罪构成:被告人莫孔斌的客观方面表现为实施了"聚众斗殴"的行为,即与同伙持械聚众斗殴;莫孔斌犯罪的对象是相互斗殴的对方或普通群众,即双方都是普通群众;莫孔斌的犯罪形态上属行为犯,即实施了聚众斗殴的行为。而骆剑一方的犯罪行为与莫孔斌的具体行为构成有差异。上述对比可以确认莫孔斌的行为已构成聚众斗殴罪,但并不能确认骆剑等人的犯罪构成。

(二)着重分析寻衅滋事罪的本质属性

寻衅滋事罪,笼统地说,是指寻衅滋事,破坏社会秩序的行为。具体分析其本质属性,可以从其构成要件来掌握:

1. 寻衅滋事罪的客体为复杂客体,本罪既侵犯了公共秩序,同时又侵犯了他人的人身权利、公私财产权利等。

2. 寻衅滋事罪的客观方面,表现为行为人实施了寻衅滋事,破坏社会秩序的行为。具体分析寻衅滋事,不能再笼统地泛泛而谈,必须详细概括其主要表现行为:一是随意殴打他人,情节恶劣的。所谓“殴打”,既可以是向他人投掷石块、砖头等,也可以是拳脚相加;所谓“情节恶劣”,往往是指无事生非,打人取乐,并造成他人轻伤或其他不良后果的。二是追逐、拦截、辱骂他人,情节恶劣的。所谓“情节恶劣”,一般是指经常或者多次追逐、堵截他人的;追逐、拦截、辱骂老人、妇女、儿童的;以极端卑鄙下流的语言辱骂他人的;结伙追逐、拦截、辱骂他人造成恶劣社会影响的。三是强拿硬要或者任意损毁、占用公私财物,情节严重的。所谓“情节严重”,一般是指强拿硬要或者任意损毁价值较大的公私财物,经查或多次强拿硬要或多次损毁、占用公私财物的。四是在公共场所起哄闹事,造成公共场所秩序严重混乱的。行为人只要实施了以上四种行为之一的,便构成本罪。

3. 寻衅滋事罪的主观方面为故意。本罪的犯罪目的与动机较为复杂,有的是以惹是生非来获得精神刺激,有的是用寻衅滋事开心取乐,有的是为了证明自己的“能力”和“胆量”等。

通过分析寻衅滋事罪的本质属性,可以对照得出本案被告人骆剑、孟涛的行为特征:(1)骆剑、孟涛二人犯罪的客体也是复杂客体,既侵犯了案发现场公共场合秩序,同时又侵犯了莫孔斌一方多人的人身权利。(2)骆剑、孟涛二人犯罪的客观方面,表现为随意殴打他人,情节恶劣,如本案情节中的骆剑手持砍刀架在余武的脖子上,并让戴家华等人蹲在墙角,孟涛打了戴家华两巴掌,踢了莫孔斌几脚。(3)骆剑、孟涛二人犯罪的主观方面为故意,孟涛不让拉客的朋友拉李叶成等人,因此发生摩擦引发争执,孟涛遂电话联系其朋友被告人骆剑来到现场,二人的表现符合惹是生非获得精神刺激、寻衅滋事开心取乐、证明自己的“能力”和“胆量”等主观心态。综上所述,骆剑、孟涛二人的行为特征符合寻衅滋事罪的犯罪特征。

(三)对比莫孔斌与骆剑等人行为性质的差异

本案必须区分各方当事人的行为性质的差异,才能回应莫孔斌提出的同一案件要认定相同罪名的质疑。在司法实践中，同一案件中的犯罪各方当事人并不一定是共同犯罪，行为性质自然也不一定相同。

首先，莫孔斌一方与骆剑一方并非共同犯罪。1979 年刑法与 1997 年刑法对于共同犯罪都作了相同的规定："共同犯罪是指二人以上共同故意犯罪"。该规定虽然简略，却也揭示了共同犯罪必备的要件：二人以上；共同的犯罪行为；共同的犯罪故意。莫孔斌与对方的犯罪行为与主观故意各不相同，并非共同犯罪，也不能以相同的罪名来对待。

其次，本案被告人莫孔斌认为被告人莫孔斌与原审被告人骆剑、孟涛虽在同一案件中审理，但双方犯罪的客观行为却有区别，触犯的罪名亦各不相同：原审被告人骆剑、孟涛追逐、拦截、恐吓他人，情节恶劣，破坏社会秩序，其犯罪情节符合寻衅滋事罪的特征，其行为已构成寻衅滋事罪；而上诉人莫孔斌等三人本已趁机离开现场，避开滋扰，却共同拿啤酒瓶回到与骆剑、孟涛对峙的现场，三人聚众持凶器打斗，并将孟涛、骆剑两人头部砸伤，其行为符合聚众斗殴罪的特征，构成聚众斗殴罪。

沙井案宣判词

广东省深圳市中级人民法院刑事审判第一庭现在就深圳市人民检察院指控被告人陈垚东等四十人分别犯组织、领导、参加黑社会性质组织罪，故意杀人罪，绑架罪等罪及附带民事诉讼原告人提起附带民事诉讼一案公开进行一审宣判！

经审理查明，自1994年以来，被告人陈垚东通过笼络乡邻、招纳小弟等途径，逐步建立起以其本人为组织、领导者，以被告人伍健东等人为积极参加者，包括被告人陈伟明以及另案处理的数十人组成的骨干成员固定、层级结构明确、人数众多、势力庞大，在沙井街道经济、社会生活中具有重大影响的黑社会性质组织。该组织按照江湖规矩管理组织成员，维系组织架构。

该组织盘踞沙井街道一带，长期通过非法手段经营废品收购、码头运输、房地产等行业，实施了大量违法犯罪活动，攫取了巨额非法财富，严重破坏了当地的经济、社会生活秩序。

上述事实，有经庭审质证的各被告人供述和辩解，包括社区居委会主任、治保主任、联防队员、小店店主、普通群众等80余名证人的证言以及该组织所犯的大量违法犯罪的相关证据予以证实。

对各项证据的证明效力，本院综合评析如下：

一、有辩护人提出，应采信被告人的当庭供述而不应采信其审判前供述。经查：第一，被告人审判前供述与当庭供述均系被告人供述，都具有证明效力。被告人当庭翻供的，对其供述的采信应首先着重审查被告人审判前供述的合法性。之后须审慎审查其合理性及与其他证据相印证的情况。第二，在本案庭前准备程序和法庭调查阶段，被告人伍健东、刘志清、林波、岳彪提出其审判前供述系非法取得，本院依照法律规定，即行启动非法证据排除程序,已当庭确认:对被告人伍健东审判前供述的合法性不存在疑问;被告人刘志清及其辩护人申请非法证据排除的内容与本案无关,不予确认;对被告人林波、岳彪相应审判前供述的合法性存在疑问,已予排除。第三,其他辩护人并未提出被告人审判前供述系刑讯逼供等非法途径取得,亦未提出相应证据,故对被告人的审判前供述应结合在案其他相关证据采信其合乎情理的部分。

二、有辩护人提出本案多名被告人、证人的言词证据系传来证据,不应采信。经查:第一,《刑事诉讼法》明确规定:"可以用于证明案件事实的材料,都是证据。"不能因其为传来证据即绝对否认其证明效力。第二,各传来证据相互之间虽然难免存在个别出入,但是在大量细节上能够相互印证,对本案其他证据的采信和事实的认定仍然会起到补强作用。第三,本案言词证据中除传来证据外亦有原始证据,多名被告人和作为证人的另案处理的组织成员,对其本人加入组织的时间、地点、方式,他人加入组织时其在现场见证的情况,以及其亲历的该组织及其成员的违法犯罪活动等内容的言词,均系原始证据,且系直接证据。在原始证据确实,传来证据对其予以补强和印证的情况下,不能否认传来证据的证明效力。

三、有辩护人提出关于各被告人组织、领导、参加黑社会性质组织事实的证据均为言词证据,而且绝大多数言词证据系作为被告人和同为组织成员而另案处理的证人所述,证明效力薄弱。经查:第一,黑社会性质组织并非光明正大的社会团体,其组织成员名单、加入组织的仪式、帮规戒律等一般不会堂而皇之地存于书面材料、照片、电子证据等档案材料备查。因此,言词证据在认定黑社会性质组织的形成、组织的架构、组织的成员、组织成员之间的层级关系等组织特征的认定中起着至关重要的证明作用。第二,黑社会性质组织的危害性特征是指"通过实施违法犯罪活动,或者利用国家工作人员的包庇或者纵容,称霸一方,在一定区域或者行业内,形成非法控制或者重大影响,严重破坏经济、社会生活秩序"。这一特征的认定不仅离不开在当地生活的群众的证言,且这些言词证据本就应当成为证明相应事实的重要依据。第三,黑社会性质组织的行为特征和经济特征,需要该组织及其成员的具体违法犯罪事实的确认。这一事实的认定，需要相应的物证，书证等各种类证据的印证与支持。其中证人证言、被害人陈述、被告人供述三类言词证据是重要的证据种类，法律赋予其不容忽视的证明效力。综上所述，不仅是因为刑事诉讼普遍适用的一般证据规则的要求，更是因为黑社会性质组织犯罪事实认定的特殊性证据规则的要求，言词证据的证明效力在黑社会性质组织犯罪案件中不可或缺，而确认言词证据在本案中的证明效力之关键，在于各项言词证据能否在细节上相互印证；需要客观性证据支持的事实是否具有相应的客观性证据；各项证据能否形成完整的证据锁链等。故辩护人把言词证据割裂开来，认为证明力薄弱甚至无效的相关辩护意见不能成立，不予采纳。

对各项证据证明的事实，针对被告人和辩护人的相关辩解辩护意见，依照相关法律规定，综合评析如下：

（一）关于本案黑社会性质组织的认定

《刑法》规定，黑社会性质组织应当具备组织特征、经济特征、行为特征、危害性特征四个特征。

1. 组织特征

第一，该犯罪组织形成以陈垚东为首的、较稳定的黑社会性质组织结构。多名证人的证言和各被告人的供述在细节上相互印证，明确证实了陈垚东砍伤原“飞鸿帮”领导者“飞鸿”后在黑恶势力中树立地位，通过笼络乡邻、招纳小弟等途径，由恶势力发展坐大为黑社会性质组织的过程。作为该组织成员的被告人和另案处理的证人对其本人和组织其他成员拜老大、加入组织的方式以及组织成员之间的上下级关系予以明确供认，证实了该组织的层级结构和较为稳定的组织形式。

第二，加入该组织具有一定形式。绝大部分被告人和作为黑社会性质组织成员而另案处理的证人对其本人和组织其他成员加入组织的形式均有供认。证人证言和被告人供述证实，该组织成员加入组织一般有向一定层级的老大敬茶、敬酒、封红包等形式，并有多名被告人供述封红包的数额一般为36元、360元等。部分被告人供认其加入组织并未履行一定仪式，而是口头拜老大并得到上一层级老大的认可。虽然形式并不完全一致,但是各种方式的种类基本固定,加入组织的方式十分明确。而部分成员虽然并未履行一定仪式,但是其参与组织实施的具体违法犯罪行为,与组织和组织成员形成紧密联系,根据其主客观表现,依照法规法理,亦应认定为加入组织的一种表现形式。

第三,该犯罪组织具有一定的组织纪律和活动规约。多名被告人和作为黑社会性质组织成员而另案处理的证人确认了该组织的组织纪律和活动规约,如"要听大哥的话""大哥让干啥就干啥""要讲义气,兄弟有事能帮忙的一定要帮忙""自己在外面做事必须请示大哥,大哥同意才能做""不能捞过界""不能内斗""打一拳罚三千,砍一刀罚三万""平时电话要保持通畅,出去做事惹了祸、犯了事被公安机关抓获不要供出自己的老大和同伴""马仔过生日可找大哥安排吃饭、喝酒"等。亦有被告人如王文明明确供述,收小弟时即要向小弟交代组织的纪律。虽然上述内容均系言词证据,且各人言词内容有的少有的多,有的详细有的粗略,有的还有一定出入,但也正是因此更为合理可信,且言词证据数量众多,在细节上能够相互印证,应予确认。

第四,该犯罪组织较为明确地划定势力范围。多名被告人和作为黑社会性质组织成员而另案处理的证人明确供认,陈垚东及以其为首的该犯罪组织根据各组织成员的实际情况划分了一定势力范围,尤其是为从事废品收购的组织成员划分了势力范围,一般以其本人户籍所在地的村(社区)为势力范围,并明确要求"不准踩过界"。

2. 经济特征

第一,该犯罪组织及其成员通过开办娱乐场所、废品收购站、码头、酒店等公司、企业等方式,依仗组织的威慑力和强制地位,有组织地实施容留他人吸毒、赌博、敲诈勒索、强迫交易、抢劫、非法倒卖土地使用权等犯罪行为,垄断废品收购、沙石运输等行业,大肆攫取经济利益,具有较强的经济实力。虽然该犯罪组织及其成员开办的公司、企业获得的财产中确有部分属于合法经营所得,但其"以商养黑"、"以黑护商",无论其财产是通过非法手段聚敛,还是通过合法的方式获取,只要将其中部分或全部用于违法犯罪活动或者维系犯罪组织的生存、发展即符合黑社会性质组织的经济特征的又一种表现形式。

第二,该犯罪组织以经济实力支持该组织的活动。多名被告人的供述和作为组织成员而另案处理的证人的证言证实,陈垚东及该组织的骨干成员为组织成员及其家属提供生活费用,如被害人罗亿希被伤害致死一案中,在曾启安服刑和陈伟明潜逃期间,陈垚东为他们提供资助;又如,陈垚东为寻求非法保护,向刘少雄、陈俊炜行贿等。

3. 行为特征

以陈垚东为首的犯罪组织及其成员利用组织势力和影响,有组织地实施故意伤害、绑架、非法拘禁、聚众斗殴、寻衅滋事、抢劫、敲诈勒索、强迫交易、容留他人吸毒等违法犯罪活动。其中既有陈垚东直接组织、策划、参与实施的;也有组织成员以组织名义实施,并得到陈垚东认可或者默许的;还有多名组织成员为逞强争霸、插手纠纷、报复他人、替人行凶、非法敛财而共同实施,并得到陈垚东认可或者默许的;更有组织成员为组织争夺势力范围、排除竞争对手、确立强势地位、谋取经济利益、维护非法权威或者按照组织的纪律、惯例、共同遵守的约定而实施的违法犯罪活动。该犯罪组织实施的各单犯罪活动已经审理查明,并有相关证据予以证实,应予认定。

4. 危害性特征

在案证据证实,以陈垚东为首的犯罪组织通过实施一系列违法犯罪活动,为非作恶,欺压、残害群众,造成群众心理恐慌,安全感下降;拉拢国家工作人员,称霸沙井街道一带;以暴力、威胁为基础,利用组织势力和影响,为组织成员划分势力范围,垄断沙井街道一带的大宗废品收购、沙石运输等行业,在一定区域和行业内形成了非法控制和重大影响,严重破坏了沙井街道一带经济、社会生活秩序。

综上所述,以陈垚东为首的犯罪组织具备黑社会性质组织的四个特征,依法应当认定为黑社会性质组织。

(二)关于黑社会性质组织名称的认定

经查,公诉机关指控以陈垚东为首的黑社会性质组织的名称为“沙井新义安”,按照所称香港新义安黑社会组织的部分管理规则管理组织成员的证据不足,不予支持。但名称并非认定黑社会性质组织的必要法定条件,不影响本案黑社会性质组织的认定。

(三)关于黑社会性质组织组织者、领导者的认定

经查:

第一,在案证据证实陈垚东通过笼络乡邻、招纳小弟途径,发起、创建黑社会性质组织。在组织存续期间,陈垚东亦处于实际领导地位,协调、管理组织成员,为组织成员安排工作事务,划分势力范围,裁决组织成员之间的纠纷,策划、指挥组织成员实施多起故意伤害、绑架等违法犯罪活动,系组织成员公认的领导者。陈垚东及其辩护人提出“大哥”、“BOSS”等称呼只是一种尊重的称谓,并非黑社会性质组织特有。但认定陈垚东为组织、领导者,并非仅依据该称谓,而是根据陈垚东具体实施的上述行为而认定。

第二,虽然文稳权曾与陈垚东有过开办创世纪酒吧、承包公交线路等经济合作,有被告人指认文稳权与陈垚东私交颇好,但无证据证明文稳权参与发起、创建以陈垚东为首的黑社会性质组织,没有证据能够证明文稳权以何种方式参加该组织,为组织发展下线成员,对该组织及其运行、活动起到决策、指挥、协调、管理作用等事实,依法不能认定被告人文稳权为黑社会性质组织的领导者,亦不能认定其参加黑社会性质组织。

第三,虽然在案证据证实被告人伍健东、陈锦田、赖庆棠、王文明在组织中的地位较高,均带领一定数量的马仔,并指挥其马仔从事违法犯罪活动,但四被告人并不能对以陈垚东为首的整个黑社会性质组织进行领导,并未对整个组织及其运行、活动起到决策、指挥、协调、管理作用,依法不能认定四被告人为黑社会性质组织的领导者。但四被告人接受黑社会性质组织的领导和管理,并带领一定马仔,积极参与黑社会性质组织的违法犯罪活动,应当认定为黑社会性质组织的积极参加者。

(四)关于黑社会性质组织积极参加者的认定

经查,在案多名证人和被告人均明确指认被告人陈诺强、曾庆发、曾鸿辉、易亚胡、潘永钊、宁注作等人参加以陈垚东为首的黑社会性质组织,根据

其在组织中的地位和作用以及参与实施的组织犯罪活动，依法应当认定为积极参加者。但公诉机关指控被告人陈伟明为积极参加者的证据不足，不予支持，依法认定其为一般参加者。

（五）关于黑社会性质组织其他参加者的认定

经查，在案多名证人和被告人均明确指认被告人林波、岳彪、曾玉新、曾细苓、刘志清、谢春山、陈惠芳、潘泽勇、陈嘉祺、陈卓峰、陈展斌、文迎新、陈伟洪、曾柏球、周梁、李朝阳、曾庆华、江沛华、黎进成、江锦平、陈法军、陈平右参加以陈垚东为首的黑社会性质组织，证据确实、充分，足以认定其为黑社会性质组织的一般参加者。但公诉机关指控被告人应春秋参加黑社会性质组织的证据不足，不予支持。

（六）对犯组织、领导、参加黑社会性质组织罪的三十四名被告人，根据其在黑社会性质组织中的地位和作用以及犯罪的事实、犯罪的性质、情节和对社会的危害程度，依法予以区别量刑

被告人赖庆棠、王文明、曾庆发、易亚胡、曾玉新、岳彪、曾细苓、陈展斌、曾柏球、曾庆华如实供述自己的犯罪事实，认罪态度好，依法对其犯参加黑社会性质组织罪可以从轻处罚。

被告人江锦平没有实施其他违法犯罪行为，犯罪情节轻微，归案后如实供述自己罪行，依法可以免予刑事处罚。公诉机关对被告人江锦平的量刑建议予以采纳，但被告人曾庆华不符合免予刑事处罚的法定条件，对被告人曾庆华的量刑建议不予采纳。

本院另查明并确认，以被告人陈垚东为首的黑社会性质组织实施了十八单具体犯罪事实，该黑社会性质组织成员及本案其他被告人另外还实施了二十八单其他犯罪事实。

但公诉机关指控被告人陈垚东、刘志清敲诈勒索郭文等“蓝牌车”司机，指控被告人赖庆棠敲诈勒索蔡润华、郭志雄经营的松岗碧头码头，指控被告人王文明、林波、岳彪贩卖毒品三单事实，因证据不足，不予支持。

公诉机关指控被告人陈诺强、谢春山、陈惠芳四单抢劫事实，其中前两单因证据不足，不予支持。指控被告人郑剑宏、王文明故意伤害李彬等人，

其中指控王文明参与该单犯罪的证据不足,不予支持。指控被告人陈垚东、易亚胡非法拘禁麦重熙,其中指控易亚胡参与该单犯罪的证据不足,不予支持。指控被告人潘永钊、周梁、李朝阳故意伤害庄虾粒,其中指控潘永钊参与该单犯罪的证据不足,不予支持。指控被告人陈锦田、陈嘉祺、陈卓峰、陈展斌容留他人吸毒,其中指控陈卓峰、陈展斌参与该单犯罪的证据不足,不予支持。

公诉机关指控被告人伍健东、曾玉新犯组织卖淫罪,根据查明的事实和证据,指控的罪名不当,依法改为容留卖淫罪。指控被告人陈锦田、陈嘉祺、陈卓峰、陈展斌犯开设赌场罪,其中指控陈嘉祺、陈卓峰、陈展斌参与该单犯罪的证据不足,不予支持;根据查明的事实和证据,指控陈锦田的罪名不当,依法改为赌博罪。指控曾炯贤犯提供伪造的出入境证件罪,根据查明的事实和证据,指控的罪名不当,依法改为骗取出入境证件罪。

公诉机关指控被告人陈垚东、陈伟明、伍健东故意伤害罗亿希事实,因案发于 1997 年 1 月,当时法律未规定组织、领导、参加黑社会性质组织罪,依法不能认定为黑社会性质组织实施的犯罪。指控被告人文稳权寻衅滋事事实,因现有证据不能认定文稳权为黑社会性质组织成员,依法不能认定该单事实为黑社会性质组织实施的犯罪。

公诉机关指控被告人文稳权犯容留他人吸毒罪、被告人曾柏球犯故意伤害罪,因已过追诉时效,且不是必须追诉,本院已另行裁定终止审理。

另对在案证据综合对应的其他法律事实分析认证如下:

关于被告人赖庆棠是否有立功表现。经查,在赖庆棠检举揭发之前,广东省东莞市人民法院对于伍健东参与相应犯罪事实已有生效判决予以确认,其揭发犯罪实际所起的作用只是提示办案机关对伍健东追究相应的刑事责任。根据其所揭发的材料所显示的具体内容,不能表明其对抓捕伍健东起到实际作用,依法不能认定赖庆棠有立功表现。

关于被告人王文明是否有立功表现。经查,被告人王文明归案后供述的内容系如实供述共同犯罪同案人的犯罪事实,依法不能认定其有立功表现,但依法可以从轻处罚。

关于被告人陈展斌是否有立功表现。经查，检察机关对被告人陈展斌归案后所供述的他人的犯罪事实未予起诉，依法不能认定陈展斌有立功表现。但可依法对其酌情从轻处罚。

本院认为，被告人陈垚东作为黑社会性质组织的组织、领导者，不仅应当对其直接参与实施的犯罪行为承担刑事责任，依法还应当按照其所组织、领导的黑社会性质组织所犯的全部罪行处罚。被告人陈垚东的行为已构成组织、领导黑社会性质组织罪，故意伤害罪，绑架罪，非法拘禁罪，抢劫罪，敲诈勒索罪，赌博罪，聚众斗殴罪，寻衅滋事罪，强迫交易罪，容留他人吸毒罪，行贿罪，非法倒卖土地使用权罪，虚报注册资本罪，依法应当数罪并罚。公诉机关指控的罪名成立。但指控被告人陈垚东、陈诺强、谢春山、陈惠芳共同实施抢劫、强迫交易事实中，认定陈垚东直接参与实施该两单犯罪，事实不清，证据不足，但该两单犯罪均系黑社会性质组织实施的犯罪，被告人陈垚东作为组织、领导者，依法应当承担刑事责任；指控被告人陈垚东、刘志清敲诈勒索郭文等人，证据不足，不予支持；指控被告人陈垚东非法拘禁麦重熙犯罪中，殴打被害人麦重熙的证据不足，不予支持；指控被告人文稳权寻衅滋事事实，依法不能认定为黑社会性质组织实施的犯罪，被告人陈垚东无须对该单犯罪承担刑事责任。

被告人文稳权的行为已构成寻衅滋事罪，应当依法予以惩处。但公诉机关指控被告人文稳权犯领导黑社会性质组织罪，证据不足，不予支持；指控其犯容留他人吸毒罪，已过追诉时效期限，并且不是必须追诉，本院已另行裁定终止审理。

被告人伍健东的行为已构成参加黑社会性质组织罪，故意伤害罪，故意杀人罪，容留卖淫罪，容留他人吸毒罪，依法应当数罪并罚。但公诉机关指控其犯领导黑社会性质组织罪、组织卖淫罪，罪名不当，予以纠正。在故意杀人共同犯罪中，被告人伍健东等行为人系犯罪未遂，依法可以比照既遂犯从轻处罚且在本单犯罪中被告人伍健东系从犯，依法应当从轻处罚。被告人伍健东故意伤害他人身体致二人死亡，罪行极其严重，论罪当处死刑，但可不必立即执行。

被告人陈锦田的行为已构成参加黑社会性质组织罪,强迫交易罪,赌博罪,容留他人吸毒罪,行贿罪,依法应当数罪并罚。但公诉机关指控其犯领导黑社会性质组织罪、开设赌场罪,罪名不当,予以纠正。

被告人赖庆棠的行为已构成参加黑社会性质组织罪,敲诈勒索罪,强迫交易罪,寻衅滋事罪,容留他人吸毒罪,依法应当数罪并罚。但公诉机关指控其犯领导黑社会性质组织罪,罪名不当,予以纠正;指控其参与其他犯罪第十单敲诈勒索碧头码头,证据不足,不予支持。

被告人王文明的行为已构成参加黑社会性质组织罪,聚众斗殴罪,开设赌场罪,寻衅滋事罪,依法应当数罪并罚。但公诉机关指控其犯故意伤害罪、贩卖毒品罪,证据不足,不予支持;指控其犯领导黑社会性质组织罪,罪名不当,予以纠正。

被告人陈诺强的行为已构成参加黑社会性质组织罪,抢劫罪,强迫交易罪,敲诈勒索罪,依法应当数罪并罚。但公诉机关指控被告人陈诺强两次参与抢劫兴宝废品收购站废品,证据不足,不予支持。

被告人陈伟明的行为已构成参加黑社会性质组织罪,故意伤害罪,依法应当数罪并罚。但公诉机关指控被告人陈伟明系黑社会性质组织的积极参加者,证据不足,依法应当认定为一般参加者。

被告人曾庆发的行为已构成参加黑社会性质组织罪,故意伤害罪,敲诈勒索罪,寻衅滋事罪,依法应当数罪并罚。被告人曾庆发犯故意伤害罪有自首情节,依法可以从轻处罚。

被告人曾鸿辉的行为已构成参加黑社会性质组织罪,故意伤害罪,寻衅滋事罪,依法应当数罪并罚。

被告人易亚胡的行为已构成参加黑社会性质组织罪,非法拘禁罪,敲诈勒索罪,赌博罪,依法应当数罪并罚。但公诉机关指控被告人易亚胡参与非法拘禁被害人麦重熙,证据不足,不予支持。

被告人潘永钊的行为已构成参加黑社会性质组织罪,交通肇事罪,依法应当数罪并罚。但公诉机关指控其犯故意伤害罪,证据不足,不予支持。

被告人宁注作的行为已构成参加黑社会性质组织罪,敲诈勒索罪,寻衅滋事罪,虚报注册资本罪,依法应当数罪并罚。

被告人林波、岳彪的行为均已构成参加黑社会性质组织罪。但公诉机关指控二被告人犯贩卖毒品罪,证据不足,不予支持。被告人岳彪曾因故意犯罪被判处有期徒刑,刑罚执行完毕后,在五年以内再故意犯应当判处有期徒刑以上刑罚之罪,系累犯,依法应当从重处罚。

被告人曾玉新的行为已构成参加黑社会性质组织罪,故意伤害罪,容留卖淫罪,依法应当数罪并罚。但公诉机关指控其犯组织卖淫罪,罪名不当,予以纠正。被告人曾玉新故意伤害被害人王三连后积极赔偿被害人的经济损失,对其犯故意伤害罪酌情予以从轻处罚。

被告人曾细苓的行为已构成参加黑社会性质组织罪,聚众斗殴罪。被告人曾细苓因犯寻衅滋事罪被判处有期徒刑二年,缓刑三年。在缓刑考验期内发现其判决宣告以前还有其他罪没有判决,依法应当撤销缓刑,对前罪和后罪予以数罪并罚。

被告人刘志清的行为已构成参加黑社会性质组织罪。但公诉机关指控其犯敲诈勒索罪,证据不足,不予支持。

被告人谢春山的行为已构成参加黑社会性质组织罪,抢劫罪,敲诈勒索罪,强迫交易罪,依法应当数罪并罚。但公诉机关指控被告人谢春山两次参与抢劫兴宝废品收购站废品,证据不足,不予支持。

被告人陈惠芳的行为已构成参加黑社会性质组织罪,抢劫罪,强迫交易罪,依法应当数罪并罚。但公诉机关指控被告人陈惠芳两次参与抢劫兴宝废品收购站废品,证据不足,不予支持。

被告单位深圳市万丰(集团)股份有限公司已构成单位行贿罪。被告人潘泽勇作为该公司直接负责的主管人员和直接责任人员,依法应当以行贿罪追究其刑事责任。

被告人潘泽勇的行为已构成参加黑社会性质组织罪,行贿罪,依法应当数罪并罚。

被告人陈嘉祺的行为已构成参加黑社会性质组织罪,强迫交易罪,容留他人吸毒罪,依法应当数罪并罚。但公诉机关指控其犯开设赌场罪,证据不足,不予支持。

被告人陈卓峰、陈展斌的行为均已构成参加黑社会性质组织罪,强迫交易罪,依法均应当数罪并罚。但公诉机关指控二被告人犯开设赌场罪、容留他人吸毒罪,证据不足,不予支持。被告人陈展斌归案后退回强迫交易的部分赃款,酌情予以从轻处罚。

被告人应春秋的行为已构成强迫交易罪,应当依法予以惩处。但公诉机关指控其犯参加黑社会性质组织罪,证据不足,不予支持。

被告人文迎新的行为已构成参加黑社会性质组织罪,敲诈勒索罪,依法应当数罪并罚。被告人文迎新敲诈勒索他人财物,系犯罪未遂,依法可以比照既遂犯减轻处罚。

被告人陈伟洪的行为已构成参加黑社会性质组织罪,聚众扰乱社会秩序罪。被告人陈伟洪曾因故意犯罪被判处有期徒刑,刑罚执行完毕后,在五年以内再故意犯应当判处有期徒刑以上刑罚之罪,系累犯,依法应当从重处罚。

被告人曾柏球的行为已构成参加黑社会性质组织罪。但公诉机关指控其犯故意伤害罪,已过追诉时效期限,并且不是必须追诉,本院已另行裁定终止审理。被告人曾柏球归案后如实供述自己罪行,依法可以从轻处罚。被告人曾柏球参加黑社会性质组织后未参与黑社会性质组织的其他犯罪活动,犯罪情节较轻,有悔罪表现,没有再犯罪的危险,宣告缓刑对所居住的社区没有重大不良影响,依法应当对其宣告缓刑。

被告人周梁的行为已构成参加黑社会性质组织罪,故意伤害罪。被告人周梁因犯以危险方法危害公共安全罪被生效判决判处有期徒刑四年。在判决宣告以后,刑罚执行完毕以前,发现其在判决宣告以前还有其他罪没有判决,应当对前后两个判决所判处的刑罚予以数罪并罚。已经执行的刑期,应当计算在新判决决定的刑期以内。

被告人李朝阳的行为已构成参加黑社会性质组织罪,故意伤害罪,依法应当数罪并罚。

被告人曾庆华、江沛华、黎进成、江锦平的行为均已构成参加黑社会性质组织罪。被告人江锦平没有实施其他违法犯罪行为，犯罪情节轻微，归案后如实供述自己罪行，依法可以免予刑事处罚。公诉机关对被告人江锦平的量刑建议予以采纳，但被告人曾庆华不符合免予刑事处罚的法定条件，对被告人曾庆华的量刑建议不予采纳。

被告人陈法军、陈平右的行为均已构成参加黑社会性质组织罪。被告人陈法军因犯以危险方法危害公共安全罪、非法持有枪支罪，被生效判决判处有期徒刑六年六个月；被告人陈平右因犯以危险方法危害公共安全罪被生效判决判处有期徒刑三年六个月。在判决宣告以后，刑罚执行完毕以前，发现二被告人在判决宣告以前还有其他罪没有判决，依法均应对前后两个判决所判处的刑罚予以数罪并罚。已经执行的刑期，应当计算在新判决决定的刑期以内。

被告人刘少雄的行为已构成受贿罪，纵容黑社会性质组织罪，依法应当数罪并罚。被告人刘少雄受贿数额巨大，情节特别严重，罪行极其严重，论罪当处死刑，但可不必立即执行。

被告人文永峰的行为已构成故意伤害罪。被告人文永峰积极赔偿被害人近亲属的经济损失，酌情予以从轻处罚。

被告人郑剑宏的行为已构成故意伤害罪。

被告人曾炯贤的行为已构成骗取出入境证件罪。公诉机关指控被告人曾炯贤犯提供伪造的出入境证件罪，罪名不当，予以纠正。被告人曾炯贤归案后如实供述自己罪行，依法可以从轻处罚。被告人曾炯贤犯罪情节较轻，有悔罪表现，没有再犯罪的危险，宣告缓刑对所居住的社区没有重大不良影响，依法应当对其宣告缓刑。

对各被告人，根据其犯罪的事实、性质、情节及其社会危害程度，依法予以量刑。对归案后如实供述自己罪行，有悔罪表现的被告人，对相关犯罪依法予以从轻处罚。公诉机关的相关量刑建议、被告人的相关辩解及其辩护人的相关辩护意见的合理部分予以采纳。

对以被告人陈垚东为首的黑社会性质组织和组织、领导、参加该黑社会性质组织的被告人聚敛的财物及其收益，以及用于犯罪的工具等，应当依法追缴、没收。公诉机关的相关建议予以采纳。

对于有部分被告人认为,其不懂法律,系误入歧途;或者其并未作恶,是被人诬陷;有很多人其行为更为恶劣而未被追究;若被定罪怕被子孙误解等。本院认为,法治的神圣和尊崇不仅应当是社会公平正义的最后底线,法治的科学与昌明更应当真正成为引领现代社会文明建设的不二圭臬。维护合法诉权,自我辩解辩护天经地义,但人常偏激逐利,不求良善中正;罔顾事实证据,不思罪己改过。以怨人为理所当然,以利己为天公地道,已然成为现世常有现象;不知感恩反省,总是委屈遗恨似乎占据了许多人心。本该早知如此,何必为非当初。本案各被告人均应正确看待法律对犯罪行为的制裁,摒除怨恨,真诚改造,以己身之教警诫当世,用勤奋利人勉励子孙。

对于各被告人及其辩护人的其他辩护意见本院已在上述证据分析和事实认证过程中表明裁决理据,不再一一论及。

依照《中华人民共和国刑法》第二百九十四条第一款、第三款、第四款、第五款等法律规定,判决如下:

一、被告单位深圳市万丰(集团)股份有限公司犯单位行贿罪,判处罚金人民币400万元。

二、被告人陈垚东犯组织、领导黑社会性质组织罪,判处有期徒刑十五年,并处没收个人全部财产;犯故意伤害罪,判处无期徒刑,剥夺政治权利终身;犯绑架罪,判处有期徒刑十年,并处罚金人民币300万元;犯非法拘禁罪,判处有期徒刑一年;犯抢劫罪,判处有期徒刑十年,剥夺政治权利三年,并处罚金人民币20万元;犯敲诈勒索罪,判处有期徒刑十年;犯赌博罪,判处有期徒刑二年,并处罚金人民币180万元;犯聚众斗殴罪,判处有期徒刑三年;犯寻衅滋事罪,判处有期徒刑二年;犯强迫交易罪,判处有期徒刑六年,并处罚金人民币9000万元;犯容留他人吸毒罪,判处有期徒刑二年,并处罚金人民币150万元;犯行贿罪,判处无期徒刑,剥夺政治权利终身,并处没收个人全部财产;犯非法倒卖土地使用权罪,判处有期徒刑七年,并处罚金人民币3000万元;犯虚报注册资本罪,判处有期徒刑六个月,并处罚金人民币50万元。数罪并罚,决定执行无期徒刑,剥夺政治权利终身,并处没收个人全部财产，罚金人民币 1.27 亿元。

三、被告人伍健东犯参加黑社会性质组织罪，判处有期徒刑七年，并处没收个人全部财产；犯故意伤害罪，判处死刑，缓期二年执行，剥夺政治权利终身；犯故意杀人罪，判处有期徒刑十年，剥夺政治权利三年；犯容留卖淫罪，判处有期徒刑六年，并处罚金人民币 100 万元；犯容留他人吸毒罪，判处有期徒刑二年六个月，并处罚金人民币 30 万元。数罪并罚，决定执行死刑，缓期二年执行，剥夺政治权利终身，并处没收个人全部财产，罚金人民币 130 万元。

四、被告人刘少雄犯受贿罪，判处死刑，缓刑二年执行，剥夺政治权利终身，并处没收个人全部财产；犯纵容黑社会性质组织罪，判处有期徒刑五年。数罪并罚，决定执行死刑，缓刑二年执行，剥夺政治权利终身，并处没收个人全部财产。

五、被告人陈诺强犯参加黑社会性质组织罪，判处有期徒刑六年，并处没收个人全部财产；犯抢劫罪，判处有期徒刑十年，剥夺政治权利三年，并处罚金人民币 20 万元；犯敲诈勒索罪，判处有期徒刑七年；犯强迫交易罪，判处有期徒刑三年，并处罚金人民币 1500 万元。数罪并罚，决定执行有期徒刑十八年，剥夺政治权利三年，并处没收个人全部财产，罚金人民币 1520 万元。

六、被告人陈伟明犯参加黑社会性质组织罪，判处有期徒刑三年，并处罚金人民币 3000 万元；犯故意伤害罪，判处有期徒刑十五年。数罪并罚，决定执行有期徒刑十七年，并处罚金人民币 3000 万元。

七、被告人谢春山犯参加黑社会性质组织罪，判处有期徒刑二年，并处罚金人民币 300 万元；犯抢劫罪，判处有期徒刑十年，剥夺政治权利三年，并处罚金人民币 20 万元；犯敲诈勒索罪，判处有期徒刑三年；犯强迫交易罪，判处有期徒刑三年，并处罚金人民币 200 万元。数罪并罚，决定执行有期徒刑十五年，剥夺政治权利三年，并处罚金人民币 520 万元。

八、被告人赖庆棠犯参加黑社会性质组织罪，判处有期徒刑六年，并处没收个人全部财产；犯敲诈勒索罪，判处有期徒刑三年；犯强迫交易罪，判处有期徒刑三年，并处罚金人民币 1000 万元；犯寻衅滋事罪，判处有期徒刑一年六个月;犯容留他人吸毒罪,判处有期徒刑一年,并处罚金人民币 25 万元。数罪并罚,决定执行有期徒刑十二年,并处没收个人全部财产,罚金人民币 1025 万元。

九、被告人王文明犯参加黑社会性质组织罪,判处有期徒刑六年,并处没收个人全部财产;犯聚众斗殴罪,判处有期徒刑四年;犯开设赌场罪,判处有期徒刑二年六个月,并处罚金人民币 50 万元;犯寻衅滋事罪,判处有期徒刑一年六个月。数罪并罚,决定执行有期徒刑十二年,并处没收个人全部财产,罚金人民币 50 万元。

十、被告人陈惠芳犯参加黑社会性质组织罪,判处有期徒刑二年,并处罚金人民币 300 万元;犯抢劫罪,判处有期徒刑十年,剥夺政治权利三年,并处罚金人民币 20 万元;犯强迫交易罪,判处有期徒刑三年,并处罚金人民币 200 万元。数罪并罚,决定执行有期徒刑十二年,剥夺政治权利三年,并处罚金人民币 520 万元。

十一、被告人陈锦田犯参加黑社会性质组织罪,判处有期徒刑五年,并处没收个人全部财产;犯强迫交易罪,判处有期徒刑二年,并处罚金人民币 3000 万元;犯赌博罪,判处有期徒刑二年,并处罚金人民币 60 万元;犯容留他人吸毒罪,判处有期徒刑一年,并处罚金人民币 10 万元;犯行贿罪,判处有期徒刑三年。数罪并罚,决定执行有期徒刑十一年,并处没收个人全部财产,罚金人民币 3070 万元。

十二、被告人曾鸿辉犯参加黑社会性质组织罪,判处有期徒刑五年,并处没收个人全部财产;犯故意伤害罪,判处有期徒刑五年;犯寻衅滋事罪,判处有期徒刑二年。数罪并罚,决定执行有期徒刑十一年,并处没收个人全部财产。

十三、被告人文永峰犯故意伤害罪,判处有期徒刑十年。

十四、被告人曾庆发犯参加黑社会性质组织罪,判处有期徒刑四年,并处没收个人全部财产;犯故意伤害罪,判处有期徒刑八个月;犯敲诈勒索罪,判处有期徒刑四年;犯寻衅滋事罪,判处有期徒刑二年。数罪并罚,决定执行有期徒刑八年,并处没收个人全部财产。

十五、被告人宁注作犯参加黑社会性质组织罪，判处有期徒刑三年六个月，并处没收个人全部财产；犯敲诈勒索罪，判处有期徒刑三年；犯寻衅滋事罪，判处有期徒刑三年；犯虚报注册资本罪，判处有期徒刑六个月，并处罚金人民币25万元。数罪并罚，决定执行有期徒刑八年，并处没收个人全部财产，罚金人民币25万元。

十六、被告人易亚胡犯参加黑社会性质组织罪，判处有期徒刑三年六个月，并处没收个人全部财产；犯非法拘禁罪，判处有期徒刑一年；犯敲诈勒索罪，判处有期徒刑三年；犯赌博罪，判处有期徒刑十个月，并处罚金人民币1万元。数罪并罚，决定执行有期徒刑七年，并处没收个人全部财产，罚金人民币1万元。

十七、被告人曾玉新犯参加黑社会性质组织罪，判处有期徒刑一年，并处罚金人民币100万元；犯故意伤害罪，判处有期徒刑四年；犯容留卖淫罪，判处有期徒刑五年，并处罚金人民币100万元。数罪并罚，决定执行有期徒刑七年，并处罚金人民币200万元。

十八、被告人周梁犯参加黑社会性质组织罪，判处有期徒刑二年，并处罚金人民币50万元；犯故意伤害罪，判处有期徒刑二年六个月。与深圳市宝安区人民法院(2011)深宝法刑初字第950号刑事判决确定的犯以危险方法危害公共安全罪，判处有期徒刑四年，数罪并罚，决定执行有期徒刑七年，并处罚金人民币50万元。

十九、被告人陈法军犯参加黑社会性质组织罪，判处有期徒刑一年六个月，并处罚金人民币50万元。与深圳市宝安区人民法院(2011)深宝法刑初字第950号刑事判决确定的犯以危险方法危害公共安全罪、非法持有枪支罪，判处有期徒刑六年六个月，数罪并罚，决定执行有期徒刑七年，并处罚金人民币50万元。

二十、被告人潘泽勇犯参加黑社会性质组织罪，判处有期徒刑一年，并处罚金人民币300万元；犯行贿罪，判处有期徒刑六年。数罪并罚，决定执行有期徒刑六年六个月，并处罚金人民币300万元。

二十一、被告人潘永钊犯参加黑社会性质组织罪，判处有期徒刑三年六个月，并处没收个人全部财产；犯交通肇事罪，判处有期徒刑四年。数罪并罚，决定执行有期徒刑五年六个月，并处没收个人全部财产。

二十二、撤销深圳市宝安区人民法院（2011）深宝法刑初字第3302号刑事判决对被告人曾细苓所宣告的缓刑，原判以寻衅滋事罪，判处被告人曾细苓有期徒刑二年；被告人曾细苓犯参加黑社会性质组织罪，判处有期徒刑一年，并处罚金人民币300万元；犯聚众斗殴罪，判处有期徒刑四年。数罪并罚，决定执行有期徒刑四年六个月，并处罚金人民币300万元。

二十三、被告人陈平右犯参加黑社会性质组织罪，判处有期徒刑一年六个月，并处罚金人民币50万元。与深圳市宝安区人民法院（2011）深宝法刑初字第950号刑事判决确定的犯以危险方法危害公共安全罪，判处有期徒刑三年六个月，数罪并罚，决定执行有期徒刑四年，并处罚金人民币50万元。

二十四、被告人陈伟洪犯参加黑社会性质组织罪，判处有期徒刑二年，并处罚金人民币200万元；犯聚众扰乱社会秩序罪，判处有期徒刑二年。数罪并罚，决定执行有期徒刑三年六个月，并处罚金人民币200万元。

二十五、被告人李朝阳犯参加黑社会性质组织罪，判处有期徒刑二年，并处罚金人民币50万元；犯故意伤害罪，判处有期徒刑二年。数罪并罚，决定执行有期徒刑三年，并处罚金人民币50万元。

二十六、被告人陈嘉祺犯参加黑社会性质组织罪，判处有期徒刑一年六个月，并处罚金人民币200万元；犯强迫交易罪，判处有期徒刑一年六个月，并处罚金人民币240万元；犯容留他人吸毒罪，判处有期徒刑六个月，并处罚金人民币10万元。数罪并罚，决定执行有期徒刑二年六个月，并处罚金人民币450万元。

二十七、被告人陈卓峰犯参加黑社会性质组织罪，判处有期徒刑一年六个月，并处罚金人民币200万元；犯强迫交易罪，判处有期徒刑一年六个月，并处罚金人民币720万元。数罪并罚，决定执行有期徒刑二年六个月，并处罚金人民币920万元。

二十八、被告人文迎新犯参加黑社会性质组织罪，判处有期徒刑二年，并处罚金人民币200万元；犯敲诈勒索罪，判处有期徒刑一年。数罪并罚，决定执行有期徒刑二年六个月，并处罚金人民币200万元。

二十九、被告人林波犯参加黑社会性质组织罪，判处有期徒刑二年，并处罚金人民币50万元。

三十、被告人岳彪犯参加黑社会性质组织罪，判处有期徒刑二年，并处罚金人民币30万元。

三十一、被告人郑剑宏犯故意伤害罪，判处有期徒刑二年。

三十二、被告人文稳权犯寻衅滋事罪，判处有期徒刑一年六个月。

三十三、被告人刘志清犯参加黑社会性质组织罪，判处有期徒刑一年六个月，并处罚金人民币50万元。

三十四、被告人应春秋犯强迫交易罪，判处有期徒刑一年六个月，并处罚金人民币50万元。

三十五、被告人曾庆华犯参加黑社会性质组织罪，判处有期徒刑一年六个月，并处罚金人民币30万元。

三十六、被告人江沛华犯参加黑社会性质组织罪，判处有期徒刑一年六个月，并处罚金人民币50万元。

三十七、被告人黎进成犯参加黑社会性质组织罪，判处有期徒刑一年六个月，并处罚金人民币50万元。

三十八、被告人陈展斌犯参加黑社会性质组织罪，判处有期徒刑十个月，并处罚金人民币150万元；犯强迫交易罪，判处有期徒刑一年，并处罚金100万元。数罪并罚，决定执行有期徒刑一年三个月，并处罚金人民币250万元。

三十九、被告人曾柏球犯参加黑社会性质组织罪，判处有期徒刑一年六个月，缓刑三年，并处罚金人民币50万元。

四十、被告人曾炯贤犯骗取出入境证件罪，判处有期徒刑三年，缓刑五年，并处罚金人民币1万元。

四十一、被告人江锦平犯参加黑社会性质组织罪，免予刑事处罚。

四十二、对于被告人陈展斌主动缴纳的违法所得人民币25.2万元依法予以没收，上缴国库；继续追缴、没收被告人陈垚东组织、领导的黑社会性质组织和组织、领导、参加该黑社会性质组织的犯罪分子聚敛的财物及其收益，没收用于犯罪的工具。

四十三、被告人陈垚东、陈伟明、伍健东应当共同赔偿附带民事诉讼原告人罗淡芬、罗阳、罗夏阳、罗文汉、纪映装丧葬费人民币4000元、医疗费人民币10000元，共计人民币14000元，三被告人互负连带赔偿责任。

四十四、驳回附带民事诉讼原告人罗淡芬、罗阳、罗夏阳、罗文汉、纪映装的其他诉讼请求。

四十五、驳回附带民事诉讼原告人钟子仟、曾金蓉的诉讼请求。

四十六、驳回附带民事诉讼原告人黎志强的诉讼请求。

下面依照《中华人民共和国刑法》第三十七条之规定，对被告人江锦平当庭予以训诫。被告人江锦平，法庭虽然对你从宽判处免予刑事处罚，但你应当清楚，你的行为是构成了犯罪的，今后你要谨记教训，保证不再违法犯罪。你听明白了吗？现在由你当庭作出保证，法庭记录在案。

如不服本判决，可在接到判决书的第二日起十日内，通过本院或者直接向广东省高级人民法院提出上诉。书面上诉的，应当提交上诉状正本一份，副本二份。

对于各被告人是否上诉以及上诉的意见和理由可以依照法律规定在法定期限内提出。

审　判　长　涂俊峰
审　判　员　李　辉
代理审判员　李生荣
书　记　员　丘国栋（兼）
书　记　员　黄超荣（兼）

刑事审判参考黑社会性质组织犯罪裁判要旨大全*

1.【第142号】张畏组织、领导黑社会性质组织、故意伤害、贷款诈骗、虚开增值税发票、非法经营、故意毁坏财物、非法拘禁案

【裁判要旨】黑社会性质组织的组织者、领导者应对其组织、领导的黑社会性质组织所犯的全部罪行承担责任。所谓"其所组织、领导的黑社会性质组织所犯的全部罪行",既包括在其直接组织、策划、指挥下实施的犯罪,也包括其他成员为了该组织的利益策划实施的犯罪,或者其他成员实施犯罪得到其同意或者经其认可的。对于其他成员为报私仇或个人私利而实施的犯罪,其没有起组织、领导作用的,不属于黑社会性质组织所犯的罪行,只应由具体实施犯罪的行为人承担刑事责任。黑社会性质组织的内部组织结构较为严密,一般具有一定的层次性,组织者、领导者之间也有不同的等级。在司法实践中,应当区分组织者、领导者在黑社会性质组织所犯的全部罪行中所处的地位和所起的作用,分别情况确定其应承担的刑事责任。

2.【第149号】容乃胜等组织、领导、参加黑社会性质组织罪

【裁判要旨】(1)组织、领导和积极参加以暴力、威胁或者其他手段,有组织地进行违法犯罪活动,称霸一方,为非作恶,欺压、残害群众,严重破坏经济、社会生活秩序的黑社会性质组织的行为,是构成组织、领导、参加黑社会性质组织罪的客观表现。其中,"组织"是指为了实现称霸一方的目的,倡导、发起、纠集、组织人员建立黑社会性质组织的行为,如创立、组建黑社会性质的组织,确定该组织的目的、宗旨;确定黑社会性质的组织机构、人员安

---

* 来源于微信公众号"刑法一本通"。

排、行为规范、活动方式;发展黑社会性质组织的成员等。“领导”是指在黑社会性质组织中处于领导地位,制定犯罪计划,指挥实施犯罪的行为。“积极参加”是指积极、主动加入黑社会性质组织的行为。积极参加者往往在实施具体违法犯罪时表现主动、积极。除积极参加并起主要作用的成员外,其他均为一般参加者。

(2)组织、领导、参加黑社会性质组织罪是故意犯罪。对于组织者和领导者而言,只要其是以实施有组织的违法犯罪活动为目的,成立的组织符合黑社会性质组织的特征,就应当认定为黑社会性质组织。对于参加者而言,行为人虽然不明知所参加的组织是黑社会性质组织,但只要行为人在主观上明知该组织是从事违法犯罪活动的组织,或者当时并不明知是从事违法犯罪活动的组织,但在加入后发现是从事违法犯罪活动的组织,仍不退出并积极从事违法犯罪活动的,就应当认定其主观上具有参加黑社会性质组织的犯罪故意。

3.【第618号】陈金豹等组织、领导、参加黑社会性质组织案

【裁判要旨】“参加黑社会性质组织”中的“参加”,实践中可以从以下几个方面认定:(1)关于“参加”的主观明知问题,不要求行为人在加入犯罪组织时明确知道该组织具有黑社会性质,行为人只要知道或者应当知道所参加的是由多人组成、具有一定层级结构,主要从事违法犯罪活动的组织群体,或者该组织虽有形式合法的生产、经营活动,但仍是以有组织地实施违法犯罪活动为基本行为方式,欺压、残害群众的组织,就可以认定其具有主观明知。

(2)关于接受黑社会性质组织领导和管理的问题。对于那些主观上并无加入意图,客观上也不受犯罪组织领导和管理,因被纠集、雇佣、收买、威逼或者受蒙蔽为黑社会性质组织实施违法犯罪活动或者提供帮助、支持、服务的人员,不应以参加黑社会性质组织定罪处罚。

(3)关于“参加”行为完成形态问题的把握。就本质而言,“参加”行为是否完成应以行为人与黑社会性质组织就加入该组织问题达成意思一致作为判断标准比较合适,而不能以是否履行手续、是否取得组织会籍、是否举

行专门仪式等作为认定的标准。对有下列情形之一的,可以认定行为人完成了“参加”行为:一是就加入犯罪组织问题有明确的约定;二是行为人履行了加入组织的仪式;三是行为人要求加入,并经该组织或组织头目的批准或默许;四是虽未履行手续,但已在该组织的领导和管理下实际参加了该组织的各种违法犯罪活动;五是行为人开始不知道加入的是从事违法犯罪活动的黑社会性质组织,了解真相后没有退出,并在该组织的领导和管理下参加了该组织的违法犯罪活动。

4.【第619号】邓伟波等组织、领导、参加黑社会性质组织案

【裁判要旨】黑社会组织应当具备组织特征、经济特征、行为特征和非法控制特征。对黑社会性质的组织特征可以从以下几个方面进行理解和把握:(1)审查犯罪组织的目的性;(2)审查核心成员的稳定性;(3)审查犯罪组织内部的组织性、纪律性。

5.【第620号】黄向华等组织、参加黑社会性质组织,陈国阳、张伟洲包庇黑社会性质组织案

【裁判要旨】从司法实践来看,黑社会性质组织一般在短时间内难以形成,普通犯罪集团、“恶势力”团伙向黑社会性质组织发展是一个渐进的过程,没有明显的性质转变节点;某些黑社会性质组织为了增强隐蔽性,还会通过开办公司、企业等“合法”方式“以商养黑”,且某些黑社会性质组织的领导者、组织者还有特殊的身份作掩护,如以国家工作人员、人大代表、政协委员等身份作保护伞。所以,司法机关认定一个犯罪集团是否构成,何时形成黑社会性质组织,需要结合案件的具体情况综合认定。正是由于黑社会性质组织在认定上的严格性、形式上的多样化,使得实施包庇、纵容行为的行为人很难明确认识到其包庇、纵容的对象是黑社会性质组织及其活动。如果将明知是黑社会性质组织及其活动作为本罪故意成立不可或缺的认识因素,将给司法认定带来相当的困难,也会成为行为人逃避法律制裁的理由,不利于打黑专项斗争工作的开展。有鉴于此,《最高人民法院、最高人民检察院、公安部办理黑社会性质犯罪案件的座谈会纪要》明确规定:“只要行为人知道或者应当知道是从事违法犯罪活动的组织,仍对该组织及其成员予

以包庇,或者纵容其实施违法犯罪活动,即可认定本罪。至于行为人是否明知该组织系黑社会性质组织,不影响本罪的成立。”

6.【第621号】李军等参加黑社会性质组织案

【裁判要旨】参加黑社会性质组织罪不以行为人明确知道组织具有黑社会性质为要件。当然,如果行为人事先确实不了解情况,不知是黑社会性质组织而参加,发现后即退出;或者行为人确实不知道,也不应当知道其参加的组织是一个主要从事违法犯罪活动、具有一定层次结构的犯罪组织,一般不按参加黑社会性质组织罪论处。

7.【第622号】张志超等组织、领导、参加黑社会性质组织案

【裁判要旨】黑社会性质组织应当同时具备组织特征、经济特征、行为特征及非法控制特征。非法控制特征也被称为危害性特征,是指通过实施违法犯罪活动,或者利用国家工作人员的包庇或者纵容,称霸一方,在一定区域或者行业内,形成非法控制或者重大影响,严重破坏经济、社会生活秩序。非法控制特征是黑社会性质组织最本质、最核心的特征。我们认为可以从以下三个方面理解和把握黑社会性质组织的非法控制特征:(1)关于对实现途径的理解和把握,黑社会性质组织所形成的非法控制或者重大影响是通过实施违法犯罪活动或者利用国家工作人员的包庇或者纵容来实现的。(2)关于对“一定区域或者行业”的理解和把握,首先,黑社会性质组织的“非法控制”并不表现为对一定区域内领土的占领,而是表现为对这个区域内生活的人以及这个区域内的经济、社会生活秩序有了非法的控制和重大的影响。其次,黑社会性质组织的非法控制必将表现为对某一行业的非法控制。(3)关于对“非法控制或者重大影响”的理解和把握,“非法控制”,顾名思义是指干预已经达到足以控制一定范围内的经济、社会生活的程度;而“重大影响”,是指虽然对于一定区域、一定行业内的社会、经济生活尚未达到任意操控的程度,但已有相当的能力进行干预和施加影响。

8.【第623号】刘烈勇等组织、领导、参加黑社会性质组织案

【裁判要旨】非法控制特征(也即危害性特征)是黑社会性质组织的本质特征。(1)黑社会性质组织对一定行业的非法控制黑社会性质组织所控制

和影响的行业,既包括合法行业,也包括黄、赌、毒等非法行业。(2)黑社会性质组织除了在经济上对相关行业进行非法控制外,还往往为了逞强争霸、确立强势地位而实施故意杀人、故意伤害、寻衅滋事等违法犯罪行为,树立该组织的非法权威,严重影响了社会的稳定和人民群众的安全感。

9.【第624号】区瑞狮等组织、领导、参加黑社会性质组织案

【裁判要旨】界分组织犯罪和成员个人犯罪,主要根据以下标准:

(1)是否由组织者、领导者直接组织、策划、指挥、参与实施。组织、领导者是黑社会性质组织的发起者、创建者,或者在组织中实际处于领导地位,对整个组织及其运行、活动起着决策、指挥、协调、管理作用的犯罪分子,由组织者、领导者直接组织、策划、指挥、参与实施的犯罪行为,都应认定为组织犯罪。

(2)是否基于组织意志实施。黑社会性质组织的犯罪行为应体现组织意志,受组织意志的制约。也就是说,组织成员实施的犯罪行为是得到了组织者、领导者认可或者默许的,抑或是按照组织的纪律、惯例、共同遵守的约定而实施的犯罪活动。

(3)是否为了组织利益实施。实施犯罪活动的目的是为犯罪组织谋取利益,而不是追求个人利益或其他个人目的。对于组织成员为了组织利益而实施的犯罪,并不要求组织者、领导者知情。如组织成员为组织争夺势力范围、排除竞争对手、确立强势地位、谋取经济利益、维护非法权威而实施的违法犯罪活动。反之,如果是组织成员仅仅为了个人利益,在组织意志之外单独实施的违法犯罪活动,组织、领导者并不知情,则不应认定为该黑社会性质组织实施的犯罪活动,而应认定为组织成员个人犯罪。

10.【第625号】王平等组织、领导、参加黑社会性质组织案

【裁判要旨】经济特征是黑社会性质组织的特征之一。(1)黑社会性质组织获取经济利益的手段具有选择性。黑社会性质组织既可以通过有组织地实施违法犯罪活动敛财。也可以通过形式合法的经营来获取经济利益。(2)黑社会性质组织所获经济利益应足以支持黑社会性质组织生存、发展和实施违法犯罪活动。(3)黑社会性质组织所获经济利益应用于犯罪组织或

组织犯罪活动所需。(4)正确把握经济特征与其他特征的相互关系。黑社会性质组织攫取经济利益、扩充经济实力并不是其实施违法犯罪活动的终极目标,而只是其非法控制社会的一个必要步骤。司法实践中,许多黑社会性质组织的经济特征并不是十分典型。因此,在认定方法上要特别注意以“非法控制特征”为核心,用辩证的、联系的观点分析“四个特征”的内在联系。

11.【第626号】张宝义等组织、领导、参加黑社会性质组织案

【裁判要旨】根据《中华人民共和国刑法》第二百九十四条、《最高人民法院关于审理黑社会性质组织犯罪的案件具体应用法律若干问题的解释》以及《最高人民法院、最高人民检察院、公安部办理黑社会性质组织犯罪案件座谈会纪要》的有关规定及精神,应按照下列原则,认定黑社会性质组织成员所应承担的刑事责任:(1)对黑社会性质组织的组织者、领导者,应按照该组织所犯全部罪行承担刑事责任,但对非组织犯罪不应承担刑事责任。(2)对黑社会性质组织中的积极参加者和其他参加者,应按照其所参与的犯罪,根据其在具体犯罪中的地位和作用,依照罪责刑相适应的原则,确定应承担的刑事责任。(3)对黑社会性质组织犯罪中涉案的非黑社会组织成员的被告人,应当按照其在共同犯罪中的地位、作用,确定应当承担的刑事责任。

12.【第627号】张更生等故意杀人、敲诈勒索、组织卖淫案

【裁判要旨】尽管有违法犯罪行为的单位在实施违法犯罪活动过程中也可能“转化”为黑社会性质的犯罪组织,但二者在未转化前,有着明显的区别:

(1)成立目的不同

有违法犯罪行为的单位,一般都是依法设立的公司、企业等合法经济实体或者社会组织,从事一定的生产经营活动或者履行一定的社会职责。而黑社会性质组织系为了实施违法犯罪而成立的非法组织。虽然二者都有基本的组织架构、职责分工,但前者是为了正常开展生产、经营活动而设立的;而黑社会性质组织,其内部严密的组织结构、细致的职能分工、帮规纪律等,均是为了有组织地实施违法犯罪活动而设立。

(2)经济特征不同

有违法犯罪行为的单位,自成立开始便有其正当的经营或职能范围以及较为稳定的运作方式和营收模式。违法犯罪行为。对其而言,只是在单位行使职权或者经营过程中出现的偶然“越权行为”或者“寻租行为”,违法犯罪所得不会成为其主要的、稳定的收入来源。而黑社会性质组织是以有组织地实施违法犯罪活动或者其他手段获取经济利益,具有一定的经济实力,并以此支持该组织的活动。一言以蔽之,黑社会性质组织是“以黑养黑”,其维持犯罪组织日常运作的资金主要来源于违法犯罪活动,或者与违法犯罪活动有关。

(3)行为特征不同

有违法犯罪行为的单位实施违法犯罪行为一般不具有经常性,违法犯罪并非单位获取经济利益或者解决纠纷的主要手段。与此不同的是,黑社会性质组织实施违法犯罪行为具有经常性、一贯性,而且其所实施的违法犯罪行为具有明显的暴力性特征,通常表现为故意杀人、故意伤害、绑架、抢劫、敲诈勒索、聚众斗殴、寻衅滋事、故意毁坏财物等。

(4)非法控制特征不同

黑社会性质组织本质上是要通过实施违法犯罪活动称霸一方,在一定区域或者行业内,形成非法控制或者重大影响。从而严重破坏经济、社会生活秩序。非法控制特征是连接其他三个特征的纽带,正是在“非法控制”这一点上,使得黑社会性质的组织犯罪与其他犯罪组织区别开来:在对组织内部进行严格控制的基础上,通过对一定行业或者区域的控制最终实现对社会的控制。由此可以认为,非法控制是黑社会性质组织的本质特征。而有违法犯罪行为的单位,并不具有非法控制社会的意图,亦无法形成对一定区域或行业内社会、经济秩序的严重破坏。

13.【第628号】乔永生等组织、领导、参加黑社会性质组织案

【裁判要旨】黑社会性质组织必须同时具备“组织特征”、“经济特征”、“行为特征”和“危害性特征”。这四个方面的特征具有一定的内在关联,但又各有侧重,涉及黑社会性质组织的不同侧面。现结合四个特征对证明黑

社会性质组织的证据要求归纳如下：

（1）组织特征。黑社会性质组织一般较为稳定，人数较多，有明确的组织者、领导者，骨干成员基本固定。组织特征的证明需要立足组织的成员、组织的结构及组织的存续时间等方面。

（2）经济特征。为支持组织的活动，黑社会性质组织通常有组织地通过违法犯罪活动或者其他手段获取经济利益，具有一定的经济实力。经济特征的证明需要立足组织的收入来源、组织的资金流转等方面。

（3）行为特征。黑社会性质组织通常是以暴力、威胁或者其他手段，有组织地多次进行违法犯罪活动，为非作恶，欺压、残害群众，但实践中的表现形式各不相同。为合理认定组织实施的违法犯罪，并合理区分组织的违法犯罪与组织成员个人的违法犯罪，审判机关需要结合黑社会性质组织实施的具体违法犯罪行为综合分析。此外，现阶段许多黑社会性质组织都积极向基层政权渗透，寻求保护伞，导致黑社会性质组织犯罪与职务犯罪相交织，因此，审判机关需要一并予以审查。

（4）危害性特征。称霸一方，在一定区域或者行业内，形成非法控制或者重大影响，从而严重破坏经济、社会生活秩序，是黑社会性质组织的危害性特征，也是其区别于一般犯罪集团的关键所在。

14.【第629号】王江等组织、领导、参加黑社会性质组织案

【裁判要旨】2002年4月28日全国人大常委会通过了《关于〈中华人民共和国刑法〉第二百九十四条第一款的解释》（以下简称《立法解释》），明确了黑社会性质组织应当同时具备组织结构、经济实力、非法行为及非法控制四个方面的特征。立法解释与法律具有同等效力，立法解释的效力高于司法解释；因此在二者产生冲突的情况下，应直接适用《立法解释》，不存在按照“从旧兼从轻”原则的问题。当然，如果后公布的也是司法解释而不是立法解释，则依据“两高”《关于适用刑事司法解释时间效力问题的规定》，可以按照“从旧兼从轻”的原则处理。

15.【第630号】范泽忠等组织、领导黑社会性质组织案

【裁判要旨】在审理黑社会性质组织犯罪案件时，把握宽严相济刑事政

策,需着重体现“严中有宽,宽以济严”的政策精神。“相济”的根本依据是罪责刑相适应原则。无论宽还是严,对被告人最终所处的刑罚,都应当是与其所犯罪行和所承担的刑事责任相适应的,都是在准确认定犯罪社会危害性的前提下,在充分考量犯罪人的主观恶性和人身危险性,准确认定犯罪人罪责大小的前提下,确定是否从宽、从严以及从宽和从严的幅度,确保罚当其罪,最大限度地发挥刑罚功能、实现刑罚目的。

16.【第 1152 号】陈垚东等人组织、领导、参加黑社会性质组织案

【裁判要旨】司法实践中,认定被告人是否有参加黑社会性质组织行为时,一般可以将是否举行专门的参加仪式作为重要的认定依据。但当前的实践中多数黑社会性质组织在发展成员时并无此类程序,这就要求在审判时要按照 2009 年和 2015 年的相关会议纪要规定,结合以下两个方面审慎认定:第一,是否参与实施了黑社会性质组织的违法犯罪活动;第二,与涉案黑社会性质组织之间有无相对固定的从属关系。

17.【第 1153 号】朱光辉等人组织、领导、参加黑社会性质组织案

【裁判要旨】黑社会性质组织中的骨干成员,应根据以下标准把握:第一,骨干成员是积极参加者中的一部分,应当满足积极参加者的认定条件。第二,骨干成员应当是直接听命于组织者、领导者的积极参加者。第三,骨干成员在黑社会性质组织中所起作用应当大于一般的积极参加者。第四,骨干成员与积极参加者之间是包含与被包含关系,不能混为一谈。

18.【第 1154 号】史锦钟等人组织、领导、参加黑社会性质组织案

【裁判要旨】黑社会性质组织的存续起点,可以根据涉案犯罪组织举行成立仪式或者进行类似活动的时间来认定。没有前述活动的,可以根据足以反映其初步形成核心利益或者强势地位的重大事件发布时间进行审查判断。没有明显标志性事件的,也可以根据涉案犯罪组织为维护、扩大组织势力、实力、影响、经济基础或者按照组织惯例、纪律、活动规约而首次实施有组织地犯罪活动的时间进行审查判断。

19.【第 1155 号】汪振等人组织、领导、参加黑社会性质组织案

【裁判要旨】在部分案件中,黑社会性质组织在发展过程中,因某些具体

的犯罪案件被公安司法机关查获,原有的组织成员或被抓或潜逃,被迫暂时停止实施违法犯罪活动,由此形成组织溃散的假象。在这种情况下,判断黑社会性质组织是否持续存在,应当着重审查组织者、领导者、骨干成员等组织的核心成员是否持续存在,以及组织的非法影响是否具有延续性。组织的核心成员具有延续性,说明犯罪组织的基本构成是稳定的;非法影响具有延续性,说明犯罪组织的行为方式和犯罪宗旨未发生根本变化。

20.【第1156号】焦海涛等人寻衅滋事案

【裁判要旨】黑社会性质组织并不是单纯为实施犯罪而存在,违法犯罪只是服务于非法控制目的的手段,违法犯罪的性质、次数、严重程度也都是由实现非法控制的需要所决定的。因此,2015年《全国部分法院审理黑社会性质组织犯罪案件工作座谈会纪要》中关于犯罪“多样性”的要求,反映了非法控制的内在要求。如果涉案犯罪组织触犯的具体罪名明显偏少,则要考虑其是否属于专门从事某一两种犯罪的犯罪集团,而非黑社会性质组织。

21.【第1157号】符青友等人敲诈勒索,强迫交易,故意销毁会计账簿,对公司、企业人员行贿案

【裁判要旨】暴力性是黑社会性质组织行为特征中的必备属性,即便是黑社会性质组织的非暴力行为,也往往以暴力或者以暴力威胁作为后盾。

22.【第1158号】刘汉等人组织、领导、参加黑社会性质组织案

【裁判要旨】黑社会性质组织的组织者、领导者应当对黑社会性质组织所犯的全部罪行承担刑事责任,即组织者、领导者与犯罪行为的组织者、策划者、指挥者、实施者构成共犯,应根据其在共同犯罪中的地位和作用对具体犯罪承担刑事责任。在确定组织者、领导者对具体犯罪的罪责时,应当把握以下原则:组织者、领导者对于并非由自己直接组织、策划、指挥、参与的犯罪一般不承担最重的刑事责任,反之,一般应承担最重的刑事责任。

23.【第1159号】王云娜等人故意伤害、寻衅滋事、非法拘禁、敲诈勒索案

【裁判要旨】刑法第二百九十四条第五款中的非法控制,是指以有组织地违法犯罪手段使得一定对象处于自己的占有、管理和影响之下;重大影

响,是指以有组织地违法犯罪手段对一定对象的思想和行动产生作用。二者有以下共同点:(1)都是有意识地以非法方式主动干涉他人的结果;(2)都不是一种偶然、短暂的现象,而是一种持续的状态;(3)控制或者影响的对象具有广泛性,控制或者影响的程度具有严重性。

24.【第1160号】牛子贤等人绑架、敲诈勒索、开设赌场、重婚案

【裁判要旨】认定黑社会性质组织必须同时具备四个法定特征。对于报送核准死刑的黑社会性质组织犯罪案件,经复核认为涉黑罪名不成立的,应以一审、二审认定的部分事实不清、证据不足为由,发回二审法院重新审判。

25.【第1161号】邓统文等人组织、领导、参加黑社会性质组织案

【裁判要旨】对于被告人通过赔偿经济损失取得被害方谅解的,在量刑时应当与案件性质、后果、被告人的主观恶性、人身危险性以及其他量刑情节等因素放在一起综合考虑。也就是说,对于非因民间纠纷而引发,危害对象不特定的严重危害社会治安的暴力犯罪案件,原则上不能因被害人谅解而从轻处罚;对于被告人未能真诚认罪、悔罪,再犯可能性较大,又无法定从轻情节的,也不能因被害方谅解便予以从宽处理。

26.【第1162号】吴亚贤等人组织、领导、参加黑社会性质组织案

【裁判要旨】对于因揭发检举而构成立功或者重大立功的黑社会性质组织的组织者、领导者所具有的各种量刑情节以及全案的量刑平衡之外,还应着重审查以下两点:一是认罪态度、黑社会性质组织的组织者、领导者若能如实供述罪行,则检举揭发可以表明其人身危险性降低,对其从宽处理不违反立功制度设立初衷。反之,对于在证据面前拒不供认或者避重就轻的,则不宜从宽处理。二是检举线索的来源。由于组织者、领导者在黑社会性质组织中居于核心地位,有获取他人犯罪线索的便利条件,故审判时应当防止组织者、领导者利用这种优势地位获利甚至逃避处罚。

27.【第1163号】刘学军、刘忠伟、吕斌包庇、纵容黑社会性质组织案

【裁判要旨】行为人包庇、纵容黑社会性质组织的犯罪行为跨越刑法修正案施行日期的,应当适用修正后的刑法,一并进行追诉。包庇黑社会性质

组织,或者纵容黑社会性质组织进行违法犯罪活动的行为人归案后如实供述相关黑社会性质组织的犯罪活动的,不能认定立功情节。公安机关的内勤人员对黑社会性质组织的犯罪行为知情不举的,属于不依法履行职责。

图书在版编目(CIP)数据

简明扫黑除恶办案一本通 / 涂俊峰主编. -- 北京 : 法律出版社, 2018(2019.4 重印)
ISBN 978-7-5197-2849-6

Ⅰ. ①简… Ⅱ. ①涂… Ⅲ. ①犯罪集团－刑事犯罪－案例－中国 Ⅳ. ①D924.115

中国版本图书馆 CIP 数据核字(2018)第 244945 号

简明扫黑除恶办案一本通
JIANMING SAOHEI CHU'E BAN'AN YIBENTONG

涂俊峰 主编

责任编辑 李 群 李 璐
装帧设计 汪奇峰

编辑统筹 司法实务出版分社
出版 法律出版社
开本 710 毫米×1000 毫米 1/16
总发行 中国法律图书有限公司
印张 20.5
经销 新华书店
字数 280 千
印刷 固安华明印业有限公司
版本 2018 年 11 月第 1 版
责任印制 胡晓雅
印次 2019 年 4 月第 3 次印刷

法律出版社/北京市丰台区莲花池西里 7 号(100073)
网址/www.lawpress.com.cn
投稿邮箱/info@lawpress.com.cn
销售热线/010-83938336
举报维权邮箱/jbwq@lawpress.com.cn
咨询电话/010-63939796

中国法律图书有限公司/北京市丰台区莲花池西里 7 号(100073)
全国各地中法图分、子公司销售电话:
统一销售客服/400-660-6393
第一法律书店/010-83938334/8335
西安分公司/029-85330678
重庆分公司/023-67453036
上海分公司/021-62071639/1636
深圳分公司/0755-83072995

书号:ISBN 978-7-5197-2849-6
定价:59.00 元
(如有缺页或倒装,中国法律图书有限公司负责退换)